नज़र-नज़र में झारखण्ड

ब्रिटिश और भारतीय साहित्यकार, राजनीतिज्ञों के संस्मरण व यात्रा-वृत्तान्त

नज़र-नज़र में झारखण्ड

ब्रिटिश और भारतीय साहित्यकारों, राजनीतिज्ञों के संस्मरण व यात्रा-वृत्तान्त

सम्पादक
संजय कृष्ण

वाणी प्रकाशन

प्रकाशन के उत्कृष्टतम 62 वर्ष

vaniprakashan.com

सजिल्द पहला संस्करण : 2025

वाणी प्रकाशन

4695, 21-ए, दरियागंज, नयी दिल्ली-110 002

फ़ोन : + 91 11 23273167, 23275710

शाखाएँ

अशोक राजपथ, पटना-800 004, बिहार

कॉफ़ी हाउस कैम्पस, महात्मा गांधी मार्ग, प्रयागराज-211 001, उत्तर प्रदेश

महात्मा गांधी अन्तरराष्ट्रीय हिन्दी विश्वविद्यालय, वर्धा-442 001, महाराष्ट्र

sales@vaniprakashan.in

vaniprakashan@gmail.com

Nazar -Nazar Mein Jharkhand

Edited by Sanjay Krishn

ISBN : 978-93-6944-811-1

Memoirs/Travelogue

मूल्य : ₹ 399

जी.एस. ऑफ़सेट, दिल्ली-110 095 में मुद्रित

वाणी प्रकाशन का लोगो मक़बूल फ़िदा हुसैन की कूची से

अनुक्रम

आरम्भ करने से पहले...		7
पालकी पर पलामू की यात्रा	*संजीब चट्टोपाध्याय*	15
ज़मीन पर बादल	*संजीब चट्टोपाध्याय*	22
लातेहार की पहाड़ी	*संजीब चट्टोपाध्याय*	29
कोल कन्याओं का नृत्य	*संजीब चट्टोपाध्याय*	34
कन्याहरण	*संजीब चट्टोपाध्याय*	40
महुए की गन्ध	*संजीब चट्टोपाध्याय*	46
वैद्यनाथ की यात्रा	*भारतेन्दु हरिश्चन्द्र*	49
चुटियानागपुर की सुन्दरता	*मिशन इंस्पेक्टर एच. काउश एवं मिशनरी एफ. हान*	54
नाचते हुए आदिवासी	*मिशन इंस्पेक्टर एच. काउश एवं मिशनरी एफ. हान*	56
सन्थाली मुरली	*काका कालेलकर*	58
अन्धकार की आत्मीयता	*काका कालेलकर*	64
संगमों का मेला	*काका कालेलकर*	67
छोटानागपुर की छटा	*कामता प्रसाद सिंह 'काम'*	73
जोन्हा का जलप्रपात	*कामता प्रसाद सिंह 'काम'*	78
हुंडरू का जल प्रपात	*कामता प्रसाद सिंह 'काम'*	82
रजरप्पा के महान दर्शन	*कामता प्रसाद सिंह 'काम'*	88

मन्दिरों के गाँव–मलूटी की यात्रा	*सूर्यनारायण चौधरी*	94
कोलों का देश	*निर्मल कुमार बोस*	99
उत्सव	*निर्मल कुमार बोस*	103
झारखण्ड के अंचल में	*डॉ. रामखेलावन पाण्डेय*	108
ध्यानमग्न पहाड़	*सुकान्त भट्टाचार्य*	111
सन्त विनोबा और बिहार के आदिवासी	*राधाकृष्ण*	114
छोटानागपुर में गिरिजनों के साथ	*महात्मा गांधी*	119
बुद्ध की विहारभूमि में	*विनोबा भावे*	123
सिंहभूम में हेमन्त के वे दिन	*विभूति भूषण वन्द्योपाध्याय*	127
छोटा नागपुर : उराँव और मुण्डा, हो और सन्थाल-क्योंझर	*मार्गुराइट मिलवर्ड*	135
रामगढ़ से राँची	*प्रबोध कुमार सान्याल*	147
आभार		152

आरम्भ करने से पहले...

चौबीस साल के इस झारखण्ड की धरती अत्यन्त प्राचीन है। नये शोधों से ज्ञात होता है कि सबसे पहले धरती का प्रकटीकरण सिंहभूम में हुआ था। यहाँ की रहस्यमयी चट्टानों, झरनों, पहाड़ों, गुफाओं और भित्तिचित्रों ने प्राचीनतम सभ्यता की कहानी दुहराई है। प्रागैतिहासिक काल में घनघोर वनों से आच्छादित इस वन पर्वत प्रदेश में भी आदि मानवों की आठ हज़ार से ऊपर बस्तियाँ थीं। पाषाणकालीन औज़ारों और राजमहल की पहाड़ियों में मिले करोड़ों साल पुराने जीवाश्म से हम यहाँ की आबोहवा को समझ सकते हैं।

संवैधानिक दृष्टि से 15 नवम्बर, 2000 को बिहार से अलग होकर देश के 28वें राज्य के रूप में अस्तित्वमान झारखण्ड में सृष्टि की कई अनसुलझी पहेली को सुलझाने का ठोस प्रयास हो तो कुछ और कहानियों का पता चले। दुर्गम-दुरूह यह इलाक़ा वैसे भी अज्ञात नहीं रहा। भौगोलिक दृष्टि से अति प्राचीन काल से कई भूगर्भीय हलचलों का साक्षी भी रहा है। राँची शहर के बीच में मौजूद राँची पहाड़ी हिमालय पर्वत से भी करोड़ों साल पुरानी मानी जाती है। यह झारखण्ड के करोड़ों साल के भूगर्भीय बदलाव की अकेली गवाह है। शायद यह विश्व की प्राचीनतम पहाड़ियों में से एक है।

इतिहासकार, भूगोलवेत्ता, मानवशास्त्री और भाषा शास्त्री इसे अपने ढंग से पढ़ने की कोशिश करते रहे हैं। पर झारखण्ड इतना भर नहीं है। जितना पढ़िए, लगता है, कुछ छूट गया। पढ़ते जाइए। जैसे जंगल के भीतर प्रवेश करने के बाद निरन्तर कुछ पाने की चाह में आगे बढ़ते जाते हैं, कुछ वैसा ही। अजीब प्रदेश है, बेतरतीब नहीं। नामों के पीछे भी एक इतिहास छिपा होता है, उसकी एक अवधारणा मिलती है। झारखण्ड इससे अछूता नहीं। कुछ इसे हीरानागपुर इसलिए सम्बोधित करते हैं, क्योंकि यहाँ कभी हीरा पाया जाता था। पहली शताब्दी में यह सुतिया

नागपुर व सुतिया नागखण्ड के नाम से जाना गया, क्योंकि नागवंशियों की पहली राजधानी सुतियांबे थी, जो आज बस एक गाँव के रूप में जीवित है। काशी से लेकर वीरभूम तक सारे पहाड़ी प्रदेश को बुकानन झारखण्ड कहते थे। हालाँकि इसका इतिहास वैदिक काल तक जाता है। ऋग्वेद में यह कीकट प्रदेश था तो अथर्ववेद की रचना के समय इसे ब्रात्य प्रदेश कहा गया। वैदिक साहित्य में इस क्षेत्र को करूप कहा गया। महाभारत में मगध साम्राज्य के दक्षिणी भाग को कीकट कहा गया है। मनु संहिता में भी झारखण्ड की विशेषता का उल्लेख मिलता है, *अयस्क: पात्र पय: पानम् शाल पत्रे च भोजनम् शयनम् खंजूरी पात्रे झारखण्डे विधिवते*—अर्थात झारखण्डवासी धातु के बर्तन में पानी पीते हैं और शाल के पत्तों पर भोजन करते हैं, खजूर की चटाई पर सोते हैं। मौर्य काल में इसे आटवी कहा गया है।

एक और अवधारणा मिलती है। देवघर से पुरी तक की छोटी-छोटी पहाड़ियों की एक लम्बी शृंखला मिलती है, जिसे बौद्ध काल में झारखण्ड कहा जाता था। देवघर के शिव को झारखण्डे बाबा भी कहते हैं। इस कारण भी इसे झारखण्ड कहा गया। जंगल-झाड़ के कारण भी इसे झारखण्ड कहा गया। शम्स-ए-शिराज़ अफ़ीक, सल्लिमुल्ला और ग़ुलाम हुसैन आदि लेखकों ने अपने ग्रन्थ में झारखण्ड शब्द का प्रयोग किया है। कबीर के एक पद में भी झारखण्ड शब्द मिलता है—*कब से छोड़ी मथुरा नगरी, कब से छोड़ी कासी, झारखण्ड में आय विराजे, वृन्दावन के वासी।* कबीर के अलावा सूफ़ी कवि मल्लिक मोहम्मद जायसी ने भी झारखण्ड शब्द का प्रयोग किया है—*दक्खिन दहिने रहै तिलंगा, उत्तर मांझा होय करह कटंगा, मांझ रतनपुर सोह दुआरा, झारखण्ड में बायं पहारा!* चैतन्य महाप्रभु इस रास्ते ओडिशा के पुरी गये। चैतन्यचरितामृत में उल्लेख मिलता है—*मथुरा यावार छने आसि झारिखण्ड...भिल्ल प्राय लोक ताहे परम पाखण्ड...वन देखि भ्रम है एई वृन्दावन शैल देखि मने एई गोवर्धन... झारखण्डे स्थावर जंगम आछे यत।*

चौथी शताब्दी में नागवंशियों की राजधानी चुटिया थी, तब इसे चुटिया नागपुर कहा जाने लगा। 10 वीं शताब्दी में नागवंशियों ने अपनी राजधानी खुखरा में स्थापित कर ली। इसी कारण सल्तनत और मुग़ल काल में यह खोखरा, कोकरा और झारखण्ड कहा जाने लगा। जब अंग्रेज़ों ने इस अंचल में प्रवेश किया तब चुटिया नागपुर का नाम बदल गया और यह छोटानागपुर हो गया।

एक महत्त्वपूर्ण बात यह है कि बौद्ध और जैन धर्म दोनों का इस प्रदेश से गहरा सम्बन्ध रहा है। बुद्ध और बौद्ध धर्म की स्मृतियाँ झारखण्ड में बिखरी पड़ी हैं। जैन धर्म के 24 में से 20 तीर्थंकरों ने यहीं पारसनाथ की पवित्र पहाड़ी पर निर्वाण प्राप्त

किया। इसे वे सम्मेद शिखर कहते हैं। आदिवासी इसे मरांग बुरू कहते हैं। यह उनके लिए भी पवित्र स्थल है। कुछ वैज्ञानिक और शोधकर्ता मानते हैं इस पहाड़ी पर जो जड़ी-बूटी है, वह दुनिया में कहीं नहीं पायी जाती। बादलों से हँसी-ठिठोली करता पारसनाथ का पहाड़ अपनी पवित्रता के लिए भी जाना जाता है। बुद्ध से जुड़े ईंटखोरी, पलामू और गोड्डा ज़िले के बेलनीगढ़ में कई स्मृतियाँ और पुरातात्विक महत्त्व की चीज़ें बिखरी हुई हैं। चार हज़ार से तीन हज़ार ईसा पूर्व यहाँ ताँबे की खोज ने भी सभ्यता के विकास में महत्त्वपूर्ण भूमिका निभाई। लोहे और ताँबे को गलाने और उससे सामान बनाने की यहाँ विकसित हुई कला ने कई कीर्तिमान भी जोड़े। जैनी ताँबे गलाने की कला में निपुण थे और असुर लोहा गलाने में।

झारखण्ड की 32 जनजातियों में पहाड़िया और असुर यहाँ की सबसे प्राचीन रहवासी हैं। इनके आने का कोई इतिहास नहीं मिलता। मुण्डा ईसा पूर्व छठवीं शताब्दी में यहाँ आये। अपने परिश्रम से जंगलों को साफ़ किया। खेती योग्य ज़मीन तैयार की। इसके पूर्व असुर से उनका संघर्ष भी हुआ। इनके बहुत साल बाद मुग़लकाल में उरांवों ने...। मुण्डा, मुण्डारी बोलते हैं जो मुण्डा परिवार की भाषा है और उरांव कुडुख बोलते हैं जो द्रविड़ भाषा परिवार की है। मुण्डा परिवार की सन्ताली, हो, खड़िया भी बोली जाती है। द्रविड़ परिवार की कुडुख-मलतो आदि बोली जाती है। यहाँ भारोपीय भाषा परिवार की भाषा बोलते हैं। हिन्दी, नागपुरी, खोरठा, कुरमाली, पंच परगनियाँ इसी परिवार से सम्बन्ध रखती हैं। मुण्डाओं ने नागवंशी की स्थापना में अपना योगदान दिया। 1000 ईसा पूर्व तक चेरो-खरवारों तथा सन्तालों को छोड़कर यहाँ मौजूद सभी जातियाँ बस चुकी थीं। पूर्व मध्यकाल में हजारीबाग में सन्ताल तथा पलामू में चेरो-खरवार आकर बसे। इसके बाद अंग्रेज़ों ने फ़र दामिन-ई-कोह में पहाड़ियाँ जनजाति से निपटने के लिए हजारीबाग से सन्तालियों को बसाना शुरू किया और 1820 ईस्वी तक काफ़ी संख्या में इनकी आबादी हो चुकी थी। 1855 के महान हूल के बाद इस इलाक़े का नाम ही सन्ताल परगना हो गया। मध्यकाल से लेकर ब्रिटिश काल का इतिहास अज्ञात नहीं है। इसी दौर में नागवंश को छोड़ कई राजवंश भी दिखाई पड़ने लगे। कम्पनी और फिर ब्रिटिश सत्ता के साथ-साथ यहाँ विद्रोह भी साथ-साथ शुरू हुए। तिलका माँझी से लेकर बिरसा मुण्डा तक संघर्ष की एक लम्बी दुखभरी कहानी है।

सभ्यता का इतिहास दरअसल, यात्रा का इतिहास है। यहाँ सबकुछ चलायमान है। हवा, नदी, चाँद, सूरज, तारे और यहाँ तक कि धरती भी। चलना जीवन है, रुकना

अन्त। दुनिया का इतिहास यात्राओं ने बदला है। यात्राओं से ही दुनिया को भी समझ सके हैं। हम जो भी कुछ आज दुनिया के प्राचीन इतिहास को देखते-समझते हैं, उसमें यायावरों का महत्त्वपूर्ण योगदान है। कनिंघम का एक बड़ा काम इसलिए सम्भव हो सका कि उसके सामने सातवीं शताब्दी के ह्वेनसांग का यात्रा विवरण था। आदि शंकराचार्य ने पैदल ही देश को नाप लिया था। भारतीय परम्परा में तीर्थ यात्रा का आरम्भ अपने देश के धर्म-संस्कृति, समाज, लोग, भाषा को जानने के लिए ही हुआ। हर बारह साल व छह साल पर कुम्भ का लगना और देश भर के लोगों का यहाँ आना सिर्फ़ धार्मिक कर्मकाण्ड का निमित्त नहीं है। हमारे इतिहास का सर्वाधिक विश्वसनीय स्रोत तो यायावरों की किताबें हैं। राहुल ने कम यात्राएँ नहीं कीं। मध्यकाल में भी कितने यात्री आये और भारत के बारे में लिखा। अंग्रेज़ों के काल में भी घुमक्कड़ आते रहे। ब्रिटिश काल में हज़ारों किताबें भारत पर लिखी गयी मिलती हैं। 1916 में मण्डला राजा के साथ गोपालराम गहमरी ने श्रीलंका की यात्रा की थी। तो अपने नवजागरण के अग्रदूत भारतेन्दु हरिश्चन्द्र ने काशी नरेश के साथ बाबा बैजनाथ धाम की यात्रा की थी। वे काशी से देवघर आए और अपनी यात्रा के बारे में लिखा।

भारतेन्दु का यह वृत्तान्त उस समय के बैजनाथ धाम की याद दिलाता है, जब वह एक गाँव हुआ करता था, लेकिन दूर-दूर तक उसकी आस्था के क़िस्से फैले हुए थे। अब तो काफ़ी सुविधा हो गयी है, लेकिन भक्त आज भी 125 किमी पैदल चलकर बाबा पर जल चढ़ाते हैं और दुनिया का सबसे बड़ा मेला भी यहीं लगता है, पूरे एक माह तक।

सन् 1880 से पहले पलामू के राजाओं की कहानी भले हमें पढ़ने को मिल जाये, वहाँ की जन की कहानी के लिए आपको संजीब चट्टोपाध्याय के यात्रा वृत्तान्त 'पालामौ' को पढ़ना होगा। 1880 में यह लघु कलेवर की पुस्तक आयी थी। ये मशहूर लेखक बंकिमचन्द्र के भाई थे। इनका जन्म पं. बंगाल के 24 परगना ज़िले के निहाटी के निकट काठालपाड़ा गाँव में 1834 को हुआ था। पिता यादवचन्द चट्टोपाध्याय हुगली के डिप्टी कलेक्टर थे। संजीबचन्द्र की पढ़ाई मेदिनीपुर ज़िला स्कूल व हुगली कॉलेज से हुई थी। कमिश्नरी ऑफ़िस में क्लर्क की हैसियत से अपने कॅरियर की शुरुआत कर डिप्टी मजिस्ट्रेट तक हुए। अपने मझले भाई बंकिमचन्द्र चट्टोपाध्याय द्वारा प्रकाशित 'बंगदर्शन' का संपादन भी किया। इसके अतिरिक्त बांग्ला में सन् 1880-1882 में 'भ्रमण' नामक मासिक का सम्पादन किया। 1864

में उनकी शोधपूर्ण अंग्रेज़ी रचना बंगाल दंगे की 'द राइट ऑफ़ बंगाल' प्रकाशित हुई थी। इसी ग्रन्थ को पढ़ने के बाद तत्कालीन ले. जनरल ने उन्हें डिप्टी मजिस्ट्रेट नियुक्त किया। डिप्टी मजिस्ट्रेट बनने के बाद उन्हें पलामू भेज दिया गया। उनकी यह पहली पोस्टिंग थी। यहाँ के पेड़, पौधे, झरने उन्हें ख़ूब पसन्द आये। दो साल उन्होंने यहाँ की मनोरम प्रकृति और संस्कृति का ख़ूब आनन्द लिया। यह कृति काफ़ी सूचनाओं से भरी है। उस समय के पलामू के जीवन से हम देख पाते हैं। इस अर्थ में यह किसी दस्तावेज़ से कम नहीं है। सन् 1899 में उनका निधन हुआ।

सन् 1895 में लिखा गया मिशन इंस्पेक्टर एच काउश और मिशनरी एफ हान का यात्रा-वृत्तान्त भी मिलता है। राँची के दोमिनिक बाड़ा ने जर्मन के गोथिक लिपि से इसका अनुवाद कर प्रकाशित कराया है–उन्नीसवीं सदी का आँखों देखा चुटियानागपुर। इसमें से दो निबन्ध चुटियानागपुर की सुन्दरता और नाचते हुए आदिवासी को इसमें शामिल किया गया है। बहुत ईमानदारी से इन्होंने उस समय के आदिवासी, उनकी संस्कृति, गीत, नदी, झरने का उल्लेख किया है। इस पुस्तक में काला कालेलकर के तीन वृत्तान्त शामिल किये हैं। वे भी घुमक्कड़ स्वभाव के थे। उनका पूरा नाम दत्तात्रेय बालकृष्ण कालेलकर (1 दिसम्बर 1885-21 अगस्त 1981) था, पर वे काका कालेलकर के नाम से ही विख्यात थे। सब उन्हें इसी नाम से जानते-पहचानते थे। गांधीजी के निकटतम सहयोगी होने के कारण ही वे काका के नाम से जाने गये। वे 'सर्वोदय' पत्रिका के सम्पादक भी रहे। 1930 में पूना की यरवदा जेल में गांधीजी के साथ उन्होंने महत्त्वपूर्ण समय बिताया। काका ने हिन्दी भी सीखी और इस पर अधिकार कर लिया। कई वर्ष तक दक्षिण में सम्मेलन की ओर से प्रचार कार्य किया। 21 अगस्त, 1981 में 96 साल की उम्र में उनका निधन हुआ। घुमक्कड़ काका के सैकड़ों पृष्ठों में उनके यात्रा-वृत्तान्त भरे पड़े हैं। उनकी रचनाएँ दस खण्डों में फैली हुई हैं। वे झारखण्ड में भी घूमे और यहाँ के आदिवासी जनजीवन को नज़दीक से देखा-समझा और लिखा। उनके तीन वृत्तान्त–'संथाली मुरली', 'अन्धकार की आत्मीयता' व 'संगमों का मेला' पाठक पढ़ सकते हैं। इन तीनों वृत्तातों में हम सन्ताली जीवन और दर्शन को समझ सकते हैं।

'अन्धकार की आत्मीयता' आदिवासी पत्रिका में प्रकाशित हुई थी। उस समय राँची से निकलने वाली इस पत्रिका के सम्पादक राधाकृष्ण थे। उन्होंने एक अंक में उसका संक्षिप्त अंश शामिल किया था। हालाँकि यह पूरा निबन्ध बहुत खोजने पर भी नहीं मिला। हाँ, इस वृत्तान्त को खोजते हुए हमें उनका एक दूसरा वृत्तान्त

संथाली मुरली मिल गया, जिसे यहाँ शामिल किया गया है। इसके बाद उनका एक और वृत्तान्त जमशेदपुर पर लिखा हुआ मिला, जिसका उन्वान है संगमों का मेला। इसमें आधुनिक जमशेदपुर को देख सकते हैं।

इसी तरह एक वृत्तान्त हमें सुकान्त भट्टाचार्य का भी मिलता है। सुकान्त बंगाल में काफ़ी प्रसिद्ध हैं और हिन्दी के रसिक पाठक भी इनके नाम से अपरिचित नहीं हैं। सुकान्त महज 21 साल में दुनिया से विदा हो गये। वे टीबी से ग्रस्त थे। इसी रोग से मुक्ति के लिए वे राँची आये थे। यहाँ आने और फिर जहाँ रहते थे, वहाँ का हाल अपने एक मित्र को लिखा। राँची से कुछ दूर जोन्हा फाल वे घूमने गये तो उसके सौन्दर्य का अत्यन्त सजीव चित्रण अपने उस पत्र में किया, जिसे यहाँ हम दे रहे हैं। उस समय डोरंडा और राँची अलग-अलग समझे जाते थे। तब दोनों को एक करने वाला ओवरब्रिज नहीं बना था। सो, डोरंडा राँची से अलग-थलग ही उस समय था। घने जंगल हुआ करते थे। डोरंडा के पुराने लोग आज भी कहते हैं, राँची जाना है। सुकान्त इसी डोरंडा में रहते थे। वे जोन्हा फाल ट्रेन से देखने गये थे। उनकी लेखनी में जिस तरह विचारों की प्रौढ़ता झलकती है, वैसा ही सुकान्त की कविताओं या लेखों-पत्रों में दिखाई पड़ता है। 15 अगस्त, 1926 को वे पैदा हुए, लेकिन आज़ादी से ठीक पहले 13 मई, 1947 को वे चल बसे। निधन से तीन साल पहले कम्युनिस्ट पार्टी ऑफ़ इंडिया से जुड़ गये थे। पं. बंगाल के पूर्व मुख्यमन्त्री बुद्धदेव भट्टाचार्य सुकान्त के भतीजे थे।

महात्मा गांधी राँची में 1917 में आये थे। वे चम्पारण आन्दोलन के सिलसिले में आये थे। तब गवर्नर राँची में ही रहते थे। इसके बाद 1925 में भी आये। 1940 में वे कांग्रेस के अधिवेशन में भाग लेने के लिए आये थे। राँची से 40 किमी दूर रामगढ़ में अधिवेशन मार्च के महीने में था। वे सप्ताह भर यहाँ रहे। 1925 से 1940 के बीच क़रीब चालीस दिन तक उन्होंने झारखण्ड में गुज़ारा। पलामू से लेकर देवघर तक की यात्रा की। 3 अक्टूबर, 1925 को वह पहली बार देवघर आये थे। इस प्रवास में वह मधुपुर भी गये थे। 8 अक्टूबर, 1925 को मधुपुर नगरपालिका के नये भवन का शुभारम्भ किया। दूसरी बार 25 अप्रैल, 1934 को आये थे। उनके साथ ठक्कर बापा भी थे। इस बार बाबा धाम मन्दिर में दलितों के प्रवेश को लेकर आन्दोलन किया था। बाद में विनोबा भावे ने भी बाबा धाम में दलितों के प्रवेश को लेकर आन्दोलन किया था और वे चोटिल भी हुए थे। गांधीजी का एक यात्रा-वृत्तान्त यहाँ इसीलिए दिया जा रहा है कि वे झारखण्ड को, तब वह बिहार का हिस्सा था, किस तरह देखते थे।

कामता प्रसाद सिंह 'काम' भी घुमक्कड़ जीव थे। छोटानागपुर के चप्पे-चप्पे को छान मारा। उनके चार यात्रा-वृत्तान्त 'छोटानागपुर की छटा', 'जोन्हा का जलप्रपात', 'हुंडरू का जलप्रपात' एवं 'रजरप्पा का महान दर्शन' शामिल किया गया है। कामता प्रसाद का जन्म 1916 में बिहार के औरंगाबाद के एक गाँव भवानीपुर में हुआ था। उनका निधन 47 साल की उम्र में 1963 में हो गया। अपनी घुमक्कड़ तबीयत के कारण उनकी तीन कृतियाँ उनके यायावरी को दर्शाती हैं। 'मैं छोटा नागपुर में हूँ', 'घर, गाँव और देहात' एवं 'घुमक्कड़ की डायरी'। उनके चारों निबन्ध घुमक्कड़ की डायरी से लिए गये हैं। इसका परिमार्जित संस्करण 1986 में आया था। कामता प्रसाद सिंह 'काम' ग्रामीण संवेदना के रचनाकार माने जाते हैं। अपनी धरती के प्रति उनका प्रगाढ़ अनुराग था। दक्षिण बिहार यानी अब के झारखण्ड के चप्पे-चप्पे की उन्होंने यात्रा की थी। छोटानागपुर की बहुरंगी ज़िन्दगी, ज़िन्दगी से जुड़े उल्लास एवं जटिल समस्याओं की उन्होंने अपने लेखन में मार्मिक अभिव्यक्ति की है। अपने गाँव-घर के लोगों तथा ग्रामीण परिदृश्य का बड़े ममत्व और सहृदयता के साथ उन्होंने मोहक शैली में चित्रण किया है। ये वृत्तान्त इसकी गवाही देते हैं। इस संग्रह में विनोबा भावे की यात्रा को भी जगह दी गयी है, जो उन्होंने भूदान के समय छोटानागपुर में की थी। उन पर हिन्दी के जाने-माने कथाकार और आदिवासी के यशस्वी सम्पादक राधाकृष्ण के एक लेख को भी शामिल किया गया है। यह लेख उनकी यात्रा को समझने का एक सहयोगी उपादान है। वे विनोबा के सहयात्री भी रहे। विनोबा के बारे में कुछ अलग से लिखने की ज़रूरत नहीं। बांग्ला के प्रसिद्ध साहित्यकार विभूतिभूषण वन्द्योपाध्याय और प्रबोध कुमार सान्याल का भी है। मानव विज्ञानी निर्मल कुमार बोस का भी 'कोलों के देश में' और 'उत्सव' यहाँ दिया गया है। दोनों वृत्तान्त 'परिव्राजक की डायरी' से हैं। राँची विवि में हिन्दी के प्रोफ़ेसर रहे रामखेलावन पाण्डेय भी झारखण्ड के गाँवों को किस आत्मीयता से याद करते हैं, यहाँ दिया गया है। ब्रिटिश मूर्तिकार मार्गराइट मिलवर्ड (1873-10 फ़रवरी 1953) ब्रिटिश मूर्तिकार थीं। उनका एक यात्रा-वृत्तान्त 'आर्टिस्ट इन अननोन इंडिया' से लिया गया है, जिसका प्रकाशन 1948 में लन्दन से हुआ था। उन्होंने भारत आकर यहाँ की जनजातियों की प्रतिमाएँ गढ़ीं। उनके इस वृत्तान्त में मुण्डा, सन्ताली, हो, उरांव और भुइयाँ आदिवासियों की परम्परा, उनकी विशेषताओं का बहुत सजीव वर्णन मिलता है। उन्होंने बहुत बारीक नज़र से देखा है। छोटी-छोटी चीज़ों पर भी उनका ध्यान देखने योग्य है। वे एक मानव विज्ञानी की तरह नहीं, एक कलाकार की तरह आदिवासियों को देख रही थीं।

इन यात्रा-वृत्तान्तों से गुज़रते हुए हमें एक अलग झारखण्ड दिखाई पड़ता है। एक ख़ूबसूरत, जीवन्त, सजीव और नदी-झरनों का सुनाई देता संगीत। चलते-फिरते आदि सभ्यता के निर्माता। कण-कण में सौन्दर्य और बोलते पाषाण आपको रोकते हैं। 32 जनजातियों, सदानों और ग़ैर-आदिवासियों की बसाहट से एक अलग संस्कृति का सौन्दर्य यहाँ दिखता है। शहरों की चकाचौंध और विकास की भागती गाड़ी भी यहाँ दिख जायेगी, लेकिन जब जंगलों की ओर रुख करेंगे तो असीम शान्ति से भर जायेंगे। झारखण्ड कुछ ऐसा ही है। तो, आइए, चलते हैं यात्रा पर...!

आप तक पहुँचाने के लिए वाणी प्रकाशन एवं उनके स्वामी श्री अरुण माहेश्वरी जी, अदिति माहेश्वरी-गोयल जी का आभारी हूँ।

पालकी पर पलामू की यात्रा

–संजीव चट्टोपाध्याय

पालकी पर पलामू की यात्रा

अरसा पहले मैं एक बार पलामू गया था। उद्देश्य था लौटकर उस क्षेत्र के बारे में लिखूँगा। एक-दो दोस्त मुझे बार-बार इस बारे में कहते, पर तब मैं उनका मज़ाक़ उड़ाता। आजकल कोई नहीं कहता पर मैं अपना भ्रमण वृत्तान्त लिखने बैठा हूँ। मतलब इस उम्र में कहानियाँ सुनाना वाकई इस उम्र की बीमारी होती है। कोई सुने या ना सुने, बूढ़ा आदमी अपनी कहानी कहे जाता है।

कहानी आज की नहीं, बहुत पहले की है। वही कहानी सुना रहा हूँ। इस उम्र में सब कुछ याद भी नहीं। ऐसा भी नहीं कि पहले लिखने से लिखा जाता। आज भी नहीं लिखा जा रहा है। तब, बात यह है कि जिन आँखों से वीरान पहाड़ और खिले वन को देखा था, आज वे नहीं हैं। आज के पहाड़ मात्र पत्थरों के ढेर और जंगल केवल काँटे भरे लगते हैं और वहाँ के रहने वाले लोग प्रवंचक। इसलिए, उस लिहाज़ से जो लोग केवल शोभा और सौन्दर्य ही देखना पसन्द करते हैं, इस वृद्ध के लेख में उन्हें तृप्ति नहीं मिलेगी।

जब मेरा पलामू जाना तय हुआ, तब पता नहीं था, वह स्थान कहाँ है? कितनी दूरी पर है और किस दिशा में है? लिहाज़ा, नक़्शे के सहारे पथ-निर्देश प्राप्त किया। हज़ारीबाग़ के रास्ते जाना था, इसलिए इनलैंड ट्रांजिस्ट कम्पनी की डाकगाड़ी किराये पर लेकर रात के दूसरे पहर में रानीगंज से प्रस्थान किया। सबेरे जाकर बराकर नदी के पूर्वी तट पर गाड़ी रुकी। छोटी-सी नदी। उन दिनों पानी बहुत कम था। लोगबाग पैदल ही पार हो रहे थे। गाड़ी को ठेलकर पार ले जाना था, इसलिए गाड़ीवान मज़दूर बुलाने गया।

पूर्वी तट से मैंने देखा कि उस घाट पर ही साहब अपने बँगले में बैठा वाइन पी रहा है। सामने चपरासी-जैसा एक आदमी हाथ में गेरुवा रंग की मिट्‌टी लिए खड़ा है। जो व्यक्ति पार होने के लिए घाट पर आ रहा है, चपरासी उसी मिट्‌टी से उसकी देह में एक अंक लिख देता है। पार जाने वालों में जंगली क़िस्म के लोग ही अधिक हैं, उनकी युवतियाँ मिट्‌टी से रंगे अपने-अपने हाथों की ओर तिरछी नज़र डाल रही हैं और खिलखिला रही हैं। फिर दूसरों के हाथों में कैसे दिख रहा है, उसे भी कभी-कभार देख ले रही हैं। अन्त में युवतियाँ दौड़ती हुई नदी पार कर जा रही हैं। उनकी खिलखिलाहट से नदी के पानी में उछाल आ जाता है।

मैं अनमना-सा इस तमाशे को देखे जा रहा था कि कहीं से कुछ बच्चों ने आकर मेरी गाड़ी को घेर लिया। कहने लगे-साहब, एक पैसा दो, एक पैसा दो न! धोती चादर वाले मूक निरीह बंगाली को देखकर साहब कहकर क्यों पुकार रहे हैं, यह जानने के लिए मैंने कहा–मैं साहब नहीं हूँ। इस पर नाक में उँगली जैसा गहना पहने एक बच्ची ने गहने पर नख चुभोकर कहा–तब तुम कौन हो! मैंने कहा–मैं तो एक बंगाली हूँ। उसे विश्वास नहीं हुआ। उसने कहा–नहीं, तुम साहब हो। लगता है, उन्हें बस इतना ही मालूम है कि जो गाड़ी पर चढ़ता है, वह साहब ज़रूर होगा।

इतने में डेढ़-दो साल का बच्चा आकर आसमान की ओर मुँह किये मेरे आगे हाथ पसारकर खड़ा हो गया। उसे नहीं पता, उसने क्यों हाथ पसारा। मैंने उसकी हथेली में एक पैसे का सिक्का दिया, उसने उसे गिरा दिया। और फिर से हाथ पसारा। एक दूसरे बच्चे ने उसे उठा लिया तो उसकी बहन उससे लड़ गयी। इन सबके बीच मेरी गाड़ी उस पार जा लगी।

बराकर से एक ऊँची छोटी-मोटी पहाड़ी दिखती है। बंगाली लोग केवल मिट्‌टी देखने के आदी होते हैं, मिट्‌टी के ढेर देखने से ही उसका मन नाचने लगता है। अत: इन छोटी-छोटी पहाड़ियों को देखकर मेरे मन में ख़ुशियों की लहरें उठने लगीं, इसमें आश्चर्य क्या? बचपन में पहाड़ों के बारे में काफ़ी कुछ सुना था। एक बार एक बैरागी के अखाड़े में चूना-पुते एक गिरि गोवर्धन को देखकर उसे ही पहाड़ समझ लिया था। किसानों की लड़कियाँ सूखे गोबर का जो ढेर लगाती हैं, गोवर्धन उससे बस थोड़ा-सा बड़ा था। उसी के आस-पास चार-पाँच ईंटें जोड़कर एक-एक बुर्ज तैयार कर लिया गया था। फिर सबसे ऊँचे बुर्ज के पास साँप का एक फन बनाकर उसे हरे-पीले रंगों से रंग दिया गया था। फन कहीं लोगों की आँखों के सामने उजागर न हो, इसलिए उसका आकार कुछ बड़ा कर दिया था। फलस्वरूप पहाड़ी की चोटी से ज़्यादा बड़ा वह फन ही हो गया था। उसमें कारीगर की कोई बहादुरी

नहीं है। बैरागी का भी कोई दोष नहीं। साँप है। कृष्ण कन्हैया का कालियादमन का साँप है। अतः उसका फन पहाड़ी की चोटी से थोड़ा बड़ा होता, उसमें आश्चर्य की कौन-सी बात है! बैरागी के इस गिरि गोवर्धन को देखकर ही मुझे बचपन में पहाड़ का अहसास हुआ था। बराकर के समीप उन पहाड़ियों को देखकर मेरे बचपन में बने संस्कार में कुछ परिवर्तन होना शुरू हुआ। चलते-चलते अपराह्न वेला में देखा, गाड़ी एक सुदृश्य पर्वत के पास से गुज़र रही है। इतने क़रीब कि पहाड़ के छोटे-छोटे पत्थरों के साये भी दिख रहे हैं। मैंने गाड़ीवान से कहा–गाड़ी रोको। मैं उतर गया। उसने पूछा–साहब कहाँ जायेंगे? मैंने कहा, उस पहाड़ी के पास जाऊँगा। उसने हँसकर कहा–हुजूर पहाड़ी यहाँ से काफ़ी दूर है। शाम से पहले वहाँ पहुँच नहीं पायेंगे। मुझे उसकी बात पर विश्वास नहीं हुआ। मैं तो देख रहा था कि वह मात्र पाँच मिनट से ज़्यादा का रास्ता नहीं है। उसकी बातों को अनसुना करके मैं पहाड़ की ओर चल पड़ा। लम्बी डेगें भरते हुए मैं पाँच की जगह पन्द्रह मिनट तक चलता रहा। पहाड़ तब भी उसी पाँच मिनट के रास्ते के फ़ासले पर खड़ा था। मेरा भ्रम टूट गया। मैं वापस गाड़ी के पास आ गया। पहाड़ों की दूरियों को ठीक से नापना बंगालियों के बस की बात नहीं है, इसे मैंने पलामू जाकर बार-बार अनुभव किया।

दूसरे दिन दोपहर के आस-पास मैं हज़ारीबाग़ पहुँचा। वहाँ जाकर सुना कि वहाँ के किसी सम्भ्रान्त व्यक्ति के घर में मेरे खाने का बन्दोबस्त था। क़रीब दो दिनों से कुछ खाया भी नहीं था। अतः भोजन के नाम पर भूख ने ज़ोर मारना शुरू कर दिया। जिन सज्जन ने मेरे खाने का बीड़ा उठाया था, उन्हें मेरे आने की सूचना कैसे मिली, इसे जानने का मौक़ा ही नहीं मिला। गाड़ी लेकर तुरन्त उनके यहाँ पहुँचाने का फरमान जारी कर दिया। मैं जिनके घर जा रहा हूँ, उन्हें मैंने कभी देखा तक नहीं। मैंने उनका नाम सुना था, ख्याति भी सुनी थी। वे सज्जन हैं, इसलिए सब लोग उनकी प्रशंसा करते हैं। पर मैंने उन प्रशंसाओं पर विशेष ध्यान नहीं दिया था क्योंकि मैं जानता हूँ कि बंगाली मात्र ही सज्जन होते हैं। बंगाल में केवल पड़ोसी ही दुर्जन होते हैं। जो भी शिकायतें सुनने को मिलती हैं, वे उनके बारे में ही। पड़ोसी दूसरों की भलाई सहन नहीं कर पाते, वे झगड़ालू, अहंकारी, लालची, कंजूस और दूसरों की चीज़ें हड़पने की फिराक में रहने वाले होते हैं। वे अपने बच्चों को अच्छे-अच्छे कपड़े इसलिए पहनाते हैं ताकि हमारे बच्चे उन्हें देखकर रोयें, अपनी बहुओं को वस्त्र अलंकार आदि से सुसज्जित इसलिए करते हैं, ताकि हमारी बहुएँ मुँह लटकाये फिरें। पड़ोसी पापी होते हैं। जिनके पड़ोसी नहीं होते, उन्हें क्रोध भी नहीं होता। वे ही ऋषि कहलाते हैं। ऋषि केवल वही गृहस्थ होते हैं, जिन्होंने पड़ोसियों को त्याग दिया

है। आप किसी भी ऋषि के आश्रम में जायें और बग़ल में किसी पड़ोसी को बसायें, तीन दिन में ही ऋषि का ऋषित्व ख़त्म हो जायेगा। पहले दिन पड़ोसी की बकरी ऋषि के फूलों को कुड़ देगी, दूसरे दिन उसकी गाय आकर ऋषि का कमण्डल तोड़ डालेगी। तीसरे दिन पड़ोसी की पत्नी आकर ऋषि-पत्नी को अपने ज़ेवरात दिखायेगी। इसके बाद ऋषि को या तो वक़ालत की परीक्षा में शामिल होना पड़ेगा या डिप्टी मजिस्ट्रेट बनने के लिए दरख़्वास्त देनी होगी।

फ़िलहाल रहने दें इन बातों को। जिन बंगाली महोदय के यहाँ अतिथि बनकर जा रहा था, उनके बाग़ में प्रवेश करते ही लगा कि वह किसी धनी अंगरेज़ का होगा। पर थोड़ी देर के बाद ही मेरी ग़लत धारणा ख़त्म हुई। कुछ बंगाली लोग बरामदे में बैठकर मेरी प्रतीक्षा कर रहे थे। गाड़ी आकर उनके पास रुकते ही मैं उतरा। उन्होंने बड़ी गर्मजोशी से मेरा स्वागत किया। बिना पहचाने ही। जिनका अभिवादन मैंने सबसे पहले ग्रहण किया, वही सज्जन इस महल के मालिक थे। पर सचाई यह है कि अगर वे सैकड़ों व्यक्तियों के बीच में भी रहते तो भी सबसे पहले मेरी नज़र उन पर पड़ती। ऐसा हँसमुख चेहरा मैंने कम ही देखा है। उस वक़्त उनकी आयु क़रीब पचास वर्ष रही होगी। लिहाज़ा बूढ़े के दर्जे में आ ही गये थे। फिर भी सुन्दर दिख रहे थे। शायद इतने सुन्दर बूढ़े आदमी को देखने का यह मेरा पहला मौक़ा था। जिन दिनों की बात कह रहा हूँ तब ख़ुद मैं जवान था। इसलिए बूढ़े का सुन्दर दिखना सामान्य बात नहीं थी। पर उस दिन वैसी ही असामान्य घटना घट गयी थी। अब मैं स्वयं ही बूढ़ा हूँ, इसलिए सारे बूढ़े मुझे सुन्दर लगते हैं। एक महानुभाव ने कहा था कि वृद्ध होने पर मनुष्य सुन्दर नहीं होता है। आज मैं उस महान व्यक्ति की प्रशंसा बार-बार करता हूँ। आलाप-परिचय के बाद मैं स्नान करने गया। स्नान तो स्नानागार में अंगरेज़ों जैसे ही हुआ पर भोजन ठीक हिन्दू रीति के अनुसार नहीं हुआ, क्योंकि उसमें पलांडू (प्याज) की मात्रा अधिक थी। यह पलांडू हिन्दू धर्म का काफ़ी विरोधी है। इसके अलावा आहार्य में कोई कमी नहीं थी।

घी के साथ चावल और देवी-दुर्लभ खस्सी का मांस ये दोनों ही दोष रहित थे। रसोई में पलांडू का ज़िक्र मैंने किया है। वैसे मेरी इच्छा थी प्याज कहने की। परन्तु प्याज यवनों का शब्द है, इसलिए पलांडू का उल्लेख करके मैंने सन्तों के मुख की पवित्रता की रक्षा कर ली है। प्याज और पलांडू समानार्थक हैं। इसमें मुझे सन्देह है। एक बार पंजाब के एक राजा जगन्नाथ जी के दर्शन के लिए पुरीधाम की यात्रा पर निकले थे। बीच में मेदिनीपुर में उन्होंने दो-एक दिन प्रवास किया था। शहर के गण्यमान्य लोगों ने जब उनसे शिष्टाचार मूलक मुलाक़ात की इच्छा ज़ाहिर की तो

उन्होंने कहा कि केवल विशिष्ट जन ही क्यों, मैं सामान्य जनों से भी मिलूँगा। इस प्रकार की भेंट में वे भिन्न-भिन्न विषयों पर विमर्श कर रहे थे। इसी बीच एक व्यक्ति ने हाथ जोड़कर कहा, महाराज हमने तो सुना था कि महाशय हिन्दुओं के शिरोपा हैं, पर यहाँ आने के वक़्त आप के पाकशाले में हमने पलांडू देखा है। यह सुनकर राजा तो आश्चर्यचकित हो गये। कई बार तक पलांडू पलांडू कहकर इसकी छान-बीन के लिए ख़ुद ही खड़े हुए। तब शहर के गण्यमान्य लोग भी उनका पीछा करने लगे। जब राजा बहादुर पाकशाले के समीप आकर खड़े हो गये तो किसी बंगाली ने उन्हें पलांडू का ढेर दिखा दिया। राजा तो हँस पड़े। बोले, अरे यह पलांडू कहाँ है? यह तो प्याज है। पलांडू तो विषैला होता है, दवाई बनाने के काम में आता है। हर जगह यह उगता भी नहीं। जहाँ यह उगता है, उस क्षेत्र में दूसरी किसी फ़सल की खेती भी नहीं की जाती है।

राजा का कथन अगर सही है तो लोग निश्चिन्त हो सकते हैं। पलांडू और प्याज एक ही वस्तु है। इसकी जाँच पश्चिम क्षेत्र में जाकर की जा सकती है। विशेषकर जो बंगाली सिन्धु देश में प्रवास कर रहे हैं शायद वे बता पायें।

खाना खाने के बाद विश्रामगृह में बैठकर बच्चों के साथ बातचीत करते-करते उनके शयनकक्ष में मैं चला गया। कक्ष बहुत बड़ा था। उसके चारों कोनों में चार चौकियाँ तथा एक बीच में लगी हुई थी। पूछने पर बच्चों ने बताया कि चारों कोनों में चार बच्चे सोते हैं और बीच में मास्टर जी। बन्दोबस्त देखकर मन बड़ा प्रसन्न हुआ। छात्रों के साथ शिक्षक के रात-दिन रहने के महत्त्व को अधिकांश लोग समझते नहीं हैं।

बच्चों के शयनकक्ष से निकलकर देखा एक दूसरे कमरे में मर्तमान केले का एक बड़ा-सा घौद झूल रहा है। इससे लटक रहा है एक काग़ज़ का टुकड़ा। प्रतिदिन उस घौद से कितने केले लिए जाते हैं, उसी का हिसाब उस पर लिखा जाता है। सामान्यतः इसे लोग क्षुद्र-दृष्टि कहते हैं पर मेरे मन में ऐसी भावना नहीं आयी। वहाँ अन्य चीज़ों का जो बन्दोबस्त मैंने देखा, उससे घौद के केले के हिसाब वाली व्यवस्था तो मुझे अच्छी लगी। जिनकी नज़रें छोटी होती हैं वे केवल वस्तुओं की सतही स्थिति ही देख पाते हैं। अन्दर तक वे झाँक नहीं सकते। वास्तव में वे लोग ही क्षुद्र-दृष्टि वाले होते हैं। पर मैं जिनकी बातें कर रहा हूँ, उनके लिए छोटे-बड़े सारे बराबर मान्य हैं। ऐसे भी लोग हैं जो बड़ी-बड़ी चीज़ों को तो देख लेते हैं, मगर छोटी-मोटी चीज़ें उनकी नज़रों से ओझल हो जाती हैं। मैं उनकी प्रशंसा नहीं करता हूँ। प्रशंसा उनकी करता हूँ, जो सारी वस्तुओं पर बराबर नज़र डालते हैं। केले के

घौद पर हिसाब की पर्ची लटकने के बारे में बच्चों से बातें हुईं तो पता चला कि एक बार किसी नौकर से जब लालच सँभाला नहीं गया तो उसने दो पके केले खा लिए। पर गृहस्थ की नज़र चारों ओर दौड़ती है, सभी विषयों पर उनका हिसाब-किताब दुरुस्त रहता है। अत: चोरी पकड़ी गयी। उस वक़्त उन्होंने चोर को बुलाकर उससे जुर्माना भरवाया फिर भर पेट खाने की इजाज़त दे दी। नौकर ने उसी दिन जी भरकर केले खाये।

अपराह्न वेला में बाग़ में मैं चहलक़दमी कर रहा हूँ। इसी वक़्त गृहस्थ कचहरी से वापस आये। फिर मुझे साथ लेकर बाग़, तालाब आदि दिखाने लगे। जिन जगहों से जिस पेड़ के पौधों को उन्होंने मँगवाया था, उनके बारे में बताने लगे। दोपहर के केले के घौद की बात मेरे मन में हलचल मचा रही थी। लिहाज़ा, केले के प्रसंग को छेड़े बिना मैं रह नहीं सका। कहा, मुझे लगा था कि इस इलाक़े में केले की फ़सल होती ही नहीं है, पर आपके बाग़ में तो मैंने काफ़ी पेड़ देखे। उन्होंने जवाब दिया, यहाँ के बाज़ार में तो केले मिलते भी नहीं। शुरू में किसी के बाग़ में ये होते भी नहीं। लोगों की धारणा थी कि यहाँ की पथरीली ज़मीन में केले के पौधों को रस नहीं मिलता। वे सूख जाते हैं। मुझे विश्वास नहीं हुआ। मैंने अपने मुल्क से केलों के पौधे लाकर परीक्षण किया। इन दिनों मेरे बग़ीचे से पौधा ले जाकर यहाँ के साहब लोगों ने अपने बाग़ में रोपा है। आपको बतायें, आज किसी के बाग़ में केले की कमी नहीं है। ऐसे ही बातचीत करते-करते हम बाग़ के एक प्रान्त में आ पहुँचे। वहाँ मैंने दो अलग-अलग कमरे देखे। मेरे पूछने पर गृहस्थ ने बताया, एक में मेरा नाई रहता है, दूसरे में धोबी। वे मेरे नौकर नहीं हैं, पर आश्रय देकर मैंने उन्हें बाँधे रखा है। अब जब भी मुझे ज़रूरत पड़ती है, वे हाज़िर हो जाते हैं। धोबी और नाई की कमी को भरने के लिए बस यही एक रास्ता था।

शाम के बाद देखा मास्टर साहब के पास जिस टेबल पर बच्चे पढ़ रहे हैं, वहाँ तीन-तीन दीये जलाकर रखे हुए हैं। दूसरे लोग, जो केले के ख़र्च के हिसाब नहीं रखते, वे टेबल पर एक ही दीये जलाते हैं। यहाँ एक ही जगह तीन-तीन दीये जलते देखकर मेरे मन में जिज्ञासा हुई। मेरे पूछने पर उन्होंने कहा, यह फिज़ूलख़र्ची नहीं है। कम रोशनी में पढ़ाई करने से बच्चों की आँखें कमज़ोर होने की आशंका रहती है। यथेष्ट प्रकार के अध्ययन करने पर चालीस साल के काफ़ी बाद चालीस तरह की बीमारी पकड़ती है।

उनके यहाँ आला अधिकारियों का आना-जाना होता रहता था। वे भी उनका आतिथ्य स्वीकार करके ख़ुश रहते। क्या बड़ा, क्या छोटा सारे बंगाली उनके सौजन्य

के आभारी रहते हैं। जिस आलीशान महल में वे रहते थे, वैसे महल तो सामान्यत: अंगरेज़ों के भी नहीं होते। महल की साफ़-सफ़ाई और साज-सज्जा देखने से सच में मन प्रसन्न हो जाता है। व्यक्ति के मन पर आवास के प्रभाव को मानना ही पड़ता है। जो लोग गन्दे और छोटे घरों में रहते हैं, उनके विचार भी वैसे ही मैले और ओछे होते हैं। जिन्हें मेरी बात पर विश्वास न हो, वे कह सकते हैं कि तमाम बंगाली छोटे विचार वाले और गन्दे होते हैं। हम इस बात को लेकर आगे तर्क नहीं करेंगे। हम जैसा देखते हैं, वैसा ही सीखते हैं। जिन्हें केन्द्र में रखकर ये सारी बातें कही जा रही हैं, उनका मन उस कोठी के अनुकूल था। जो व्यक्ति उस प्रकार की कोठी के भाड़े पर उतनी राशि ख़र्च करते हैं वे अगर केले के ख़र्च का हिसाब रखते हैं तो क्या सोचा जा सकता है?

रात के डेढ़ पहर के वक़्त मैं पालकी द्वारा छोटानागपुर की यात्रा पर निकला। वहाँ से दो-चार दिनों के बाद मैं पलामू पहुँचा। रास्ते का वर्णन मैं नहीं करूँगा। इन कुछ पंक्तियों को लिखकर मैंने बहुत तंग किया है। अब नहीं करना। अब से मेरी इच्छा यही रही कि मूल बातें छोड़कर अन्य बातें नहीं करूँगा। इसके बावजूद दो-चार फिज़ूल बातें आ ही गयीं तो समझ लेना होगा कि यह उम्र का दोष है।

ज़मीन पर बादल

–संजीब चट्टोपाध्याय

कोई एक मिलिट्री वाले साहब पलामू से परेड और बैंडबाजा के बारे में उन दिनों प्रकाशित 'हरकरा' नामक एक पत्रिका में लिखते थे, जिसे मैं पढ़ता था। तब मैं सोचता था पलामू एक भारी चहल-पहल वाला शहर है। वहाँ अंगरेज़ साहब लोग रहते हैं और बड़ा सुख चैन का स्थान है। तब मुझे पता नहीं था कि पलामू कोई शहर नहीं, एक बड़ा-सा परगना मात्र है। शहर तो इस इलाक़े में थे ही नहीं। शहर तो दूर की बात। वहाँ तो एक बड़ा-सा गाँव भी नहीं था। थे तो केवल पहाड़ और जंगल।

पहाड़ और जंगल से किसकी भावनाओं में क्या आता है, मुझे पता नहीं। जिन लोगों ने कृष्णचन्द्र कर्मकार कृत 'पहाड़' देखा है और जिनके घरों के आस-पास सियार आदि जानवरों के आश्रय स्थल न हुए, मेरेंज के वन हैं, वे जो इस बात को पूरा फर्ज़ी मान लेंगे, इसमें कोई सन्देह नहीं। पर अन्य पाठकों के लिए उन पहाड़ और जंगलों की बातें कुछ कहने की आवश्यकता पड़ रही है। बात यह है कि सब की अनुभव क्षमता तो बराबर है नहीं।

राँची से पलामू जाने के रास्ते में जब मेरे वाहकों ने मुझे दूर से पलामू के दर्शन कराये, मैंने देखा मानो ज़मीन पर बादल जमे हुए हैं। काफ़ी देर तक मैं उस मनोहर दृश्य को निहारता रहा। उस अँधेरे के बादलों के बीच बस अभी ही प्रवेश कर जाना है, सोचकर मन बड़ा उल्लसित होता। कब पहुँचूँगा यह सोचकर मैं मिलन के लिए मन ही मन तैयार हो गया।

बाद में चार-पाँच कोस रास्ता पार करने के बाद पलामू दर्शन के लिए पालकी से उतरा। तब बादलों का भ्रम नहीं रहा। पहाड़ों को स्नेहरूप से पहचाना। इसके बाद और दो-चार मील आगे बढ़ने पर तांबई रंग के जंगल चारों ओर दिखायी पड़ने लगे। क्या पहाड़ और क्या समतल भूमि? सबके सब मेघ देह के रोंयें से ढके जैसे लगने

लगे। और आख़िरी कुछ दूर जाने पर जंगल साफ़ दिखने लगा। पहाड़ों के ऊपर-नीचे ज़मीन पर सारी जगहों में जंगल, कहीं कोई ख़ाली जगह नहीं। न खेती, न गाँव, न नदी, न रास्ता। केवल वन, गहरे घने वन।

पलामू में प्रवेश करके मैंने देखा नदी भी है, गाँव भी है। पर दूर से सबके सब ओझल थे। पलामू परगने में अनगिनत पहाड़ हैं। पहाड़ों के ऊपर पहाड़ फिर पहाड़। उसके बाद भी पहाड़। मानो नदी की असंख्य लहरें। फिर कभी ऐसा लगता है मानो धरती के अन्दर की आग ने एक ही दिन में इतने सारे चेहरे पैदा कर दिये थे। आज मुझे ठीक-ठीक याद नहीं है पर लगता है मैंने इन चेहरों को पूरब की ओर से उठा देखा था। कोई-कोई पहाड़ पूरब की ओर से उठा था पर पश्चिम की ओर उतरा नहीं था। ऐसा ही एक आध पहाड़ लातेहार गाँव के पास था। मैं प्रायः रोज़ वहाँ जाकर बैठा रहता था। इस पहाड़ के पश्चिमी हिस्से में मिट्टी नहीं है, इसलिए उसकी भीतरी बनावट परत-दर-परत स्पष्ट नज़र आती है। इसकी किसी परत में छोटे-छोटे पत्थर तो किसी में बड़ी-बड़ी काली चट्टानें दिखती हैं। पर कोई भी परत समान नहीं। कहीं उतार तो कहीं चढ़ाव। पहले मैंने उस पर ग़ौर नहीं किया था, ग़ौर करने का कारण बाद में पैदा हुआ था।

एक दिन अपराह्न में इस पहाड़ की तलहटी में रुका हूँ। इतने में मेरा एक नमकहराम कुत्ता अपने मन से तम्बू में लौट गया। मैंने क्रोध भरी आवाज़ में उसे पुकारा। मैंने आश्चर्यचकित होकर सुना कि मेरे पीछे वह आवाज़ प्रतिध्वनित हुई। पीछे के पहाड़ की ओर मुँह फेरकर फिर से चिल्लाया। प्रतिध्वनित धुन पहले जैसी छोटी बड़ी होती हुई पहाड़ के दूसरी छोर पर चली गयी। फिर चिल्लाया, आवाज़ पहले जैसी पहाड़ से टकराकर ऊँची-नीची होने लगी। अब मैं समझा कि आवाज़ किसी एक विशेष स्तर के सहारे गूँजती है। वह स्तर जिस जगह ऊपर की ओर उठा हो या नीचे की ओर गया हो, आवाज़ भी वहाँ ऊँची-नीची होती जाती है। पर आवाज़ सिर्फ़ समतल स्थायी क्यों होती है? जितनी दूर तक परत विस्तृत है, उतनी दूर तक क्यों जाती है। उसे समझ नहीं सका। मानो वह स्तर आवाज़ का संचालक रहा हो। जब तक ग़ैरसंचालक के साथ मिलती नहीं है, आवाज़ कौंधती रहती है।

और एक पहाड़ देखकर मैं चमत्कृत हुआ था। वह एक ही पत्थर का था। पूरा पहाड़ एक ही पत्थर से बना था। वहाँ कहीं भी रत्तीभर मिट्टी नहीं, पूरा पहाड़ जगमगा रहा था। उसके एक स्थान पर दरार पड़ गयी है, उस दरार से निकला है बड़ा-सा पीपल का एक पौधा। तब मैंने सोचा था यह पीपल बड़ा ही रसिक है। रसहीन पत्थर से भी रस लेता रहता है। कुछ समय बाद इस पीपल की याद मुझे और एक बार

आयी थी। तब मेरे मन में बात आयी थी कि यह वृक्ष बड़ा ही शोषक है। इससे तो रसहीन पत्थर की भी मुक्ति नहीं है। आज सोचता हूँ पीपल अपनी परिस्थिति के अनुरूप कार्य कर रहा है। सारे बंगाल की रसीली कोमल मिट्टी पर उगकर बिना परिश्रम से जीते रहेंगे, ऐसा तो सामर्थ्य नहीं है। जिसके भाग्य में कठोर पत्थर ही उसका सहारा है, आज के दिन मैं उस पीपल का एक प्रकाशक हूँ। पर आज इन बातों को रहने दें। आज पहले दिन की एक-दो बातें बताऊँगा।

अपराह्न समय पलामू प्रवेश करके दोनों ओर के पहाड़ों को देखते हुए जंगल के भीतर जाने लगा। पक्की सड़क नहीं, एक पगडंडी पर मेरी पालकी धीरे-धीरे आगे की ओर बढ़ने लगी। जगह-जगह पर दोनों ओर के झुरमुटे मेरी पालकी को छूने लगे। वन वर्णना में जिस तरह शाल, ताड़, तमाल, हिंताल आदि के वृक्षों के बारे में सुना था, ऐसा कुछ देखने को नहीं मिला। ताड़ और हिंताल तो बिल्कुल ही नहीं, केवल शाल देखने को मिला। दूसरी जगह दूसरे पेड़ भी हैं। फिर शालों के काफ़ी बड़े-बड़े वृक्ष हैं। सभी हमारे यहाँ के कदम्ब वृक्षों के बराबर या उनसे कुछ बड़े। इन सबके बावजूद जंगल बड़ा ही दुर्गम है। कहीं भी फाँक नहीं, इसलिए भयानक भी। बीच-बीच में कहीं फाँक है भी तो बहुत ही छोटी। ऐसे ही वन के अन्दर से जाने के क्रम में एक जगह काठ की घण्टी की आवाज़ सुनाई दी। काठ की घण्टी पहले मेदिनीपुर इलाक़े में मैंने देखी थी। मवेशी गाँव-जंगल में भटक जाते हैं तो उनके गले में बँधी काठ की घण्टियों की आवाज़ का पीछा करते-करते उनके पास पहुँच जाते हैं। इसकी वजह से इन काठ की घण्टियों की व्यवस्था है। काठ की घण्टियों की आवाज़ सुनने पर जाने कैसा-कैसा तो लगता है। मन पर गहरा प्रभाव पड़ता है। फिर पहाड़ जंगल के भीतर यह आवाज़ तो मन में और भी अवसाद ला देती है। पर ऐसा मनोभाव सब का होता है कह नहीं सकता।

बाद में देखा एक डरी हुई भैंस सर उठाकर मेरी पालकी की ओर अपलक देख रही है। उसके गले में झूल रही है काठ की घण्टी। मैंने सोचा पालतू भैंस जब नज़दीक है तो गाँव भी पास ही होगा। थोड़ी ही देर में थोड़ी-थोड़ी सूखी घास वाला एक मैदान देखने को मिला। यहाँ वहाँ एकाध महुए के पेड़ के अतिरिक्त वहाँ पेड़-पौधों के नाम पर कुछ भी नहीं। चारों ओर बिल्कुल साफ़। पहाड़ की छाया के तले वह मैदान और भी रमणीक लग रहा था। वहाँ कुछ कोल लड़के भैंसों को नहला रहे थे। वैसा चमकता हुआ काला शरीर मैंने कभी देखा नहीं था। सबके गले में मोतियों की मालाएँ पड़ी हुई हैं। उनके पहनावे कटिवस्त्र कान में खोसे वनफूल। कोई भैंस की पीठ पर सोया हुआ तो कोई बैठा हुआ। कोई-कोई नाच रहे हैं।

सबके सब बालगोपाल सरीखे। जगह के अनुरूप ये बच्चे अतिसुन्दर लग रहे थे। चारों ओर काले पत्थर। उल्लेखनीय है कि यहाँ भैंसें हैं गायें नहीं। और ये बच्चे हैं कोल बालक। इस इलाक़े में सामान्यत: कोल लोग ही बसते हैं। ये जंगली जाति के छोटी क़द-काठी के होते हैं। इनके रंग काले। देखने में यह सुन्दर या अति सुन्दर, इसकी मीमांसा मैं नहीं कर सकता। कोल जाति के जो लोग कलकत्ते में प्रवास करते हैं या चाय बगानों में जाते हैं, उनमें से मैंने किसी को रूपवान देखा नहीं। इसके विपरीत मुझे कुरूप ही लगे हैं पर अपनी जगहों पर कोल मात्र ही अति सुन्दर। कम से कम मेरी नज़रों में जंगलीजन जंगल में सुन्दर और बच्चे माँओं की गोद में।

मैदान के बाद एक गाँव मिला। उसका नाम मुझे याद नहीं। वहाँ क़रीब तीस-बत्तीस परिवार रहते हैं। इनके घर पत्तों की कुटिया। मेरी पालकी को देखने के लिए तमाम औरतें दौड़ी आयीं। सब की सब अवलूराकी मोती काली। सभी युवतियों के पहनावे कमर से लटकते छोटे-छोटे कपड़े। सब की बाँहें और वक्ष खुले। खुले वक्ष में मोतियों की माला उससे लटकते छोटे-छोटे शीशे। कानों में हैं–छोटे वनफूल। माथे पर भी खुँसे थे बड़े-बड़े। युवतियाँ एक-दूसरे के कन्धे पर हाथ रखे निहारे जा रही हैं। पर देखी केवल पालकी और बेहटे। पालकी के अन्दर कौन है या कौन-सी चीज़ है नहीं देखी। हमारे बंगाल मुल्क में भी यही देखा गया है। लोग पालकी और बेहटे देखकर ही रह जाते हैं। पर बाजा गाना साथ हो तो पालकी के अन्दर झाँक कर वर-वधू को देख लेते हैं। पालकी पर चढ़ने वाले अभागे होते हैं। पर गाँव के बच्चे-बच्चियाँ भी अत्यन्त निर्दय एवं निष्ठुर होते हैं।

उसके बाद कुछ दूर बढ़कर देखा थकी माँदी युवतियाँ दारूभट्ठी में बैठकर दारू पी रही हैं। गाँव के अन्दर जिन बालाओं को मैंने देखा था, रंगरूप में वह बिल्कुल वैसी ही हैं। मानो वे यहीं आकर बैठ गयी हैं। वे घुटनों के सहारे ज़मीन पर बैठकर शालपत्तों से दारू पी रही हैं और मुस्कराती हुई साथियों से नज़रें लड़ा रही हैं। कोल सम्प्रदाय में घुटनों के बल ज़मीन पर बैठने का रिवाज है। मुझे लगता है कि सन्तालों में भी यही रीति प्रचलित है। जंगल के अन्दर मैंने यहाँ-वहाँ दारूभट्ठी देखी, पर बंगाली भट्ठियों में जिस कदर मतवाले नज़र आते हैं, यहाँ ऐसा नहीं देखा। बाद में इन लोगों के आचार-विचार में सब कुछ देखता था। मुझसे वे कुछ भी छुपाते नहीं पर औरतों को कभी मतवाला होते नहीं देखा। वे पीने से कतराती नहीं। उनकी दारू मतवाला बनाने वाली नहीं होती ऐसा भी नहीं कहा जा सकता। मर्द उसी दारू को पीकर मतवाले हो जाते हैं।

पहले कुछेक बार मैंने केवल युवतियों की ही बातें की हैं, पर जानबूझकर नहीं। बंगाल के रास्ते में बूढ़ियाँ ही अधिकाधिक संख्या में दिखती हैं पर पलामू क्षेत्र में युवतियाँ ही अधिक संख्या में। अधिक उम्र होने पर भी वे कम उम्र वाली लगती हैं। अस्सी साल की होने पर भी उनकी चमड़ी ढीली नहीं होती। परिश्रमी होने के कारण वे गृहकार्य एवं कृषि कार्य ख़ुद ही सँभालती हैं। और पुरुष समुदाय औरतों जैसे बाल बच्चों की देखभाल करते हैं। कभी-कभी बैठकर चटाई बीनते हैं। आलसी होने के कारण बंगाली औरतों के जैसे शीघ्र ही बूढ़े हो जाते हैं और औरतें श्रमशील रहने के कारण चिर युवा रहती हैं। कहा जाता है कि पशु-पक्षियों में पुरुष वर्ग ही सुन्दर और बलवान होते हैं। मनुष्यों में भी वही नियम है। पर कोल जाति के लोगों को देखने पर ऐसा प्रतीत नहीं होता है। उनकी औरतें ही बलशाली और सुन्दर होती हैं। पर उनके जवान पुरुषों की चमड़ी रूखी, आँखों के आगे मक्खियाँ भिन-भिनाती रहतीं, चेहरे से हँसी ग़ायब, मानो सब की जीवनीशक्ति घट गयी हो। मुझे लगता है कि कोल जाति के लोगों में क्षय शुरू हो गया है। जैसे व्यक्ति विशेष की जीवनी शक्ति घट जाती है, ऐसे ही जाति विशेष की भी जीवनी शक्ति घट जाती है। धीरे-धीरे लुप्त हो जाती है। मनुष्य की मृत्यु है जाति का नाश है।

इस परगने के पहाड़ों में जगह-जगह पर असुरों के आवास हैं। मैंने उन्हें देखा नहीं है, वे कोल या अन्य किन्हीं जंगली लोगों के साथ बसते नहीं हैं। सुना है दूसरी जाति के मनुष्यों को देखकर वे भाग खड़े होते हैं। पहाड़ों की निर्जन गुफाओं में रहने के कारण उनका पता लगाना भी मुश्किल काम है। उनकी संख्या अब थोड़ी ही रह गयी है। पहले जब आर्यों ने भारत में प्रवेश किया था, उन दिनों असुर संख्या में अधिक थे और पराक्रमी भी। असुर आकर आर्यों की मवेशी लूट ले जाते थे, उनका घी खा जाते। बेबस हो केवल इन्द्र भगवान को पुकारते। कभी-कभी दल बल जुटाकर मारा-मारी भी करते। बाद में ज़माना बीत जाने के बाद जब आर्य उन्नत और शक्तिशाली हुए तब जाकर उन्होंने असुरों को विताड़ित किया था। पराजित असुर अच्छे-अच्छे स्थानों को आर्यों के हाथों छोड़कर ख़ुद दुर्गम घाटियों में जाकर बस गये थे। आज तक उन्हीं पहाड़ों-कन्दराओं में ही वे बसे हुए हैं। पर पहले जैसा पराक्रम अब उनमें शेष नहीं रहा और न उनकी संख्या ही। अभी भी जो स्थिति है उससे अगर यह कहा जाये कि असुर कुल ध्वंस हो गया है तो भी सत्य बेबुनियाद नहीं होगा। अभी जो दस-पाँच लोग यहाँ-वहाँ रह रहे हैं, कुछ दिनों के बाद वे भी नहीं रहेंगे।

प्रजातियाँ लुप्त होती रहती हैं। अनेक आदिम जातियाँ लुप्त हुई हैं। आज भी हो रही हैं। प्रजातियों की समाप्ति के बारे में चिन्तकों में किसी का कहना है—पराजित

जाति विजिता से विताड़ित होकर अत्यन्त अनुपयोगी स्थानों में बसने पर, पूर्ववर्ती स्थानों की सुख-सुविधाओं से ज़माने तक वंचित रह जाती हैं। फलस्वरूप वे कमज़ोर पड़ जाती हैं। यह बात काफ़ी हद तक सही है। इसमें कोई सन्देह नहीं। असुरों का इतिहास यही कहता है। पर सन्ताल लोग भी एक समय आर्यों द्वारा विताड़ित होकर दामिन-ए-कोह में पलायन कर गये थे। उसके बाद से अरसे से वहीं वे रह रहे हैं। आज तक वहाँ ख़ास सन्ताल लोग ही रह रहे हैं। उनकी तादाद में पहले से कमी आयी है, ऐसा सुनने को भी मिलता है।

अमेरिका या दूसरे मुल्कों में जहाँ अंगरेज़ों ने जाकर अपना साम्राज्य स्थापित किया है, वहाँ के मूलवासीगण धीरे-धीरे घट रहे हैं, इसकी कोई ठोस वजह ज्ञात नहीं है। रेड इंडियन, नार्डिक इंडियन, न्युजिलनुर्स, तस्मानिया आदि कितनी ही जातियाँ लुप्त हो रही हैं। माउरी नाम की एक आदिम जाति बलशाली, बुद्धिमान और कर्मठ के रूप में जानी जाती है। खाहुनो के अधीन होकर वह भी लुप्त हो रही है। 1868 में उनकी जनसंख्या एक लाख थी। बीस साल के बाद वह अड़तीस हज़ार हो गयी आज उनकी क्या स्थिति है, पता नहीं। हो सकता है कि आज वह लुप्त हो गयी हो। अगर होंगे भी तो नाम मात्र के। माउरी कमज़ोर नहीं होते। इस सम्बन्ध में एक साहब ने लिखा है–'दासों में से सबसे महान हैं। रेड इंडियन सबसे अच्छे हैं।' फिर भी यह जाति लुप्त क्यों हो जाती है? आप कहेंगे कि साहब लोगों के अत्याचार के कारण। पर वह कदापि नहीं है। कनाडा के मूल वासियों के लिए तो साहब लोगों ने काफ़ी जतन किया था पर उनका ह्रास होना रोक नहीं पाये। डॉ. गिक्की ने लिखा, 'कनाडा में विगत 50 सालों से रेड इंडियन लोगों के साथ पृथ्वीसुलभ प्यार दिया जाता है। फिर भी इनकी आबादी घट रही है।...सरकार ने काफ़ी जतन किया। उनके लिए मकान बनाये, दुश्मनों से लड़ने के लिए सरकार ने उन्हें गोली–रायफ़ल दिया, दवा-दारू आदि पर ख़र्च किया पर स्थिति में कोई सुधार नहीं हुआ। स्थिति पूर्ववत है।'

समाज के उपयोगी स्थान छोड़कर तो उन्हें जाना नहीं पड़ा था फिर भी वे लुप्त क्यों हो गयीं? कोई-कोई कहता है कि दोष साहब लोगों के सम्पर्क का है। प्रमुख जाति के सम्पर्क में आने से सामान्य जातियाँ कुछ हद तक निरुपाय और अवसादग्रस्त हो जाती हैं। इस तथ्य के जवाब में एक साहब ने लिखा है कि भारत वर्ष में तो कितनी ही जातियों के लोग रहते हैं, साहब लोगों के सम्पर्क में आने पर उनकी संख्या में वृद्धि पर रुकावट तो नहीं आयी है। उसके जवाब में हम इतना ही कह सकते हैं कि भारत की आदिम जातियों के लोगों की संख्या में ह्रास होना काफ़ी पहले से आरम्भ हो चुका है पर अंगरेज़ों के आगमन के बाद इनकी संख्या में ह्रास

हुआ है, ऐसा निश्चित रूप से कहा नहीं जा सकता। पर कोल जाति की संख्या में ह्रास पर कुछ प्रकाश डाला जा सकता है, लेकिन वह अभी नहीं। अभी इन बातों को स्थगित रखता हूँ। अधिकांश व्यक्तियों के निकट यह अनावश्यक लगेगा। पर उम्र के इस पड़ाव में जो मन में आता है, उसे ही कहने को जी चाहता है। दूसरों को यह अच्छा नहीं लगेगा, यह बात दिमाग़ में आती ही नहीं। जो भी हो, अगली दफ़ा मैं सावधान रहूँगा।

पर जिस बात की चर्चा शुरू हुई थी वह अभी भी समाप्त नहीं हुई है। मन में था कि इस बहाने बंगालियों की कुछ चर्चा करें पर चारों ओर बंगाली समुदाय की उन्नति को लेकर शाबाश मिल रही है, उपाधियाँ पा रहा है, विलायत जा रहा है। बंगाली सभ्यता की सीढ़ियों पर चढ़े जा रहा है। फिर बंगाली को फ़िक्र किस बात की? ये सब तो बाहरी वस्तुएँ हैं। क्या बंगाली समाज की अन्दर की तस्वीर की ओर झाँकने की आवश्यकता नहीं है? सुना जा रहा है कि जनगणना के अनुसार बंगालियों की संख्या में बढ़ोतरी हो रही है। यह एक अच्छी बात है।

लातेहार की पहाड़ी

–संजीब चट्टोपाध्याय

लातेहार पहाड़ की बात मैंने पहले एक बार की है। फिर से उसकी बात कहने में मुझे ख़ुशी हो रही है। पुरानी बातें कहने में बड़ा मज़ा आता है, विशेषकर अब जब मुझे सुनने वाले मिले हैं। तीन-चार उम्र दराज से लगने वाले लोगों ने, मानो वे भी शीघ्र ही अपनी बातें कहने लगेंगे। 'बंगदर्शन' में मेरा लिखा पलामू भ्रमण वृत्तान्त पढ़ा है। फिर उसकी प्रशंसा भी की है। यह प्रशंसा बढ़ती जा रही है। आप प्रशंसा करें या न करें, बूढ़े लोग आकर अपनी पुरानी बातें सुनायेंगे। इस प्रकार से पुरानी बातें रह जाती हैं। समाज की पूँजी बढ़ती है। पर मेरी कहानी से किसी पूँजी की बढ़ोतरी नहीं होगी, चूँकि मेरी अपनी कोई पूँजी है ही नहीं। बावजूद इसके मैं कहानियाँ सुनाता हूँ। और आप सब मुझे आभारी कर जाते हैं।

मैं हर रोज़ लातेहार पहाड़ी की गोद में जाकर बैठता था। तम्बू में हज़ारों काम रहे, फिर भी मैं उन्हें टाल जाता था। चार बजे नहीं कि मेरे अन्दर एक बेचैनी जागती। पर, ऐसा क्यों, मैंने कभी सोचा नहीं। पहाड़ पर कुछ भी नया नहीं, किसी से मुलाक़ात की भी गुजांइश नहीं, किसी से गपशप की भी आशा नहीं, फिर भी पता नहीं क्यों मुझे वहाँ जाना निहायत ज़रूरी लगता। अब देखता हूँ, यह तीव्र इच्छा केवल मेरी ही नहीं। आँगन में छाया पसरते ही कुल वधुएँ पनघट की ओर पैर बढ़ा देंगी। उनका मन मचल उठेगा ही। अगर पानी मौजूद है तो भी मानेंगी नहीं। पानी गिराकर भी भरने जायेंगी। जो न जा सकीं, वे बेचारी बड़ा ही अभागिन मानी जातीं। वे तो घर में बैठी-बैठी देखती हैं–आँगन में छाया पसर रही है। आसमान में छाया घनी हो रही है। धरती का रंग बदल रहा है। उन्हें बड़ा दुख है कि बाहर जाकर यह सब देख नहीं सकतीं। हो सकता है कि मैं भी धरती के इस बदलते रंगों से रूबरू होने के

लिए वहाँ जाता था। वहाँ मैं अपने मन को अकेला पाता था। बालक की भाँति उसके साथ खेलता था। इस पहाड़ी की गोद बड़ी ही सूनी है। कहीं एक छोटा-सा वन नहीं, चारों ओर घास ही घास है। साफ़-सुथरा तो है ही। महुए के पेड़ अधिक संख्या में हैं। कुछ मिल-जुलकर एक-दूसरे को गले लगायें, कुछ-कुछ बेवा औरतों की तरह यहाँ-वहाँ अकेले खड़े। इनमें से एक को मैं बहुत चाहता था। उसका नाम रखा था 'कुमारी'। उन दिनों उस पर फूल फल नहीं लगते थे। पर छाया बहुत ही शीतल। मैं उसी साये में बैठकर दुनिया देखता। इस ऊँची जगह पर बैठ जाने से पाँच-सात कोस की ज़मीन दिख जाती। मैं देखता दूर चारों ओर पहाड़ों की दीवारें मानो संसार वहीं जाकर बस गया हो। उस दीवार के नीचे गाढ़ी छाया, अँधेरे का आभास और उसके बाद जंगल के बीच के दो एक गाँवों से धुआँ निकलता हुआ, किसी गाँव से आती मन्दिर की हल्की घण्टी की आवाज़, उसके बाद मेरा तम्बू मानो सफ़ेद कबूतरी। जंगल के बीच अकेली बैठी। न जाने किस सोच में डूबी हुई है। मैं अनमना-सा इन सारी चीज़ों को देखे जाता और सोचता यही है मेरी दुनिया।

एक दिन मैं अपने सुखासन पर बैठा हुआ था कि लता पर मेरी नज़र जा अटकी। उसी एक डाली पर काफ़ी दिनों के बाद चार-पाँच फूल खिले थे। आह्लादित लता उसे छिपा नहीं पायी थी। मानो किसी को दिखाने के लिए डाली को झुका रखी हो। एक बड़ा-सा काला भँवरा इसके इर्द-गिर्द मँडरा रहा था और कभी-कभी उस डाली पर जा बैठता था। भँवरे की इस हरकत से लता बड़ी नाराज़ थी। भँवरा जैसे ही डाली पर बैठता वह बेचैनी के साथ सर धुनने लगती।

लता की इस इन्सानी हरकत को देखकर मैं मुस्कुरा रहा था। इस बीच मेरे पीछे से आवाज़ आयी–राधे मन्युं आदि। मेरे रोंगटे खड़े हो गये। कुछ उत्सुकतावश कुछ भय से मैं उस ओर गया। वहाँ मुझे कुछ भी सुनाई नहीं पड़ा। थोड़ी देर बाद कुमारी की डाली से वही श्लोक फिर से ध्वनित हुआ। पर पहले जैसा स्पष्ट नहीं। केवल धुन और छन्द सुनने को मिले।

कुमारी की जड़ के पास जाकर देखा हरियल की तरह एक पक्षी एक और पक्षी के पास सिर हिलाकर उसी छन्द में नाचते हुए बढ़ रहा है। मादा पक्षी डैनों से उसे झटके दे-देकर हट जाती, कभी-कभी दूसरी डाली पर जा बैठती। अब मेरा भ्रम टूटा। मैं मन्दाक्रान्ता छन्द का एक श्लोक जानता था। छन्द के उच्चारण मात्र से श्लोक मेरे दिमाग़ में कौंध गया। मैंने उसी को वहाँ सुना था–राधे मन्युं...पर पक्षी ने वर्ण का उच्चारण नहीं किया था। केवल छन्द का उच्चारण किया था।

कुछ भी हो, मैं अवाक् हो पक्षी के मुख से संस्कृत का श्लोक सुनने लगा। पहले लगा–'जिन्होंने उद्धव दूत' लिखा है, हो सकता है इस कुल के पक्षी से छन्द पाये थे। इस श्लोक के साथ कुंजकी राद्र-वाद का बड़ा ही सामंजस्य श्लोक इस प्रकार है–

राधे मन्युं परिहर हरिः पादमूलं तवामम्।
जातं दैवादसमृशमिदं बारमेकम क्षमख।।
एवाना कर्णयसि नयवन कुंज कीरानुवादान,
एमिः क्रुरर्वयमविरतं वंचिताः वंचिताः साः।।

जब उद्धव मथुरा से वृन्दावन आकर राधे के कुंज में आ पहुँचे तो गोपियाँ अपनी व्यथा-कथा उन्हें सुनाने लगीं। इतने में कुंज का एक पक्षी वृक्ष शाखा से बोल उठा–'राधे क्रोध त्याग दो, देखो ख़ुद हरि तुम्हारे चरणों में आ पड़े हैं। संयोगवश एक बार जो घटित हो गया है उसे एक बार के लिए क्षमा कर दो।'

गोपियों ने ये बातें इतनी बार राधिका को कही थीं कि कुंज के पक्षीगण भी इसे सीख गये थे। जो उन्होंने सीखा था, बिना अर्थ समझे ही ये पक्षी बराबर कहा करते थे। गोपियों ने उद्धव से कहा–सुना तुमने कुंज के पक्षियों ने क्या कहा? सुना, एक तो विधाता ने हमें वंचित किया है, और देखा ये मुँहजले पक्षी भी कितना सता रहे हैं।

पक्षी ने फिर से आवाज़ लगाई–राधे मन्युं परिहर हरिः पादमूलं तवामम्। मैं जो कह रहा था–विहंग छन्द में विहंग की बोली बड़ा मनभावन लगी।

छन्द हो या गीत, सिखाने से अनेक पक्षी सीख लेते हैं। पर किसी पक्षी के स्वर में छन्द सामान्य रूप से रहता है, यह मुझे पता नहीं था। इसलिए जंगली पक्षी के कण्ठ से छन्द सुनकर मैं बड़ा ही चमत्कृत हुआ था। इस पक्षी के साथ जाने कहाँ-कहाँ मैं घूमा, कितनी बार छन्द सुने, अन्त में शाम ढलने पर अपने तम्बू में लौट आया। लौटते वक़्त रास्ते में सोच रहा था, अगर यहाँ डार्विन साहब के कोई शिष्य होते तो सोचते कि यह पक्षी अवश्य ही राधिका के कुंजवाले पक्षियों का वंशज है। जैविक कारणों से पूर्वजों द्वारा रटा हुआ श्लोक इसके कण्ठ में अनायास ही आ गया है। वैष्णवों के लिए यह उचित है कि इस वंश को अपने-अपने कुंजों में स्थान दें। राधा कुंज का सब कुछ समाप्त हो गया, सबका अन्त हो गया, मात्र यह वंश चालू है। मेरी इच्छा है कि एक हरियल पक्षी पालूँ–देखना है कि राधे मन्युं परिहर कहता है या नहीं।

एक और दिन की घटना के बारे में कहने के बाद लातेहार पहाड़ी की मेरी बात समाप्त हो जायेगी। रोज़ की भाँति मैं अपराह्न वेला में एक दिन लातेहार पहाड़ी की ओर जा रहा था। रास्ते में देखता हूँ कि एक युवक बड़े ही तैस में पहाड़ की ओर बढ़ा जा रहा है। उसके पीछे कुछ स्त्रियाँ उसे मनाती हुई चल रही हैं। मैंने सोचा मनाने वाले जब स्त्रीगण हैं तब यह युवक अवश्य ही भात के लिए ग़ुस्साया हुआ है। मैं एक बंगाली हूँ, ग़ुस्से का दूसरा कोई कारण मेरी सोच में आयेगा ही कैसे? एक समय मैंने भी इस प्रकार का ग़ुस्सा जाने कितनी बार किया है। इसलिए, दूसरे के ग़ुस्से को समझ सकता हूँ।

मेरे क़रीब आने पर औरतें निरस्त होकर एक ओर खड़ी हो गयीं। हाल पूछने पर युवक ने शान से कहा, मैं शिकार करने जा रहा हूँ। अभी-अभी एक बाघ ने मेरी गाय को मारा है। मैं एक ब्राह्मण का बेटा हूँ। उस बाघ को मारे बिना कैसे अन्न पानी मुँह में डाल सकता हूँ? मैं थोड़ा सकपका गया, फिर बोला चलो, मैं तुम्हारे साथ चल रहा हूँ। दुर्भाग्यवश मेरे कन्धे पर बन्दूक है, पैरों में बूट जूते, मैंने कोट की पतलून पहन रखी है, तम्बू में रहता हूँ। अत: साथ देने की बात न कहना उचित नहीं लगता। विशेषकर तब, जब लोग मुझे साहब कहते हैं। अत: साहबों की भाँति नि:शंक भाव से चलने लगा। हूँ तो मैं डरपोक क़िस्म का आदमी पर बाघ-भालू से कभी भी डर भय नहीं है।

कितने बूढ़े शिकारियों ने मुझे अकेले पहाड़ों में जाने से मना किया है, पर मैंने कभी भी उनकी नहीं सुनी। हर रोज़ मैं अकेले ही निकलता था, बाघ आयेगा मुझे पकड़ेगा, खा जायेगा, ये सारी बातें मेरे मन में कभी भी नहीं आतीं। क्यों नहीं आतीं, यह बात आज भी मेरी समझ से परे है। सैनिकों में अनेक हैं जो ख़ुद के साये से डरते हैं। इसके विपरीत ख़ुशी-ख़ुशी जंग में जाकर युद्ध करते हैं। गोलियाँ देह को छेदेंगी या तलवारें काटेंगी ये बातें दिमाग़ में कौंधती नहीं, तभी तक वे साहसी कहलाते हैं। ख़तरे को जिसने मन से हटाया वही है बहादुर। आदिम अवस्था में सारे पुरुष साहसी थे। तब आगे पीछे सोचने की शक्ति उनके अन्दर विकसित नहीं हुई थी। इसलिए मैं अपनी बहादुरी पर इतराता नहीं। सभ्यता के विकास के साथ-साथ आदमी का साहस कमतर होते जाता है। पेनलकोड जितना कार्यकारी होगा, साहस उतना ही घटेगा। फ़िलहाल ये किचकिच यहीं बन्द करता हूँ।

थोड़ी दूर बढ़ने के बाद साथ के युवक ने कहा, बाघ को मैं अपने हाथों मारूँगा। मैंने मुस्कुराते हुए सहमति दे दी। बिना कुछ कहे वह आगे बढ़ने लगा। उस क्षण के बाद से मेरे ख़ुद के प्रति प्यार थोड़ा-थोड़ा जागने लगा। अपने हाथों मारूँगा–

युवक के इस कथन से यह स्पष्ट होता है कि दूसरे द्वारा बाघ को मारना सम्भव था, युवक ने अवश्य ही सोच लिया था कि साहब वेशधारी मैं बाघ का शिकार अवश्य ही कर सकता हूँ। इस भावना से मैं गद्‌गद हो गया था। इसके बाद थोड़ी दूर तक चलने के पश्चात हम एक पहाड़ी पर चलने लगे, युवक आगे-आगे मैं उसके पीछे। युवक की पीठ पर एक टाँगी धरी हुई। उसने बीच में अपने हथियार को हाथ में लेकर उसकी धार देख ली। फिर थोड़ी दूर जाने के बाद उसने मुझे कहा–आप अपने जूते खोल लें, आवाज़ आ रही है। मैंने जूते उतार दिये और नंगे पाँव चलने लगा। थोड़ी दूर जाकर उसने कहा–आप यहीं ठहरें मैं मुआयना करके आता हूँ। मैं खड़ा रहा, युवक चल दिया। प्रायः एक दण्ड समय व्यतीत होने पर उसने आकर बड़ी ही प्रसन्न मुद्रा में कहा–हो गया उसका पता मिल गया। जल्दी चलें बाघ अभी सो रहा है। उसके साथ जाकर देखा कि एक जगह एक बड़ी सी खोह है जो तालाब के आकार की है। उसके अन्दर पत्थर की एक कुटिया है, आसपास कुटिया का सहन-सा। उस गुफ़ा के नज़दीक जाकर उस युवक ने खड़े होकर बहुत सावधानी से मुझे बाघ को दिखाया। आँगन के एक छोर पर आँख बन्द किये हुए निहायत ही एक भला आदमी सा बाघ पड़ा हुआ है। मुँह के पास सुन्दर नखवाला एक पंजा आईने की तरह रखकर वह सो रहा है। लगता है सोने के पहले उसने पंजे को चाटा भी था। युवक बाघ की ओर चलने लगा। युवक ने मुझे सावधान किया–सर झुकाकर चलें नहीं तो आँगन में छाया पड़ेगी। उसके कहे अनुसार मैं सर झुकाकर चलने लगा। अन्त में एक बड़े-से पत्थर की ओर इशारा करके उसने कहा–आइये इसे ठेलते हैं। हम दोनों ने मिलकर उसे अपनी जगह से खिसकाया। फिर युवक ख़ुद ही उसे ठेलते हुए बिना किसी आवाज़ के गुफ़ा के किनारे तक ले गया। उसने एक बार बाघ की ओर ताका। फिर ज़ोरों की आवाज़ करते हुए वह पत्थर आँगन के अन्दर जा गिरा। पता नहीं आवाज़ से जागकर या चोट खाकर बाघ एक बार खड़ा हुआ। उसके बाद गिर पड़ा। उसकी नींद फिर कभी नहीं टूटी। दूसरे दिन वाहकों के कन्धों के सहारे वह बाघ महाराज मेरी तम्बू तक आये थे, पर चूँकि महानिद्रा में अचेत थे, इसलिए मेरे साथ विशेष कोई वार्तालाप हो न पाया।

कोल कन्याओं का नृत्य

–संजीब चट्टोपाध्याय

फिर से पलामू की बात कहने बैठा हूँ। पर सोचता हूँ इस बार क्या लिखूँ? कुछ घटनाक्रम तो याद ही नहीं, फिर भी कुछ न कुछ लिखना ही पड़ रहा है। बाघों की बातों को दोहराना अच्छा नहीं लगता। वन पहाड़ की चर्चा भी कर चुका हूँ। फिर लिखने को बाक़ी क्या रह गया? पहाड़, जंगल, बाघ, इन्हीं में सिमटा हुआ है पलामू। वहाँ के बाशिंदे तो काले-कलूटे, जंगली, बदसूरत और बेडौल क़द-काठी वाले जानवर हैं–उनकी बातें तो करना ही बेकार। पर सोचता यह भी हूँ पलामू के जंगलों में सुन्दर कुछ भी नहीं है, ऐसा लिखने से लोग मेरे बारे में सोचेंगे क्या? इसलिए पलामू के बारे में दो बातें करनी निहायत ही ज़रूरी है। एक दिन शाम ढलने पर तम्बू का पर्दा गिराकर साहब लोगों की तरह एक कुतिया के साथ खेल रहा हूँ, इतने में किसी ने आवाज़ दी–खाँ साहब! सुनते देह में आग लग गयी। आज याद करता हूँ तो हंसी आती है, पर उस दिन मैं बिल्कुल क्रोधित हो गया था। क्रोध के कई कारण थे। पहला यह कि मैं एक विशिष्ट व्यक्ति हूँ। मुझे बुलाने की हिम्मत किसी को कैसे हुई? मैं जिनके अधीन हूँ अथवा जो मुझसे भी अधिक महत्त्वपूर्ण व्यक्ति हैं, या जो मेरे विशिष्ट आत्मीय हैं, केवल वही मुझे बुला सकते हैं। मगर इनके अलावा अन्य व्यक्ति ने मुझे 'सुनिए' कह दिया तो मैं बर्दाश्त नहीं कर सकता। दूसरा कारण यह कि मुझे खाँ साहब कहा गया है। खाँ बहादुर कुछ हद तक सहनीय होता, सोचता चलो, उसने मुझे मुसलमान समझ लिया है, पर मेरे ओहदे का असम्मान नहीं किया है। खाँ साहब का अर्थ जो भी हो, यह हमारे यहाँ के बोस महाशय, दास महाशय से ज़्यादा मान्यता वाला कुछ नहीं। जिस आदमी के कपड़े हरमोज कम्पनी सिलती है, फ्रांस में जिनके जूते बनते हैं, उसे अगर बोस महाशय या दास महाशय कहा जाय तो कहाँ तक बर्दाश्त हो! बाबू मोशाय कहने पर भी मन नहीं भरता। अतः मैंने

सोच लिया कि इस व्यक्ति ने मुझे छोटी नज़रों से देखा है। मेरा अपमान किया है। तत्क्षण उसे इसका विशेष फल मिल जाता पर मेरी बहादुरी उसी में है कि पाजी, हरामजादे, बद्जात आदि साहब सुलभ गलियाँ छोड़कर और कुछ भी नहीं कहा था। शायद उस रात ठण्ड अधिक रही होगी। इसलिए मैंने तम्बू से बाहर निकलने का साहस नहीं किया था। गाली सुनकर आगन्तुक निरुत्तर रहा था। शायद चला गया हो। मुझे सदैव मालूम है कि जिसे गालियाँ मिलती हैं या तो वह डरकर विनती करता है अथवा यह प्रभावित करने के लिए तर्क करता है कि उसे बेमतलब की गालियाँ दी गयी हैं। उसमें से जब उसने कुछ भी नहीं किया तो मैंने सोचा आदमी की वैसी ही भावना रही होगी लाजवाब आदमी। उसे तो मेरा नाम तक पता नहीं। मेरे पद के बारे में भी वह वाक़िफ़ नहीं है। अतः मुझे कैसे सम्बोधित किया जाये, इसकी सम्यक जानकारी नहीं रहने के कारण उसने देशी रिवाज के अनुसार आदर के भाव से खाँ साहब बुलाया था। जो व्यक्ति उस सादर सम्बोधन के उत्तर में गालियाँ देता है, उसे लाजवाब आदमी छोड़कर दूसरा कहा ही क्या जा सकता है। थोड़ी देर बाद मेरा खानसामा आया और तम्बू के द्वार पर खड़ा हो गया। गला साफ़ कर अपने आगमन की सूचना का संकेत भेजा। उसे पता था कि मेरा ग़ुस्सा तब तक शान्त नहीं हुआ था। इसलिए चिलम सुलगाकर तम्बू तक आया। पर अन्दर प्रवेश नहीं किया। दरवाज़े पर खड़ा-खड़ा चिलम सुलगाता रहा। उसके चेहरे की ओर देख-देखकर मैं सोच रहा हूँ कि वह कब चिलम को हुक़्क़े पर रखेगा। इतने में दरवाज़े के पास किसी वस्तु के हिलने का आभास हुआ। देखा तो कोई था नहीं। केवल नीले आसमान में तरेगन (तारे गण) जल रहे थे। उसके बाद ही देखता हूँ कि दो मनुष्य मूर्तियाँ खड़ी हैं। मेज़ पर रखी बत्ती को सरकाया तो प्रकाश उनके ऊपर जा गिरा। देखा एक वृद्ध सीने तक लहराती सफ़ेद दाढ़ी, सर पे धरी बड़ी-सी पगड़ी। बग़ल में खड़ी एक औरत शायद युवती। उसकी ओर नज़र डालते ही उन्होंने सीधे मेरे सामने आकर सलाम किया और सर नीचे कर खड़ी हो गयी। लगा कि युवती सहमी हुई है पर आँखों में झूल रही एक हल्की सी मुस्कान! उसके दोनों भौंवें देखने से ऐसा प्रतीत हुआ, मानो आसमान में कोई पक्षी पंख फैलाये उड़ रहा हो। मैं उसे निर्निमेष देखने लगा। मेरे दिमाग़ में यह बात आयी नहीं कि यह व्यक्ति क्यों आया है? उसका घर कहाँ है? केवल उसका रूप निहारता रहा। उसे देखकर सबसे पहले लगा कि वह कोई सुन्दरी मादा पक्षी है गंगोखाली (नदी, जहाँ समुद्र में मिलती है) के पास जहाँ, सर्व प्रथम अंगरेज़ों ने आकर उपनिवेश स्थापित किया था। एक दिन अपराह्न वेला में मैं भी बन्दूक लेकर वहाँ शिकार खेलने चला गया था। उस दिन एक सूखी डाली पर एक चिड़िया को बैठा

पाया। मैं उसके समीप जा खड़ा हुआ। मुझे देखकर वह उड़ी नहीं, सर घुमाकर देखने लगी। सोचा यह कोई जंगली चिड़िया होगी, जिसने कभी आदमी देखा नहीं। देखने पर इस विश्वासघाती को अवश्य पहचान लेती। पहचान करने के लिए मैंने हाथ की बन्दूक उठाई और उस पर निशाना साधा। चिड़िया फिर भी उड़ी नहीं। सीना तानकर बन्दूक की चोट सहने को तैयार मेरी ओर ताकने लगी। मैं असमंजस में पड़ा कन्धे से बन्दूक उतारकर एकटक उसे देखने लगा। क्या रूप था उसका!

उस पक्षी का जो रूप उस दिन मैंने देखा, आज वही रूप उस युवती में देखा। मैं कभी भी कवि की दृष्टि से रूप को नहीं देखता हूँ। हमेशा बालक की नज़रों से देखता हूँ। इसलिए मैं जो देखता हूँ उसे दूसरों को ठीक-ठीक समझा नहीं पाता। रूप क्या वस्तु है? उसका आधार क्या है, देह के किन-किन अंगों में वह बसता है, ये सारी बातें हमारे बंगाल में कविगण अच्छे से जानते हैं। यही कारण है कि वे अंग चुन-चुन कर इसका वर्णन कर पाते हैं। मेरा दुर्भाग्य है कि मैं ऐसा कर नहीं सकता। इसका कारण यह है कि मैं किसी अंग विशेष को चुनकर उसमें रूप तलाशता नहीं हूँ। मैं जिस प्रकार से रूप को निहारता हूँ बिना किसी लाज-संकोच के उसका वर्णन करता हूँ। एक बार दो साल के बच्चे को घर में रखकर मैं विदेश गया था। वहाँ उसे बराबर याद करता था। उसका वह रूप किसी में नज़र नहीं आता। अरसे बाद एक बकरी के बच्चे में वह रूप देखकर ख़ुशी से उसे सीने से लगा लिया। ये वैसी ही नज़र! मुझे रूप के बारे में क्या पता! बावजूद उसके मैं उस युवती को देखता रहा।

बचपन में मैं सोचता भूत-प्रेत जैसे विदेह हैं, दूसरों की देहों में अपने को ढालते हैं, रूप भी उसी प्रकार से दूसरों की देह को अवलम्बन बनाता है। फ़र्क़ इतना है कि भूत का आश्रय केवल मनुष्य होता है, विशेषकर औरत। पर वृक्ष, पल्लव और नदियाँ ये सब रूप का आश्रय लेते हैं। युवती में जो रूप है वही लता में, नदियों में भी वही, पक्षियों में, बकरों में भी वही रूप। इसलिए रूप एक है। हाँ पात्र-भेद अवश्य है। इसलिए मैं पात्र देखकर मुग्ध नहीं होता, होता रूप देखकर। देह को देखकर मोहित नहीं होता, मोहित होता हूँ रूप पर। वह रूप चाहे तो लता में रहे या युवती में, मेरी नज़रों में कोई फ़र्क़ नहीं। बहुतों में ऐसा रुचि विकार रहता है जो कहते हैं युवती के रूप देखकर वे मोहित होते हैं, वे झूठ बोलते हैं।

मैं युवती को देखे जा रहा हूँ, इतने में खानसामा ने आकर बताया कि ये बाई लोग हैं, इन्होंने ही 'खाँ साहब' कहकर आपको बुलाया था। सुनने के साथ मेरे क्रोध ने पहले जैसी दहाड़ लगाई। मैंने चिल्लाकर उसे भगा दिया।

उसके बाद से उनके बारे में किसी ने मुझे बताया नहीं। दूसरे दिन अपराह्न वेला में देखता हूँ कि एक बरगद के नीचे कुछ औरतें बैठी हुई हैं। पास ही कुछ मरियल घोड़े चर रहे थे। पूछने पर पता चला कि वे बाई लोग हैं। ख़र्च बचाने के ख़याल से पलामू के रास्ते जा रहे हैं। इस वक़्त कल रात वाली बाई की याद आयी। उनके गाने सुनने के ख़याल से मैंने उन्हें बुला भेजा। पर लोगों ने आकर सन्देश दिया कि वे भोरे भोर चले गये हैं। मेरे चुप रहने पर मेरे एक पड़ोसी राजपूत ने कहा कि वे रोते हुए गये हैं। मैंने पूछा क्यों? उन्होंने कहा–इस जंगल के रास्ते आते वक़्त उनके अनेक साथी मारे गये थे। मात्र एक वृद्ध साथ में था। उनके राह-ख़र्च भी ख़त्म हो गये थे। पता नहीं और कितने दिनों तक उपवासी रहना पड़ेगा। इस जंगली इलाक़े में उन्हें भीख कौन देगा? आपके पास आये थे, आपने भी भगा दिया।

यह जानकर मुझे बड़ा ही क्लेश हुआ। मैंने उनके कष्ट को महसूसा; सोचा इनकी जैसी स्थिति अगर मेरी होती तो मुझे कितना कष्ट होता? जंगल में अन्नाभाव और विशाल नदी में नाव डूबना बात बराबर है। उन्हें दो पाँच रुपये अनायास ही दे सकता था, उससे मेरी कोई हानि नहीं होती, उनके प्राणों की रक्षा होती। मैंने उनकी सहायता नहीं की, भगा दिया उन्हें, इस क्रूरता का फल मुझे एक दिन अवश्य ही भोगना पड़ेगा, ऐसा मैं बराबर सोचता।

दो-चार दिनों के बाद एक साहब से मुलाक़ात हुई। वे दस कोस दूर अकेले ही रहते थे। गप-शप करने के लिए कभी-कभार मेरे तम्बू में आते रहते थे। बातचीत के क्रम में मैंने उस युवती की चर्चा की। थोड़ी देर तक वे रंग-रस में डूबे रहे। फिर कहा–मैंने उस औरत की बात सुनी है; वह जंगल पार नहीं कर पायी, मर गयी। यह बात सत्य हो या मिथ्या, मुझे बड़ा कष्ट हुआ। मैं केवल अहंकार के आगोश में आकर 'खाँ साहब' सम्बोधन पर क्रोधित हो गया था, तब मुझे पता नहीं था कि अपने ही अहंकार पर मैं ख़ुद ही हँसूँगा।

साहब को विदा करके अपराह्न वेला उस युवती को याद करते हुए मैं पहाड़ की ओर जा रहा था। रास्ते में कतिपय कोल कन्याओं के साथ मेरी मुलाक़ात हो गयी। वे डाड़ी से पानी खींच रही थीं। इस इलाक़े में जलाशय है ही नहीं। नदियाँ सर्दियों में सूख जाती हैं। इसलिए गाँव के लोग जगह-जगह छोटे-छोटे कुएँ की भाँति गड्ढे खनते हैं, जो दो हाथ से ज़्यादे गहरे नहीं होते। उन्हीं गड्ढों में बूँद-बूँद पर पसर कर पानी जा सकता है। इन्हें ही डाड़ी कहते हैं।

कोल बालायें मुझे देख खड़ी हो गयीं। उनमें से एक लम्बोदरी थी। वही उम्र में सबसे बड़ी, माथे पर धरे पानी से लबालब भरे घड़े को थामे हँसते हुए उसने मुझसे

कहा–रात को नाच देखने आयेंगे? मैंने मुंडी हिलाकर हामी भरी। वे सबके सब हँस पड़ीं। जितनी कोल कन्याएँ नाचती गाती हैं, संसार की शायद किसी जाति की कन्याएँ उस विद्या में उतनी पारंगत नहीं होतीं। हमारे दुदन्ति युवकगण इनके सौवें हिस्से लायक भी नहीं।

शाम के बाद मैं नाच देखने गया। गाँव के किनारे एक बरगद पेड़ के नीचे गाँव के युवक-युवतियाँ आ मिले हैं। औरतों के माथे पर जूड़े, उनके दो-तीन करके लकड़ी की कंघियाँ खोंसी हुई। युवकों में कोई मांदर बजा रहा है, किसी ने धरी है लम्बी लाठी। ख़ाली हाथ कोई भी नहीं। नयी उम्रजनित हरकतें उनकी देहों में ...। हर कोई तरह-तरह के पैंतरे भाँजकर अपने-अपने बल-वीर्य प्रदर्शित करने में लिप्त। बूढ़े पेड़ के नीचे के चबूतरे पर आसीन चुपचाप। उनके ठेहुने कन्धों के पार तक बढ़े और ओठ हिलते हुए। मैं उनकी बग़ल में जा बैठा।

इतने में गाँव भर की युवतियाँ आ जमने लगीं। आने के साथ युवकों को चिढ़ाने में मस्त हो गयीं सब। बस हँसी का दौर शुरू हो गया। उनके मज़ाक़ का विषय मेरी समझ से परे था। मैंने तो केवल इतना ही समझा कि युवक, युवतियों द्वारा ठगे जा रहे हैं। ठगने की ही बात है। युवक तो मात्र दस-बारह हैं, युवतियाँ चालीस के आस-पास। इनकी हँसी के आगे तो थाइलैंड की सेना भी हार मान लेगी।

हँसी-मज़ाक़ ख़त्म होने पर नृत्य का दौर शुरू हुआ। युवतियाँ एक दूजे का हाथ थामे अर्द्ध चक्करकार खड़ी हो गयीं। दृश्य बड़ा ही मनोरम। सबके सब समान ऊँचाई की। पत्थर सी काली, खुली देह, खुले वक्ष, वक्ष पर लहराती मालाओं में जड़े शीशे। चाँद की उजली किरणों से बीच-बीच में चमक उठती। फिर सबके माथों पर वनफूल, कानों में वनफूल, ओठों पर हँसी। सब आनन्द में सराबोर। मारे ख़ुशी के इतराती–तेज़ी घोड़ियों के माफ़िक।

सामने खड़े युवा। उनके पीठ पीछे मिट्टी के चबूतरे पर बैठे गाँव के बूढ़े और उनके साथ नाचीज़ मैं। यदि देह की आवाज़ होती हो तो युवतियों की देहों ने आवाज़ लगायी। उसके बाद ही वे नृत्य करने लगीं। उनका नृत्य मेरे लिए नया था। वाद्य के ताल पर वे पैर पटकती जा रही हैं। फिर भी न कोई चलती न हिलती न गिरती। जो जहाँ खड़ी थी, ताल पर पैर पटकने लगीं। उनके माथे के वनफूल नाचने लगे, सीने की धुकधुकियाँ डोलने लगीं।

नाच आरम्भ होने पर चबूतरे से एक वृद्ध ने एक गीत का मुखड़ा उठाया, तुरन्त ही युवकगण ने उसे जाकर पूरा किया। फिर युवतियाँ ऊँची तान में गीत की पंक्तियाँ गाने लगीं। युवतियों की सुरीली आवाज़ें निकटस्थ पहाड़ से जा टकरायीं।

तब मुझे यह स्पष्ट आभास होने लगा कि सुर कभी पहाड़ के मूल से टकराते तो कभी उसके सीने से। पहाड़ से सुर के टकराने की बात भले ही दूसरों को अटपटा लगे, पर मेरे लिए नहीं। यदि मेरे लेखों को पढ़ना है तो ऐसी अटपटी बातें बीच-बीच में पढ़नी ही पड़ेंगी।

युवतियाँ ताल पर नाच रही हैं। उनके कानों के वनफूल, नृत्य के ताल पर ऊपर नीचे हो रहे हैं। फिर उन्हीं में से दो-एक टूटकर उनके कन्धों पर भी जा अटक रहे हैं। सर्दी का मौसम आनेवाला है। दो-तीन जगहों पर आग लहर रही है। आग की रोशनी में नृत्य करती युवतियों के चेहरे का रंग और भी काला लग रहा है। वे लय में नाच रही हैं। नाचते-नाचते एकाध बार फूलों की पंखुड़ियों की तरह चित हुई जा रही हैं। आकाश का चाँद नृत्य देखकर हँस रहा है और बरगद के नीचे बैठकर मैं रह नहीं सका। ठण्डक बढ़ गयी थी, मैं ज़्यादा देर तक बैठा नहीं रह सका।

कन्याहरण

–संजीब चट्टोपाध्याय

कोल नृत्य के बारे में थोड़ा बहुत कहा जा चुका है। अब उनके शादी-विवाह के बारे में कुछ कहने का मन करता है। कोल जाति की अनेक शाखाएँ हैं। मुझे याद नहीं है। शायद, उरांव, मुण्डा, खरवार और दुसाद ये चार जातियाँ उनमें से प्रधान हैं। इनमें से एक जाति के व्यक्ति की शादी में मैं कुछ दूर तक गया था। लड़के के पिता, मेरी पालकी ले गये पर मुझे बुलाया नहीं। सोचा, मन करे तो बिन बुलाये ही जाऊँगा। इसी उद्देश्य से रास्ते के किनारे खड़ा हो गया। थोड़ी देर बाद देखता हूँ कि पालकी की सवारी आ रही है। साथ में दस-बारह पुरुष और पाँच-छह युवतियाँ। युवतियाँ भी बाराती थीं। आदमी लोगों में से किसी ने मुझे बुलाया नहीं पर औरतों की चक्षुलज्जा जो कहती हैं, उन लोगों ने हँसते हुए मुझे भी साथ चलने को कहा। मैं चल पड़ा। पर ज़्यादा दूर तक नहीं चल सका। जैसे सीना ताने सर ऊँचा किये हवाओं को कहते हुए वे लोग आगे बढ़ रहे थे। मैं कमज़ोर बंगाली, मुझमें उतना दम कहाँ? अतः थोड़ी दूर चलने के बाद मैं पीछे पड़ गया, पर वे देख न पाये, ऐसा भी हो सकता है कि उन्होंने देखकर भी अनदेखा कर दिया। मुझे राहत मिल गयी। तब राह के किनारे पत्थरों के एक ढेर पर बैठकर सुस्ताने लगा और मारे ग़ुस्से के उन पथरीली औरतों को गालियाँ देने लगा। मैंने उन्हें सिपाही कहा और न जाने क्या-क्या कहा।

इसके पहले भी मैंने एक बार इन्हें ऐसी ही गालियाँ दी थीं। एक दिन, दोपहर के समय मैं मस्ती वाली चाल से ट्रिटागढ़ के लसिंगटन लॉज से आ रहा था। उन दिनों रेल भी नहीं थी। इसलिए दूसरों की तरह जल्दी-जल्दी रास्ता तय करने की आदत बंगालियों को बहुत अधिक थी नहीं। आते-आते पीछे की ओर हल्की सी टक-टक की आवाज़ सुनने को मिली। मुड़कर देखता हूँ कि गवर्नर जेनरल की काउंसिल

के कोई मेम्बर की कन्या अकेली आ रही है। उन दिनों मैं बालक था। सोलह वर्ष से अधिक की आयु नहीं रही होगी। जैसी आयु, वैसी सोच। मैंने तय कर लिया कि लड़की के पीछे तो किसी हालत में नहीं रहना है। अत: जहाँ तक हो सका, ज़ोर-ज़ोर से क़दम बढ़ाने लगा। शायद युवती ने भी यही समझ लिया। शायद मुझसे कुछ बड़ी थी उम्र में। उम्र थोड़ी अधिक होने पर ऐसी भावना उसके मन में आती नहीं। अत: इस उम्र में नौका विहार का मन होगा। इसलिए थोड़ा ज़ोर से ही चलने लगी। और थोड़ी ही देर में पश्चिम आकाश के बादलों की तरह मुझे छोड़ आगे बढ़ गयी। साथ-साथ थोड़ी दुआयें भी। उसके होठों की हल्की हँसी देखकर ही मेरा यह अनुमान था। लज्जित होकर पास के बरगद के नीचे बैठकर उन सुन्दरियों के ऊपर अपना गुस्सा निकाल रहा था। मैं मन ही मन इन बातों को कह रहा था। क्या इतने ज़ोर-ज़ोर से चलने वाली औरतें कोमलांगी कहलाने के योग्य हैं। चाटुकारों का कहना है कि सुन्दरियों के बालों को हल्के से हटाने के लिए हवा धीरे-धीरे से बहती है–केले के वृक्ष में तूफ़ानी हवा और सेमर में मन्द पवन?

उन क्रोध भरे वाक्यों की बातें अभी रहने दें। जो हारता है, वही क्रोध दिखाता है। हाँ, मैं कोल जाति की बात कह रहा था। उनकी सभी जातियों के शादी-विवाह में एक ही प्रकार के रीति-रिवाज़ नहीं होते। एक जाति के कोल हैं, वे उराँव या अन्य याद नहीं है। उनकी विवाह प्रथा काफ़ी पुरानी है। इनके हर गाँव के किनारे एक बड़ा-सा घर होता है जहाँ शाम के बाद हर घर की कुमारी कन्याएँ आ जुटती हैं। वही घर उनका रात्रि आवास होता है। शादी के लायक हो जाने पर वे अपने माँ-बाप के घर में रात्रि वास नहीं करती हैं। जब सब युवतियाँ वहाँ आकर सो जाती हैं तो गाँव के युवा उनके पास आकर तरह-तरह की हँसी-ठिठोलियों में लग जाते हैं। उनमें से कोई गाना गाता है। कोई नाचता है तो कोई मज़ाक़ करता है। जिन बालाओं का विवाह नहीं हुआ रहता वे आराम से सो जाती हैं, पर जो विवाह के योग्य होतीं वे वसन्तकालीन पक्षी की भाँति एक-एक दृश्य देखती रहतीं, एकाग्रचित्त होकर गीत सुनतीं। ऐसा भी होता है कि बर्दाश्त से बाहर हो जाने भर वे कभी-कभी हँसी-मज़ाक़ का जवाब भी दे देती हैं। कोई तो गाली तक दे देती हैं। गाली और मज़ाक़ में अन्तर कम है। विशेषकर युवाओं के लिए गालियाँ उनके कानों को मधुर लगती हैं। कुमारी कन्याओं की गाली पर कुँवारों की ख़ुशी देखने लायक होती है।

इस प्रकार कुमार और कुमारियों के बीच वाक्‌चातुरी चलती रहती है और अन्त में उनके बीच प्यार उमड़ जाता है। प्यार इनके लिए सटीक अभिव्यक्ति का कारण नहीं है। कोल लोग प्रेम प्रीति से ज़्यादा मतलब नहीं रखते। इनके लिए मनोनीत

विवाह ही सही है। नृत्य, हँसी-ठिठोली के बीच जब मनोनयन पर्व पर पहुँच जाता है तो बालाएँ ये बातें अपनों के बीच भी कह देती हैं। तब दोनों पक्षों के माता-पिता भी चौकन्ने हो जाते हैं। चौकन्ना होने का कोई दूसरा मायने नहीं? वे बड़े-बड़े बाँस काटते हैं, तीर-धनुष बनाते हैं, हथियारों में धार चढ़ाते हैं। फिर कुमार के घरवालों के प्रति गालियों की बौछार करने लगते हैं। चिल्लाहट और पैंतरेबाज़ी जमकर चलते हैं। अन्दर और बाहर की तैयारी भी करने लगते हैं।

अन्त में एक दिन, कुँवारी लड़की शाम के समय अपने को अच्छे-अच्छे कपड़ों से सजाने लगती हैं। किसी की छोटी बहन हो तो जंगल से ताज़ा फूल लाकर जूड़े में खोंस देती है। साज-सज्जा हो जाने के बाद कुमारी कन्या अकेली पानी भरने के लिए चल पड़ती है। यह यात्रा आम दिनों की तरह नहीं होती, लड़की धीरे-धीरे चलती, फिर भी उसके माथे की गगरी डगमगाती। पानी तो वन के निकट ही होता फिर भी लगता कितनी दूर है। कुमारी जा रही है और एकटक जंगल की ओर ताक रही है। देखते-देखते कहीं वन के वृक्षों की दो-एक डालियाँ हिल उठीं। फिर एक नवयुवक सख सुबल की भाँति वन से निकल पड़ा। साथ दो-चार भँवरे भी। यह देखकर कुँवारी कन्या के माथे की गगरी गिर पड़ी। बस युवक ने उसे सीने से लगाकर उठा लिया। लड़की हाथ-पैर मारने लगी, चिल्लाने लगी। ना करने करना ही तो होता है। फिर क्या था, शोर सुनकर लड़की वाले हरवे-हथियार के साथ आ धमके। लड़के के भाई-बन्धु भी रास्ता रोककर खड़े हो गये। युद्ध छिड़ गया। तीर चलने लगे। युद्ध भी अमूमन वही होता, जो रुक्मिणी हरण के समय हुआ था। तीर अधिकांशत: आसमान की ओर ही मारते हैं। पर कभी-कभी किन्हीं को लग भी जाता है। सर भी फूटते हैं। जो भी हो, अन्त में आपस में सुलह हो ही जाती है। फिर क्या, दोनों पक्षों के लोग भोज में बैठ जाते हैं।

इस प्रकार से कन्याहरण करना ही है उनकी विवाह पद्धति। इसके अलावा अलग से कोई मन्त्र-तन्त्र नहीं होता। हमारे शास्त्रों में ऐसे विवाह को आसुरी विवाह कहा गया है। एक समय दुनिया में हर जगह ऐसी ही विवाह विधि प्रचलित थी।

हमारे यहाँ स्त्री आचार के समय कंगन पहने हाथों से दूल्हे का स्पर्श भी उसी मार-पीट का अवशेष है। हिन्दुस्तान (पश्चिम भारत) के इलाक़े में दूल्हा-दुल्हन की मौसियों, फुआ द्वारा एकत्रित होकर नाना प्रकार की अंग भंगिमा के साथ जो परस्पर को गालियाँ देने का रिवाज़ है, वह भी उसी मारपीट प्रथा का नवीन संस्करण हैं। अंगरेज़ों की नारियों में दूल्हा-दुल्हन की गाड़ी में सवार होने के पहले फूलों की बारिश की भाँति जूते बरसाने की प्रथा है, वह भी वही पहले के रिवाज़ के ही अन्दर आती है।

कोल सबसे अधिक उत्सव शादियों में मनाते हैं। उसमें ख़र्चा भी बहुत होता है। कभी आठ रुपये, कभी दस तो कभी पन्द्रह रुपये तक ख़र्च हो जाते हैं। बंगालियों के लिए यह बहुत अधिक नहीं है पर जंगल के वासियों के लिए अधिक है। इतने रुपयों का इन्तज़ाम वे कहाँ से करेंगे? उनके पास एक पैसे का भी संचय नहीं, उपार्जन भी नदारद, इसलिए उन्हें क़र्ज़ लेना पड़ता है। दो-चार गाँवों में एक महाजन बसते हैं। वही क़र्ज़ देते हैं। ये महाजन हैं अथवा महापिशाच, इसमें मुझे घोर सन्देह है। जिसने एक दिन पाँच रुपये का क़र्ज़ लिया, उस दिन से वह कोई भी फ़सल अपने घर नहीं ले जा सकता। जो भी वह अर्जन करेगा, उसे उसी दिन महाजन के पास पहुँचाना है। उसकी खेती में दो मन कपास या चार मन जौ उपजा है, महाजन के घर पहले लाना होगा। वे उसे घर रखेंगे, वज़न करेंगे, न जाने और क्या-क्या करेंगे। अन्त्यपरीक्षण के बाद कहेंगे इस कपास से तुम्हारे मूल से एक रुपये की अदायगी हुई। शेष चार रुपये रह गये। किसान 'जो हुकुम' कहकर चला जाता है। पर उसके परिवार का पालन-पोषण कैसे हो? फ़सल जो भी हुई थी, महाजन ने सारी ले ली, किसान को तो हिसाब आता नहीं। उसे तो एक से दस तक की गिनती भी नहीं आती। वह सब पर भरोसा करता है। महाजन नाइन्साफ़ी करेंगे, ऐसा वह सोच भी नहीं सकता। फलस्वरूप नट महाजन के जाल में फँस जाता है। पर परिवार को अन्न कहाँ से खिलाये। मजबूरन महाजन का दरवाज़ा फिर खटखटाता है और वह सदा के लिए उसका दास बन जाता है। जो वह अर्जन करेगा, वह सब महाजन का। महाजन थोड़ी बहुत खुराक के रूप में उसे दे देता। इस जनम के लिए उसका यही रहा बन्दोबस्त।

कोई-कोई इस उपलक्ष्य में सामकनामा लिख देता है। सामक का मतलब दास रखना। जिसने इसे लिख दिया वह सदा के लिए ग़ुलाम हो गया। महाजन ग़ुलाम को केवल खाना देता है। वह बिना वेतन के उसका सारा काम कर देता है। खेती करता है, सामान ढोता है। उसके साथ-साथ चलता है। अपनी गृहस्थी से उसे कोई मतलब नहीं रह जाता है। इनके घरवाले भी खाये बग़ैर जल्द ही काल के गाल में समा जाते हैं।

कोल लोगों की यह दुर्दशा आम बात है। इससे छुटकारा पाने का एकमात्र रास्ता है पलायन। अनेक लोग भागकर जान बचा लेते हैं। जो भाग नहीं सका, जीवन भर के लिए महाजन का ख़रीदा हुआ रह गया।

ऐसी बात नहीं है कि लड़के की शादी करके केवल कोल लोग ही अपनी ज़िन्दगी बर्बाद करते हैं, हम बंगालियों में भी अनेक की दुर्दशा बेटे की शादी या माँ-बाप के क्रिया-कर्म में हो जाती है।

सब लोग अपने को धनवान समझते हैं। समझते हैं कि धूमधाम से नहीं करने से लोग आलोचना करेंगे। इसलिए क़र्ज़ लेकर भी अपना बड़प्पन दिखाते हैं। फिर सब कुछ बेचकर उस क़र्ज़ से मुक्त होना सम्भव नहीं हो पाता। प्राय: देखा गया है कि 'धनवान हूँ', ऐसा अहंकार हो जाने से लोग जीवन के आख़िरी दिन ग़रीबी में गुज़ारते हैं।

सभी कोल विवाह नहीं करते। बंगाल में फ़सलें अधिक होती हैं। इसलिए वहाँ कम में ही गुज़ारा हो जाता है। अत: शादी विवाह बहुत आसान है, पर पलामू क्षेत्र इतना ख़ुशहाल नहीं है फिर भी शादी विवाह इतना सामान्य क्यों है, यह तो समाजशास्त्री ही बता पायेंगे, मैं नहीं। पर इस देश में हिन्दुस्तानी महाजनों के आगमन से पहले इनकी स्थिति ऐसी नहीं रही होगी। इसलिए विवाह आम बात थी। पर इन दिनों महाजन उनके सब कुछ हड़प लेते हैं। फलस्वरूप उनके दिन कड़की में बीतते हैं। इसलिए विवाह अब सामान्य नहीं रहेगा, ऐसा मेरा अनुमान है।

वर्तमान समय में कोल समाज की जो स्थिति है, इससे लगता नहीं कि उन्हें महाजनों की आवश्यकता होगी। अगर हिन्दुस्तानी महाजन वहाँ प्रवेश नहीं करते तो शायद उनमें क़र्ज़ लेने की रीति का प्रचलन नहीं होता। इनके क़र्ज़ लेने का समय अभी भी नहीं आया है। क़र्ज़ उन्नत समाज की देन है। कोल लोगों की ऐसी उन्नति में अभी देर है। समाज में स्वाभाविक तौर पर जो स्थिति उत्पन्न नहीं हुई है, बनावटी तौर पर उसे लाने में या उन्नत देश की रीति को लागू करने पर नतीजा अच्छा नहीं होता। हमारे बंगाल के एकाधिक क्षेत्र में ऐसा दिख रहा है। एक समय में यहूदियों ने अविकसित इंग्लैंड में क़र्ज़ देने के समय विकसित देशों का नियम लागू कराकर वहाँ काफ़ी हानि पहुँचाई थी। अब हिन्दुस्तानी महाजन लोग वही हानि कोल लोगों में पहुँचकर कर रहे हैं।

कोलों की नवविवाहित वधू मैंने कभी नहीं देखी। कुमारी कन्यागण रात भर में नव परिणीता हो जाती है। कितनी आश्यर्च की बात है कि बंगाल की अल्हड़ कन्याएँ धमाचौकड़ी मचाये फिर रही हैं, भाई को पीट रही हैं, दूसरों के मवेशियों को गालियाँ दे रही हैं, मुहल्ले की लड़कियों को गालियाँ दे रही हैं, शादी की चर्चा होने मात्र से गालियाँ बकती हुई भाग खड़ी हो रही हैं। और फिर रात भर में काया पलट। शादी के दूसरे दिन सवेरा होते ही नया रूप धर लेती हैं। मैंने ऐसी ही एक नवविवाहिता को देखा है। उसके बारे में बताना चाहता हूँ।

शादी की रात मस्ती में बीती। सवेरे उठकर नवविवाहिता ने अपने छोटे भाई को दुलारा, सामने खड़ी माँ की ओर ताका, माँ की आँखों में आँसू भर आये। वधू ने

आँखें नीची कर लीं। फिर आहिस्ते-आहिस्ते किसी एकान्त जगह में जाकर चौखट पर सर टिकाये ओस से भीगे शामियाने की ओर देखती रही। शामियाने से ओस टपक रही थी। वहाँ से नज़रें उठाकर उसने आँगन पर गड़ाईं। वहाँ बीती रात की जूठी पत्तलें बिखरी पड़ी थीं। उसे रात की घटना याद आयी। कितनी रोशनी, कितने बाजे, कितने लोगबाग; शोरगुल, सारे के सारे सपने जैसे। उस जगह पर अभी भी पड़े हुए हैं टूटे भाँडे, जूठे पत्तल। नव परिणीता की नज़रें उस ओर गयीं। एक सद्य प्रसूति कुतिया अपनी कमज़ोर देह के बल पर मारे भूख के सूखे पत्तल और टूटे भाँडों में खाना खोजे फिर रही है। उसकी आँखें भर आयीं। उसने आँसू पोंछे और माँ के पास जाकर पूरिया लीं। फिर उस कुतिया को दींया। उस वक़्त उसके पिता कोठरी की ओर आ रहे थे। कुतिया का भोजन देखकर वे मुस्कराये। पहले जैसे बेटी दौड़कर बाप की देह से लिपट नहीं गयी, सर नीचा करके खड़ी रही। बाप ने कहा–ब्राह्मण भोजन के बाद कुत्ता भोजन भी कराया गया है, फिर इस वक़्त यह क्यों री बेटी! नववधू कुछ बोली नहीं। हो सकता है वह यह कहती कि यह कुतिया अपना परिवार है, अपनी दुनिया है।

मैंने पहले ही कहा है कि नवोढ़ा धीरे-धीरे कुतिया के लिए पूरियाँ लाने गयी थी। अगर दो दिन पहले की बात होती तो वह दौड़कर जाती। पर कोठरी में गयी तो देखा माँ के आगे लड्डू-पूरी रखी हुई है। उसने माँ से पूछा–माँ पूरियाँ लूँ? उसके हाथों में लड्डू-पूरी थमाती हुई माँ ने कहा, क्यों बिटिया, आज माँगकर क्यों ले रही है? तुम्हें जिस चीज़ की ज़रूरत हो ले लो। चाहो तो खाओ, चाहो तो बाँट दो, फेंक दो या बर्बाद कर दो। तुमने तो कोई चीज़ माँगकर नहीं ली बेटी। फिर आज क्यों माँग रही हो? इसका मतलब सच में तुम परायी हो गयीं, मुझे भी पराया समझ लिया। इतना कहकर माँ रोने लगी। नववधू ने कहा, नहीं माँ, मैंने सोचा किसी और के लिए इन्हें रखा हो। नववधू ने भी सोचा होगा–इतने दिनों तक माँ मुझे अरी कहकर पुकारती रही, आज तुम कहकर क्यों बुला रही है?

नव परिणीता का यह बदलाव सबकी समझ में भले स्पष्ट न हो, पर जिसने ग़ौर किया है, उसने समझा है और बदलाव बड़ा ही आश्चर्यजनक रूप से हुआ है। नवेली का चेहरा थोड़ा गम्भीर होता है पर उसमें थोड़ा आह्लाद का आभास भी रहता है। इसके अतिरिक्त मानो थोड़ा सावधान, थोड़ा नम्र, थोड़ा सहमा हुआ सा। ठीक रात्रि के आख़िरी प्रहर का कमल। क्या बालिका ने समझा कि मन का यह बदलाव अचानक रातोंरात हो गया?

महुए की गन्ध

–संजीब चट्टोपाध्याय

ज़माना बाद पलामू के बारे में लिखने बैठा हूँ। लिखने का कारण है–एक समय में एक बहरे ब्राह्मण हमारे पड़ोसी थे। दिन रात बकबक करने की आदत थी। जहाँ कहीं भी किसी को अकेले बैठे देखते वहीं जाकर गप्प शुरू कर देते। उनकी कहानियाँ कोई सुनता नहीं, किसी को सुनने की इच्छा भी नहीं होती, पर उन्हें यह अवश्य प्रतीत होता कि लोग उनके गप्पों को सुनना चाहते हैं। एक बार किसी श्रोता ने क्रोधवश यह कह दिया था, अरे भाई, तुम्हारी कहानियाँ सुनने को और मन नहीं करता, बस चुप भी हो जाओ। बहरे ने जवाब दिया, यह कैसे हो सकता है। अभी तो पूरी कहानी ही बाक़ी है। मेरा भी मन वही कहता है–अगर पलामू पढ़ने में आपका दिल न लगे तो मैं कहूँगा, यह कैसे हो सकता है? पलामू की बातें तो अभी बाक़ी रह गयी हैं।

पलामू का एक प्रमुख वृक्ष है महुआ। क्लिष्ट भाषा में इसे मधुवृक्ष कहा जा सकता है। सन्तों-विद्वानों की ख़ुशी के लिए सारी बातें उनकी उपयुक्त भाषा में ही होनी चाहिए मेरी कोशिश वही है। पर कभी-कभी अकेले में झमेले में भी पड़ना पड़ता है। दूसरों को भी फ़साद में डालना पड़ जाता है। इसलिए मैं कभी-कभी कतराता हूँ। मैंने सत्संग बहुत अधिक नहीं किये हैं। इसलिए सत्संग की उपयुक्त भाषा भी मेरे पास नहीं है। जिन लोगों ने अधिक सत्संग किया है या पाण्डित्यपूर्ण भाषा कण्ठस्थ कर ली है, वे भी कुछ परेशानियों में पड़ जाते हैं। अब देखिए मुझे अभी-अभी मधुवृक्ष लिखना पड़ा, साधुजनों में अनेक इसका अर्थ अशोक वृक्ष भी लगा सकते हैं, कुछ लोग ज़िन्दा गाछ। फिर जिन सन्तों के घर में शब्दकोश नहीं होते, हो सकता है कि वे कुछ भी न समझें। कहा जाता है कि सन्तों की गृहिणियाँ पण्डितों की भाषा पसन्द नहीं करतीं। वे कहती हैं कि क्लिष्ट भाषा अत्यन्त असम्पन्न

होती है क्योंकि उस भाषा में गालियाँ दी नहीं जा सकतीं। झगड़े नहीं हो सकते। मन की सभी भावनाओं का प्रकाश भी नहीं होता है। यदि यह बात सत्य है तो भाड़ में जाये क्लिष्ट भाषा।

पलामू में महुए के फूल बड़े चाव से खाये जाते हैं। हिन्दुस्तानियों में कोई-कोई फरही के साथ सुखा कर इसे खाते हैं। सुखा देने से लम्बे समय तक ये ठीक-ठाक रहते हैं। कोल लोग वर्षा काल के तीन-चार महीने इसे खाकर जीते हैं। कभी-कभी पैसे के बदले इसे ही दिया जाता है। इतने कष्ट के बावजूद इनके बग़ीचे नहीं होते।

हरसिंगार के फूल सदृश महुए के फूल भी पेड़ के नीचे बिखरे पड़े होते हैं। सबेरे वृक्षतल इन फूलों से पटे रहते हैं। वहाँ हज़ारों की संख्या में मधुमक्खियाँ और मक्खियाँ उड़ती रहती हैं। इनकी आवाज़ पूरे वन में गूँजती है। मानो दूर कहीं हाट लगी हो। एक दिन भोर में नीचे टुही तो लगा कि कोई सुख सपना जैसा दिमाग़ में आता-जाता रहा। उम्र के इस पड़ाव ही सुखमय स्मृति रही होगी पर याद नहीं आयी। ऐसा स्मृति विभ्रम अनेक लोगों में होता है। किसी एक वस्तु को देखकर या किसी एक सुर को सुनकर बहुतों के मन में अचानक सुख की प्राप्ति हो जाती है। मन ख़ुशी से भर आता है पर ख़ुशी के स्रोत का पता नहीं चलता। यह जन्मान्तर के सुख की स्मृति है। हो सकता है जिनके पास जन्म का संस्कार हो, उनके लिए सब कुछ सम्भव हो। पर मैं ख़ुद के बारे में जो बता रहा था, वह तो इसी जनम की बात है। मेरा बचपन जिस गाँव में बीता था, वहाँ रोज सबेरे प्रचुर मात्रा में फूल खिलते थे। अतः प्रतिदिन मधुमक्खियाँ आकर गुनगुनातीं। इसके अतिरिक्त घर बाहर राह पर हरिकीर्तन मिल-मिलकर कैसी तो एक गम्भीर आवाज़ रोज़ सबेरे जमने लगती। वह आवाज़ उन दिनों मुझे अच्छी लगती या नहीं, या आज भी अच्छी लगती है या नहीं, मैं कह नहीं सकता। पर इतनी बात तो तय है कि उस आवाज़ ने मेरे दिल के किसी कोने में अपनी जगह बना ली थी। वही आवाज़ अचानक जाग उठी। केवल वही नहीं, झाड़ी-झुरमुट वाला वह देहात, अपनी कम उम्र, उन दिनों के संगी साथी, वही प्रभात वेला, फूलों की सुगन्ध भरी वह प्रभात वायु, उसका धीरे-धीरे बहना, सब कुछ एक साथ आ मिले। नहीं तो केवल मुधमक्खियों की आवाज़ में उतना सुख कहाँ?

आज जो ठीक नहीं लग रहा है, दस वर्षों के बाद उसकी याद अच्छी लगेगी। आज जिसे सुख समझकर ग्रहण न कर सका, कल वह मिलेगा नहीं। युवक ने जिसे त्यागा, बूढ़े के लिए वह इतना आसान नहीं। दस साल पहले जो अपने आप मिला,

तब उसे उतना आदर नहीं मिला था, आज वह मिलता नहीं, इसलिए उसकी याद में उतनी मिठास है।

हमारे मन में रोज़ नयी-नयी तस्वीरें बन रही हैं और वहीं पर जम रही हैं। हमारे चारों ओर जो भी है, जिनसे भी हम प्यार करते हैं वे सारे के सारे हूबहू उन तस्वीरों में रह जाते हैं। सामान्यत: तस्वीरों में केवल आकार ही रहता है, पर मैं जिस तस्वीर की बात कर रहा हूँ, उसमें गन्ध-स्पर्श सारे रहते हैं। यह समझने की चीज़ नहीं है। अत: इसे यहीं छोड़ता हूँ।

हर तस्वीर का अपना-अपना घेरा होता है। उन घेरों के स्पर्श करने मात्र से तस्वीरें खुल जाती हैं। ज़माने पहले के बिसरे सुख फिर से वापस आ जाते हैं। हो सकता है कि जिस तस्वीर की बात मैं कह रहा था मधुमक्खियों की सुरीली आवाज़ उसका घेरा है। किस तस्वीर का घेरा कौन-सा है, यह निश्चित करना मुश्किल है, जो उसे कर पाता है वही कवि है। केवल वही अपनी भाषा से तस्वीर को सामने ला खड़ा कर सकता है। उसके रूप, रस, गन्ध, स्पर्श का अनुभव कर सकता है। दूसरे लोग इस कार्य में सफल नहीं होते। वे कितनी ही बातें करें, पर तस्वीर के सौ भाग के एक भाग को भी खोल नहीं सकते।

महुए से मद बनता है। आमतौर पर लोग उसी मद का सेवन करते हैं। इसका नशा धारदार है या नहीं, यह मैं बता नहीं सकता। पर कमतर नहीं है, यह बता सकता हूँ। एक दिन इसके सेवन के बाद मेरा नौकर काफ़ी देर तक रोता रहा था और उलटी किये जा रहा था। नशे में उसने दिल खोलकर बातें की थीं। चूँकि उसने बता दिया था कि कब उसने कैसे और कितने पैसे चुराये थे। अंगरेज़ी मद की तुलना में इसमें कमी कहाँ है, कहना मुश्किल। महुए के मद में नशा और लिवर दोनों हैं, इसलिए इसकी इतनी निन्दा और यह सस्ता भी है। हमारे धेनो (चुलाई) की भी वही स्थिति। देसी मद में एक और कमी है। इसमें हाथ-पाँव नहीं चलते। पर अंगरेज़ी मद में पाँव चले या न चले हाथ तो ज़रूर चलते हैं। इसका प्रमाण अंगरेज़ों की बीवियाँ दे सकती हैं। आज कल हमारी देसी बीवियों में भी कोई-कोई इसके पक्ष में राय दे सकती हैं।

विलायती रीति से तैयार कर सकने से इसकी ब्रांडी भी बन सकती है। पर बात सशर्त है। किसी पादरी ने हमारे यहाँ के जामुन से शेम्पैन बनाया था पर अर्थाभाव के कारण उसे वे चालू नहीं कर पाये। अगर हमारे देसी मद को एक बार के लिए विलायत भेजा जा सके तो जनम सफल हो जाये। अनेक दिलों की जलन शान्त हो।

वैद्यनाथ की यात्रा

–भारतेन्दु हरिश्चन्द्र

श्री मन्महाराज काशीनरेश के साथ वैद्यनाथ की यात्रा को चले। दो बजे दिन के पैसेंजर ट्रेन में सवार हुए। चारों ओर हरी-हरी घास का फ़र्श, ऊपर रंग-रंग के बादल, गड़हों में पानी भरा हुआ, सब कुछ सुन्दर। मार्ग में श्री महाराज के मुख से अनेक प्रकार के अमृतमय उपदेश सुनते हुए चले जाते थे। साँझ को बक्सर के आगे बड़ा भारी मैदान, पर सब्ज़ काशानी मखमल से मढ़ा हुआ। साँझ होने से बादल छोटे-छोटे पीले-नीले बड़े ही सुहाने मालमू पड़ते थे। बनारस कालिज की रंगीन शीशे की खिड़कियों का सा सामान था। क्रम से अन्धकार होने लगा, ठण्डी-ठण्डी हवा से निद्रा देवी अलग नेत्रों से लिपटी जाती थी। मैं महाराज के पास से उठकर सोने के वास्ते दूसरी गाड़ी में चला गया। झपकी का आना था कि बौछारों ने छेड़छाड़ करनो शुरू की, पटने पहुँचते-पहुँचते तो घेरघार कर चारों ओर से पानी बरसने ही लगा। बस पृथ्वी-आकाश सब नीरब्रह्ममय हो गया। इस धूमधाम में भी रेल, कृष्णाभिसारिका सी अपनी धुन में चली ही जाती थी। सच है सावन की नदी और दृढ़प्रतिज्ञ उद्योगी और जिनके मन पीतम के पास हैं वे कहीं रुकते हैं? राह में बाज पेड़ों में इतने जुगनू लिपटे हुए थे कि पेड़ सचमुच 'सर्वे चिरागां' बन रहे थे। जहाँ रेल ठहरती थी, स्टेशन मास्टर और सिपाही बेचारे टुटरू टूं छाता, लालटेन लिए रोजी जगाते भीगते हुए इधर-उधर फिरते दिखायी पड़ते थे। गार्ड अलग 'मैकिंटाश कवच पहिने' अप्रतिहत गति से घूमते थे। आगे चलकर एक बड़ा भारी विघ्न हुआ, ख़ास जिस गाड़ी पर श्री महाराज सवार थे, उसके धुरे घिसने से गर्म होकर शिथिल हो गये। वह गाड़ी छोड़ देनी पड़ी। जैसे धूमधाम से अँधेरी, वैसी ही ज़ोर शोर का पानी। इधर तो यह आफत, उधर फरऊन क्या फरऊन के भी बाबाजान रेलवालों

को जल्दी, गाड़ी कभी आगे हटै, कभी पीछे। ख़ैर, किसी तरह सब ठीक हुआ। इस पर भी बहुत-सा असबाब और कुछ लोग पीछे छूट गये। अब आगे-आगे बढ़ते तो सबेरा ही होने लगा। निद्रा वधू का संयोग भाग्य में न लिखा था, न हुआ। एक तो सेकेंड क्लास की एक ही गाड़ी, उसमें भी लेडीज कम्पार्टमेंट निकल गया, बाक़ी जो कुछ बचा उसमें बारह आदमी। गाड़ी भी ऐसी टूटी-फूटी, जैसी हिन्दुओं की क़िस्मत और हिम्मत। इस कम्बख्त गाड़ी से और तीसरे दर्जे की गाड़ी से कोई फ़र्क़ नहीं, सिर्फ़ एक ही धोके की टट्टी का शीशा खिड़कियों में लगा था। न चौड़े बेंच न गद्दा न बाथरूम। जो लोग मामूली से तिगुना रुपया दें उनको ऐसी मनहूस गाड़ी पर बिठलाना, जिसमें कोई बात भी आराम की न हो, रेलवे कम्पनी की सिर्फ़ बेइन्साफ़ी ही नहीं, वरन धोखा देना है। क्यों नहीं ऐसी गाड़ियों को आग लगाकर जला देती। कलकत्ते में नीलाम कर देती। अगर मारे मोह के न छोड़ी जाये तो उसमें तीसरे दर्जे का काम ले। नाहक अपने गाहकों को बेवकूफ़ बनाने से क्या हासिल। लेडीज़ कम्पार्टमेंट ख़ाली था, मैंने गार्ड से कितना कहा कि इसमें सोने दो, न माना। और दानापुर से दो-चार नीम अंगरेज़ (लेडी नहीं सि. लैड) मिले। उनको बेतकल्लुफ उसमें बैठा दिया। फर्स्ट क्लास की सिर्फ़ दो गाड़ी—एक में महाराज, दूसरी में आधी लेडीज़, आधी में अंगरेज़। अब कहाँ सोवैं कि नींद आवै। सचमुच अब तो तपस्या करके गोरी-गोरी कोख से जन्म लें तब संसार में सुख मिलै। मैं तो ज्यों ही फर्स्ट क्लास में अंगरेज़ कम हुए कि सोने की लालच से उसमें घुसा। हाथ फैलाना था कि गाड़ी टूटने वाला विघ्न हुआ। महाराज के इस गाड़ी में आने से फिर मैं वहीं का वहीं। ख़ैर इसी सात पाँच में रात कट गयी। बादल के परदों को फाड़-फाड़कर ऊषा देवी ने ताकझाँक आरम्भ कर दी। परलोकगत सज्जनों की कीर्ति की भाँति सूय नारायण का प्रकाश पिशुन मेघों के वागाडम्बर से घिरा हुआ दिखलाई पड़ने लगा। प्रकृति का नाम काली से सरस्वती हुआ, ठण्डी-ठण्डी हवा मन की कली खिलाती हुई बहने लगी। दूर से धनी और काही रंग के पर्वतों पर सुनहरापन आ चला। कहीं आधे पर्वत बादलों से घिरे हुए, कहीं एक साथ वाष्प निकलने से चोटियाँ छिपी हुईं और कहीं चारों ओर से उन पर जलधारा पात से बुक्के की होली खेलते हुए बड़े ही सुहाने मालूम पड़ते थे। पास से देखने से भी पहाड़ बहुत ही भले दिखलाई पड़ते थे। काले पत्थरों पर हरी-हरी घास और जहाँ-तहाँ छोटे-बड़े पेड़, बीच-बीच में मोटे पतले झरने, नदियों की लकीरें, कहीं चारों ओर सघन हरियाली, कहीं चट्टानों पर ऊँचे-नीचे अनगढ़ ढोंके और कहीं जलपूर्ण हरित तराई विचित्र शोभा देती थी। अच्छी तरह प्रकाश होते-होते तो वैद्यनाथ के स्टेशन पर पहुँच गये। स्टेशन से वैद्यनाथ जी

कोई तीन कोस हैं। बीच में एक नदी उतरनी पड़ती है जो आजकल बरसात में कभी घटती और कभी बढ़ती है। रास्ता पहाड़ के ऊपर ही ऊपर बरसात से बहुत सुहावना हो रहा है। पालकी पर हिलते-हिलते चले। श्रीमहाराज के सोचने के अनुसार कहारों की गतिध्वनि में भी परदेश की ही चर्चा है। पहले 'कोह कोह' की ध्वनि सुनाई पड़ती है फिर 'सोह सोह' की एकाकार पुकार मार्ग में भी उसमें तन्मय किये देती थी। मुसाफ़िरों को अनुभव होगा कि रेल पर सोने से नाक थर्राती है और वही दशा कभी-कभी सवारियों पर होती है। इससे मुझे पालकी पर भी नींद नहीं आयी और जैसे-तैसे बैजनाथ जी पहुँच ही गये।

बैजनाथ जी एक गाँव है, जो अच्छी तरह आबाद है। मजिस्ट्रेट, मुनसिफ़ वग़ैरह हाकिम और ज़रूरी सब ऑफ़िस हैं। नीचा और तर होने से देश बातुल गन्दा और 'गन्धद्वारा' है। लोग काले-काले और हतोत्साह मूर्ख और ग़रीब हैं। यहाँ सौंथाल एक जंगली जाति होती है। ये लोग अब तक निरे वहशी हैं। खाने-पीने की ज़रूरी चीज़ें यहाँ मिल जाती हैं। सर्प विशेष हैं। राम जी की घोड़ी जिनको कुछ लोग ग्वालिन भी कहते हैं एक बालिश्त लम्बी और दो-दो उंगल मोटी देखने में आयीं।

मन्दिर वैद्यनाथ जी का टोप की तरह बहुत ऊँचा शिखरदार है। चारों ओर देवताओं के मन्दिर और बीच में फ़र्श है। मन्दिर भीतर से अँधेरा है क्योंकि सिर्फ़ एक दरवाज़ा है। बैजनाथ जी की पिंडी जलधरी से तीन-चार उंगल ऊँची बीच में से चिपटी है। कहते हैं कि रावण ने मूका मारा है इससे यह गड़हा पड़ गया है। वैद्यनाथ, बैजनाथ और रावणेश्वर यह तीन नाम महादेवजी के हैं। यह सिद्धपीठ और ज्योतिर्लिंग स्थान है। हरिद्रापीठ इसका नाम है और सती का हृदयदेश यहाँ गिरा है। जो पार्वती अरोगा और दुर्गा नाम की सामने एक देवी हैं वही यहाँ की मुख्य शक्ति हैं। इनके मन्दिर एवं महादेव जी के मन्दिर से गाँठ जोड़ी रहती है रात को महादेव जी के ऊपर बेलपत्र का बहुत लम्बा-चौड़ा एक ढेर करके ऊपर से कम खाब या ताश का खोल चढ़ाकर श्रृंगार करते हैं या बेलपत्र के ऊपर से बहुत-सी माला पहना देते हैं सिर के गड़हे में भी रात को चन्दन भर देते हैं।

वैद्यनाथ की कथा यह है कि एक बेर पार्वतीजी ने मान किया था और रावण के शोर करने से वह मान छूट गया। इससे महादेव जी ने प्रसन्न होकर वर दिया कि हम लंका चलेंगे और लिंग रूप से उसके साथ चले। राह में जब बैजनाथ जी पहुँचे तब ब्राह्मण रूपी विष्णु के हाथ में वह लिंग देकर पेशाब करने लगा। कई घड़ी तक माया मोहित होकर वह मूतता ही रह गया और घबड़ाकर विष्णु ने उस लिंग को वहीं रख दिया। रावण का महादेव जी से यह करार था कि जहाँ रख दोगे वहाँ

से आगे न चलेंगे। इससे महादेव जी वहाँ रह गये वरंच इसी पर खफ़ा होकर रावण ने उनको मूका भी मार दिया।

वैद्यनाथ जी मन्दिर राजा पूरणमल्ल का बनाया हुआ है। लोग कहते हैं कि रघुनाथ ओझा नामक एक तपस्वी इसी वन में रहते थे। उनको स्वप्न हुआ कि हमारी एक छोटी-सी मढ़ी झाड़ियों में छिपी है तुम उसका एक बड़ा मन्दिर बनाओ। उसी स्वप्न के अनुसार किसी वृक्ष के नीचे उनको तीन लाख रुपया मिला। उन्होंने राजा पूरणमल को वह रुपया दिया कि वे अपने प्रबन्ध में मन्दिर बनवा दें। वे बादशाह के काम से कहीं चले गये और कई बरस तक न लौटे, तब रघुनाथ ओझा ने दुखित होकर अपने व्यय से मन्दिर बनवाया। जब पूरणमल लौटकर आये और मन्दिर बना देखा तो सभा मण्डप बनवाकर मन्दिर के द्वार पर अपनी प्रशस्ति लिखकर चले गये। यह देखकर रघुनाथ ओझा ने दुखित होकर कि रुपया भी गया कीर्ति भी गयी, एक नयी प्रशस्ति बनायी और बाहर के दरवाज़े खुदवाकर लगा दी। वैद्यनाथ माहात्म्य से मालूम होता है कि इन्हीं महात्मा का बनाया हुआ है क्योंकि उसमें छिपाकर रघुनाथ ओझा को श्रीरामचन्द्र जी का अवतार लिखा है। प्रशस्ति का काव्य भी उत्तम नहीं है जिससे बोध होता है कि ओझा जी श्रद्धालु थे किन्तु उद्धत पण्डित नहीं थे। गिद्धौर के महाराज सर जयमंगलसिंह के सीएसआइ कहते हैं कि पूरणमल उनके पुरखा थे। एक विचित्र बात यहाँ और भी लिखने योग्य है। गोवर्धन पर श्रीनाथ जी का मन्दिर सं. 1556 में एक राजा पूरणमल्ल ने बनाया और यहाँ संवत् 1652 सन् 1595 ई. में एक पूरणमल्ल ने वैद्यनाथ जी का मन्दिर बनाया। क्या यह मन्दिरों का काम पूरणमल्ल ही को परमेश्वर ने सौंपा है?

निज मन्दिर का लेख

अचल शशिशायके लसित भूमि शकाब्दके।
वलति रघुनाथके वहल पूजक श्रद्धया।।
विमल गुण चेतसा नृपति पूणेनाचितं।
त्रिपुरहरमन्दिरं व्यरचि सर्वकामप्रदम्।।
नृपतिकृत पद्यमिदम्।।

मन्दिर के चारों ओर देवताओं के मन्दिर हैं। कहीं प्राचीन जैन मूर्तियाँ हिन्दू मूर्ति बनकर पुजती हैं। एक पद्मावती देवी की मूर्ति बड़ी सुन्दर है जो सूर्य नारायण

के नाम से पुजती है। यह मूर्ति पद्म पर बैठी है और बड़ी सुन्दर कमल की लता दोनों ओर बनी है। इस पर अत्यन्त प्राचीन पाली अक्षर में कुछ लिखा है जो मैंने श्री बाबू राजेन्द्रलाल के पास पढ़ने को भेजा है। दो भैरव की मूर्ति, जिससे एक तो किसी जैन सिद्ध की और एक जैन क्षेत्रपाल की है, बड़ी ही सुन्दर है। लोग कहते हैं कि भागलपुर ज़िले में किसी तालाब में से निकली थी।

नोट : *यह यात्रा विवरण हरिश्चन्द्र चन्द्रिका और मोहन चन्द्रिका खं. 7, संख्या 4, आषाढ़ शुक्ल एक संवत् 1937 यानी सन् 1880 में प्रकाशित था।*

चुटियानागपुर की सुन्दरता

–मिशन इंस्पेक्टर एच. काउश एवं
मिशनरी एफ. हान

जब कोई मिशन का मित्र हिन्दुस्तान के बारे में सुनता है तो वह एक ऐसे जादुई देश की कल्पना करने लगता है जिसका प्रकृति ने श्रृंगार किया हो। लेकिन जैसा कि विदित है हिन्दुस्तान अपने में एक दुनिया है। सभी जगहों पर उष्णकटिबन्ध की हरियाली भरी सुन्दरता राज नहीं करती। कुछ ऐसे भी क्षेत्र हैं जो कवि की कल्पना से मेल नहीं खाते। विशेषकर उत्तरी हिन्दुस्तान प्रकृति की सुन्दरता में कई मायने में कम है और चुटियानागपुर का हमारा मिशन क्षेत्र भी सामान्यतः तुलना में श्रीलंका अथवा बड़े सुंडाद्वीप के आकर्षण के बराबर नहीं है। फिर भी चुटियानागपुर में सुन्दरता के कई स्मारक सृष्टिकर्ता ईश्वर की कृपा से मौजूद हैं। हमारी तस्वीर में दिखाया गया सुन्दर जलप्रपात इसका प्रमाण है। भूरे ग्रेनाइट की चट्टानों से सफ़ेद झागदार पानी दिल थाम लेने वाली चौड़ाई में 100 फ़ीट नीचे आवाज़ करता हुआ टूट कर गिरता है। नीचे एक प्यारा नीले रंग का छोटा झील बन जाता है जो साफ़ और पारदर्शक दिखाई देता है। सभी प्रकार की मछलियाँ विशेषकर सर्पमीन और कतला जाति की सौर पानी में विचरण करती हैं। बहुत गहराई में ऊदविलाव मछली, हाँ, स्वयं घड़ियाल और बहुत सारे पानी साँप पाये जाते हैं। किनारे पर जहाँ पानी छिछला होता है, लोग नहाते-धोते हैं।

इस क्षेत्र के जलप्रपातों में स्वर्णरेखा नदी का हुंडरू घाघ सबसे बड़ा है, जो राँची से 25 मील उत्तर-पूर्व में है और 320 फ़ीट की ऊँचाई से गिरता है। हमारी तस्वीर में चट्टानों के ऊपर घने जंगलों का भाग दिखाई देता है, जिसमें विभिन्न चौड़े पत्तों वाले वृक्ष तथा शिरीष के पेड़ दिखाई देते हैं। कहीं पर भी ताड़ के वृक्षों का नामोनिशान नहीं, ताड़ के नाम पर सिर्फ़ खजूर के पेड़ मिलते हैं। इसके विपरीत

जंगल का मुख्य पेड़ सखुआ है, जो हमारे जर्मनी के ओक पेड़ के समान दिखाई देता है। इसकी लकड़ी घर बनाने के काम आती है। उसकी छाल से रस्सी बनायी जाती है। उसकी राल से हिन्दुस्तान में अपरिहार्य धुवन बनता है। इसके अलावा जंगल के बड़े हिस्से में बाँसों के झुण्ड पाये जाते हैं।

आगे हम महुआ पेड़ का भी ज़िक्र कर रहे हैं, जिसके फूलों से मादक द्रव्य बनाया जाता है। कुसुम पेड़ की डालियों पर लाह के कीड़े पाये जाते हैं। सुन्दरता में सबसे अलग हैं आम के पेड़ जिनके बड़े फल हमारे यहाँ के आलूबुखारा की तरह होते हैं और जिन्हें बड़े चाव से खाया जाता है। क़रीब सभी गाँवों के आगे आम के बग़ीचे हैं। सबसे विशिष्ट है बरगद का पेड़ जो समान्तर डालियों से जड़ों को नीचे गिराता है और जब वे ज़मीन के अन्दर पहुँचती हैं तो उनसे नया पेड़ निकलता है। बहुधा ऐसा होता है कि वर्षों के अन्तराल में एक अकेला बरगद एक सरीखे का छोटा जंगल बन जाता है। पीपल के पेड़ को विशेषकर हिन्दुओं की ओर से धार्मिक सम्मान मिलता है। प्रत्येक पत्ती पर लोग कहते हैं कि देवता निवास करते हैं। जब बारिश होती है तब लोग इसकी पूजा करते हैं। यह पेड़ समूचे हिन्दुस्तान का परोपकारी पेड़ है, क्योंकि यह लोगों को सबसे ज़्यादा छाया प्रदान करता है। इमली का पेड़ भी छाया का धनी है और लोग गाँव के अखरा में इसे लगाना पसन्द करते हैं, क्योंकि बारिश की बूँदों को भी इसी पेड़ की घनी पत्तियाँ रोक लेती हैं। जंगल जीवन से भरपूर है। चुटियानागपुर में पहले के उल्लेख के अलावा, जंगली जानवरों की भरमार है, यहाँ-वहाँ हाथी भी दिखाई देते हैं। यहाँ के रहने वाले हिरण, हिरणी और ख़रगोश का शिकार करते हैं किन्तु बिना आग्नेय शस्त्रों का प्रयोग किये। लोग हो हल्ला कर जानवरों को खदेड़कर एक जगह लाते हैं और मारते हैं अथवा अधिक से अधिक तीरों से शिकार करते हैं। जंगली सूअर लगाये हुए बीजों को काफ़ी नुक़सान पहुँचाते हैं। सियारों की संख्या बहुत अधिक है। विभिन्न तरह की चिड़ियाँ मधुर संगीत सुनाती हैं, गरुड़, गिद्ध, बगुला, तोता, कोयल, कौआ, गौरैया, बगेरी और अबावील। कीड़े-मकोड़ों की भरमार के बारे में शायद ही शिकायत सुनने को मिलती है। सबसे ज़्यादा परेशानी ज़ाहिर है, दीपक द्वारा होती है जो सभी चीज़ों को बर्बाद कर देती है। मच्छरों से बचाव के बहुत सारे उपाय पहले से मौजूद हैं। काफ़ी संख्या में जुगनू अन्धकार में निकलते हैं और भरे जंगल में एकमात्र लालटेन का काम करते हैं।

नाचते हुए आदिवासी

–मिशन इंस्पेक्टर एच. काउश एवं
मिशनरी एफ. हान

आदिवासी नृत्य पसन्द लोग हैं, न सिर्फ़ लड़के और लड़कियाँ, बल्कि शादीशुदा युवा नर-नारी अच्छे मौसम में प्रत्येक शाम अखड़ा, गाँव के बीच एक ऊँचा स्थल, में आते हैं और इमली पेड़ के तले शाम के भोजन के बाद आधी रात तक और उसके बाद भी नाचते हैं। प्रत्येक वर्ष कटनी मिसनी के बाद बड़े-बड़े जतरा लगाये जाते हैं। बहुत से गाँवों के समूहों से युवा-युवती पहले से तय दिनों में इन त्योहारों में भाग लेने के लिए मुख्य गाँव आते हैं और बड़े छायादार आम के बग़ीचे में जमा होते हैं। आस-पास की ऊँची जगहों पर आग के चिह्न और निकाले गये गाँवों के झण्डे संकेत देते हैं कि जतरा शुरू होने वाला है। हज़ारों नाचने और देखने वाले उत्सुक लोग जतरास्थल के पास उपस्थित होते हैं, सभी कोई नहीं आ सकने की स्थिति में भी इस राष्ट्रीय नाच-त्योहार से आकर्षित होते हैं। सिर्फ़ बहुत बूढ़े, बीमार अथवा पशु की रखवाली करने वाले ही घर में रह जाते हैं। प्रत्येक गाँवों की टोलियाँ जुलूस के साथ जतरा टाँड़ की ओर बढ़ती हैं, आगे-आगे झण्डा ढोने वाले, बाजा और तुरही बजाने वाले पीछे लड़के तलवार और ढाल तथा जंगली गाय की पूँछ से बना चँवर धारण किये युवा चलते हैं। लड़कियाँ अपने बालों को सफ़ेद पंख के गुच्छों से सजा कर जतरा में आती हैं। हमारा चित्र ऐसे ही एक नृत्य सम्मेलन का एक भाग दिखाता है। ये लोग 'शहर' अंगरेज़ न्यायाधीश को सम्मानित करने के लिए आये हुए हैं। उसके घर के सामने उद्यान में स्वाभाविक रूप से मोटी बख्शीश के एवज़ में अपना एक राष्ट्रीय नाच नाचने जा रहे हैं। आदिवासी जोड़ों में नहीं नाचते, जैसा कि यूरोप का रिवाज़ है, बल्कि एक-दूसरे के विपक्षी की तरह जिसमें लड़कियाँ लड़कों के विपरीत खड़ी होती हैं। पहला पक्ष एक-दूसरे को पकड़े अथवा लिपटे रहता है

और दूसरा पक्ष अकेले ढोल-माँदर अथवा झाँझ अथवा तलवार या चँवर हाथ में लिए रहता है। हम लोगों की तस्वीर में सामने की ओर चार व्यक्ति माँदर बजाते हुए लड़कियों के सामने झुक रहे हैं जो कुछ हद तक झुकने का जवाब दे रही हैं जैसा कि तस्वीर के बायीं ओर देखने से ज़ाहिर है। आदिवासियों के नाच का मूल तत्त्व यह है कि वे एक-दूसरे को इसके द्वारा सम्मान देते हैं। इसके द्वारा बहुत से पेचीदे नाचने की शैलियाँ विलक्षण दक्षता से चक्र में पूरी की जाती हैं। चँवर हाथ में लिए घुटने टेके व्यक्ति और नंगी तलवार लिए पीछे खड़ा व्यक्ति नाचने वालों के अगुवे हैं और सुर एवं ताल तय करते हैं। नाच के दौरान सबसे ज़्यादा ख़ुशी गाने के दौरान अथवा हरेक पद के अन्त में एक ज़ोरदार हुंकार के साथ और निश्चित समय के अनुसार उछलने की क्रिया और पैर पटकने के साथ बटोरी जाती है। यही जब सौ लोग करते हैं तो उसका भव्य प्रभाव पड़ता है। कभी-कभार ऐसा भी होता है कि नाच प्रेमी नशे की हालत में बुरी तरह से बहक जाते हैं और बात लड़ाई-झगड़े तक पहुँच जाती है। गाये जाने वाले गीतों के कुछ अंश फिसलन भरे होते हैं, इसीलिए हमारे मिशन के ख्रीस्तानों को अखरा जाने से सख्त मना किया जाता है, लेकिन कुछ लड़के एवं लड़कियों का नाच के प्रति इतना आकर्षण रहता है कि वे इस बन्धन को तोड़ ही डालते हैं। ख्रीस्तान युवक-युवतियों को इसके बदले में हमारे सन्ध्या स्कूलों में भजन, गीत, प्रवचन और जुलूस निकालकर आकर्षित किया जाता है।

सन्थाली मुरली

–काका कालेलकर

सन्थाल लोगों की हालत देखने के लिए वैद्यनाथधाम 'देवघर' होकर हम इर्द-गिर्द के प्रदेश में घूमने निकले। प्रदेश सुन्दर है, जहाँ देखी, वहाँ ऊँचे-ऊँचे पहाड़ डराते हैं और न्योता भी देते हैं। यहाँ के ये छोटे-बड़े पहाड़, लाल मिट्टी, और ऊँची नीची ज़मीन देखकर मुझे मैसूर-राज्य की याद हो आयी। मैसूर में ऐसी ही लाल मिट्टी है। शायद वहाँ की मिट्टी में चिकनापन ज़्यादा है। लेकिन, वहाँ के और यहाँ के लोगों के जीवन देखते ही आसमान-ज़मीन का फ़र्क़ मालूम हो जाता है। बहुत ही सुन्दर गाँवों में बसे हुए मैसूर के किसान शरीर से तन्दुरुस्त, हँसमुख और स्वाभिमानी दिखाई देते हैं।

यहाँ के सन्थाल किसी समय ज़रूर तन्दुरुस्त थे। उनका शरीर देखने से तो ऐसा ही मालूम होता है। दो दिन के सफ़र में दो ही ऐसे सन्थाल युवक दिखाई दिये, जिनकी छाती उभरी हुई थी। आमतौर पर तो सन्थाल शरीर से सुघड़ होते हैं। हमेशा खुले बदन रहने के कारण उनकी चमड़ी इतनी साफ़ और सुन्दर रहती है कि योरप, अमरीका के गोरों को ज़रूर उनसे ईर्ष्या हो। सन्थाल स्त्रियों में बुद्धिमत्ता होती है, तेज होता है, जिससे अनुमान लगा सकते हैं कि पुराने समय में इस प्रदेश पर सन्थालों का अधिकार होगा और वे अपनी संस्कृति का अभिमान रखते होंगे।

लेकिन सभी सन्थाल अब अपना मुँह खुला रखकर चलते हैं। इससे स्पष्ट होता है कि जीवन-यात्रा में उनको बार-बार असफलता मिली होगी और जीवन-संग्राम के लिए उनकी बुद्धि और अनुभव अपर्याप्त रहे होंगे। इसका एक परिणाम तो मैं स्पष्ट देख सका कि किसी भी सन्थाली की छाती पेट से आगे उभरी हुई नहीं थी। नाक से साँस लेने पर ही छाती उभरती थी। मुँह से लिया हुआ श्वांस छाती में न जाकर पेट में ही जाता है। हमने जितने सन्थाल देखे, उनकी नाक एक ही तरह की थी। बालों में

भी कुछ फ़र्क़ नहीं था। पैर के अँगूठे भी एक ही तरह के थे। इसलिए इन सन्थालों में सूक्ष्म हास्य और विनोद मुझे दिखायी न देते, तो मैं उनकी दबी हुई जाति ही मान लेता। किसी ख़ास गुण के कारण ये लोग बचे हैं, तो वह उनका संगीत और नृत्य में प्रकट होने वाला जीवनानन्द ही है। जापानी लोगों के बारे में कहा जाता है कि चाहे कितनी ही बड़ी आफत क्यों न आये, जापानी हँसता ही रहेगा। इसमें कोई कृत्रिम शिष्टाचार नहीं है। परिस्थिति चाहे कितनी ही मुश्किल क्यों न हो, जापानी अपने आत्म-विश्वास से कभी टस से मस नहीं होगा। उसे मालूम है कि उसका व्यक्तित्व संयोगों में ही घटा-बढ़ा है, और समय आने पर अपने में संयोगों को परास्त करने की ताक़त भी है। ये सन्थाल भी ऐसे ही आत्मविश्वासी मालूम होते हैं। सम्भव है कि यह आत्मविश्वास भी न हो, लेकिन संयोगों का बालोचित अज्ञान हो। ईश्वर जिसे महत्त्व देने की इच्छा रखता है, बड़ा बनाना चाहता है, उसे उसके प्रतिकूल संयोगों का पूरा ज्ञान होने नहीं देता। यह संरक्षक अज्ञान (protective ignorance) अगर न होता, तो असहाय और अनाथ बच्चे कभी बड़े न हो पाते और अनन्त आसमान का विस्तार देखकर ही ये आदिम-निवासी कल्पना के बोझ से ही दब जाते।

क्या सन्थाल सचमुच इस देश के आदिम निवासी (aboriginse) हैं? या कोई आर्यवंशी क्षत्रिय हैं, जो लड़ाई में हारकर अपनी आजादी की रक्षा करने के लिए दुनिया की सभ्यता के साथ असहयोग करके हमेशा के लिए वनचर बन गये। असहयोग का शस्त्र बहुत ही ख़तरनाक है। प्रतिकूल संयोगों पर विजय पाने के लिए उसका निश्चयपूर्वक उपयोग किया जाय, और जब तक असहयोग जारी रहे, तब तक प्रतिकार का कार्यक्रम ज़ोरों से चालू रखा जाये, तो ठीक है? वरना अकर्मण्य असहयोग आत्मघाती ही सिद्ध होगा। सम्भव है कि इन लोगों ने शहरों और देहातों की संस्कृति के साथ असहयोग करके अरण्यवास पसन्द किया हो, और आहिस्ता-आहिस्ता असल वैभव और अपनी पराजय दोनों भूल गये हों।

या तो ये लोग सचमुच देश के आदिम निवासी हैं और अपनी अरण्य संस्कृति की रक्षा करते हुए नागरिक और ग्राम्य संस्कृति के साथ असमान युद्ध लड़ते चले आये हैं।

इनकी जीवन-कला बहुत ही पुरानी क्यों न हो, लेकिन उसमें एक प्रकार की संस्कारिता अवश्य है। उनके हर एक अंग में एक राग है, हालाँकि कपड़े, बाज़ार, सिक्का संग्रह, शराफी, लेखनकला, स्थापत्य और वास्तु-निर्माण, नगर-रचना और समाज-व्यवस्था वग़ैरह सभ्य संस्कृति के किसी भी अंग के साथ एकरूपता अब तक नहीं हुई। फिर भी, कलियुग के असर से वे लोग मुक्त नहीं हैं। जब हिन्दू राज था, तब ये लोग हिन्दुओं के संस्कारों से रंग गये। आजकल आधुनिक सभ्यता का

वायुमण्डल जर्मन गेस की तरह सबको अकुला रहा है। उससे भी ये लोग नहीं बच सकेंगे। वे ख़ुद भी इस बात को आहिस्ता-आहिस्ता स्वीकार करने लगे हैं। और, अगर हम जीने की इच्छा रखते हैं, तो हमें चाहिए कि हम उनको अपने जैसे बना लें। इसके सिवाय कोई चारा नहीं है।

सुबह उठकर हमने अपनी यात्रा शुरू की और पहला मुकाम परिघाडीह 'परिघाकी टेकरी' हुआ। 'परिघा' सन्थालों की एक जाति है। उसी से इस गाँव का नाम पड़ा है। 'डीह' मानी ऊँची जगह। जैसे 'गिरिडीह', 'हिन्दूडीह', 'मंगलडीह' वग़ैरह। सिन्ध में ऐसी जगह को 'दड़ी' कहते हैं। 'मोहन-जो-दड़ो' अब विश्व विख्यात हो चुका है। जंगल के बाशिन्दे अपने ठहरने के लिए हमेशा ऊँची जगह पसन्द करते हैं और सुधरे हुए लोग चारों ओर के ऊँचे-ऊँचे पहाड़ देखकर बीच की नीची जगह पसन्द करते हैं। आज के बिहार-प्रान्त में जरासंध के पहले जो गोप लोग रहते थे, उन्होंने पहाड़ के मध्य में गिरिब्रज बसाया था, लेकिन जरासंध ने चारों ओर ऊँचा 'नगै:रक्षित' नगर बसाकर उसका नाम राजगृह रख दिया। सन्थाल लोग अपने स्वभाव के अनुसार ऊँची जगह ही पसन्द करते हैं।

परिघाडीह में सन्थाल बच्चों के लिए शाला चलती है। हम उसे देखने गये। शिक्षक भी एक सन्थाल ही था। हिन्दी सीखकर वह अपने जाति-भाइयों को हिन्दी सिखा रहा था। उसे पता नहीं था कि वह हिन्दू-संस्कृति के एक मिशनरी का काम कर रहा है। बेचारे बच्चे देवनागरी-अक्षर और हिन्दी भाषा लिख रहे थे। गणित ने भी उनका पीछा किया था। अदम्य जिजीविषा 'जीने की इच्छा' उनको यह सब सिखा रही थी। सब बच्चे छोटी-सी शाला में दीवार से लगकर और दूसरों से सटकर बैठे थे, मानो शहरी संस्कृति की दीक्षा ले रहे हों और बाहर एक लड़का हाथ में बाँस के धनुष-बाण लिये खड़ा था। उस स्वच्छन्द बिहारी युवक को देखकर मुझे कुदरत के इन बच्चों के भूतकाल का ख़याल आया और उनके कुदरती जीवन का चित्र मन-ही-मन खींचने लगा। हिमायल से दक्षिणी लंका तक मेरी देखी हुई अनेक पहाड़ी जातियों का स्मरण हो गया। जिनको शहर में आने की इजाज़त नहीं है, जिनको सुधरे हुए लोगों के सामने अपना मुँह छिपाने की सज़ा हमारे पूर्वजों ने दी थी और आज भी जो उस सज़ा को रिवाज़ समझकर भुगत रहे हैं, उन 'नैयाड़ी' लोगों को पालाघाट में मैंने देखा था। उनका स्मरण तो सबसे पहले हुआ। महाराष्ट्र के 'कातोडी' और 'रामोशी', गुजरात के 'कोलचा' और 'भील', कर्णाटक के 'बड्डर' 'ओडियर', सौराष्ट्र के 'ओड', कश्मीर के 'गुजर', पंजाब के 'डोम' वग़ैरह सभी लोग नज़र के सामने खड़े हुए। सिलोन 'वेड्डा' लोग भी कल्पना में दिखाई दिये और काल के बहाव में कितनी संस्कृतियाँ बह गयीं या दब गई, इसकी मूक गवाही देने लगे।

चित्त बेचैन हुआ। अगर इन लोगों के पास वाचा होती, तो वे क्या-क्या न कहते और हम लोगों के ख़िलाफ़ क्या-क्या शिकायत न करते। इन सबका तोहमतनामा शायद महाभारत से भी बड़ा हो जाता।

हृदय की वेदना या बेचैनी जब वाणी में व्यक्त होती है, तब दुःख का आवेग कुछ कम होता है, सह्य होता है। इसके लिए मानव शब्द खोजता रहता है, वाणी की उपासना करता है। मैं भी शब्द ढूँढ़ने लगा।

इतने में याद आया कि इन लोगों की प्राचीन स्मृति उनके गीतों तें ज़रूर संगृहीत होगी। उनसे अपनी भाषा के गीत गाने को क्यों न कहा जाय?

दुभाषियों के ज़रिये मैंने अपनी बात उनके सामने रखी। 'सिरीन' 'गीत' शब्द सुनते ही सब युवकों की आँखें चमक उठीं। उनका अपना वातावरण मिल गया। लेकिन, हम जैसे दिक्कु 'सन्थालेतर' के सामने वह क्यों गाने लगे? उनमें और हममें हृदय की कौन-सी एकता है कि वे हमारे लिए और हमारे सामने गायें? उन्होंने लज्जा के कवच का आसरा लिया और गाने से इनकार कर दिया। बहुत ही आग्रह करने पर उन्होंने एक छोटा-सा गीत सुनाया : 'जंगल में बहुत से फूल हैं, उनमें कपास के भी फूल हैं, अपनी पसन्द के फूल चुन लो। नापसन्द हो, उन्हें छोड़ दो।' ऐसा कुछ मुग्धभाव उस गीत में था। आगे चलकर हमने ऐसे ही कई गीत सुने। एक का भाव था : 'मेरे बहुत से भाई हैं, लेकिन उनमें से एक को कोई ले गया है। बहुत से भाइयों में से एक कम हुआ, तो क्या बिगड़ा? लेकिन, एक के चले जाने से हम सब बेचैन हैं, हमें चैन नहीं पड़ता।' कैसा मधुरभाव! प्रेम का कैसा प्रभाव! अगर यह भावना सभी जगह फैल जाय, तो मानव-जाति के सब दुःख मिट जायें।

हमने शिक्षक से पूछा, 'क्या ये लोग मुरली बजाते हैं, दो-तीन मुरलियाँ आ गयीं। लड़के उसे बजाने की कोशिश करने लगे। एक ही लड़का उसे अच्छी तरह बजा सकता था। सन्थाली गीत का ग तो कान में गूँजता ही था, इतने में मुरली की रूहानी आवाज़ सुनाई दी और जो भाव ज़बानी ज़ाहिर नहीं होते थे, मुरली की आवाज़ से सहसा जाहिर हुए। सन्थाल नवजवानों ने मुरली हाथ में ली। उनकी कमरें और गरदनें ज़रा झुक गयीं। और, उन्होंने प्राण फूँकने शुरू कर दिये। तुरन्त सिंहगढ़ पर एक दफ़ा मुरली सुनाने वाले उस माली के लड़के की मुझे याद हो आयी, जिसने अपनी पीठ मेरी ओर फेरकर अजन्ता की गुफाओं में मुरली बजाने वाली परियों की तस्वीर की याद दिलायी थी।

मुरली की भाषा सीधी-सादी और हृदय को छूने वाली होती है। मुरली बजने लगी : 'अपनी मूक शान्ति ही मेरे लिए अच्छी है। मुझे ज़बरदस्ती क्यों सताते हो? नये दिन आ पहुँचे हैं। चाहे पसन्द हो या नापसन्द हो, उनका स्वागत किये बग़ैर

कोई चारा नहीं है। हमने अपनी ज़िद छोड़ दी है। हमने अपनी आत्मा का दम घोंट दिया है। जो होना था, सो हो गया। अब मुझे विदा होने दो, शान्त होने दो। मुझे क्यों सताते हो? बोलने को मजबूर क्यों करते हो?

'मुझसे दूसरा भाव ज़ाहिर नहीं होने वाला। आपकी नयी-नयी चीज़ें आती हैं, तो सब तो अपना लीं। लेकिन उनसे मैं ख़ुश नहीं हूँ। पुराने दिन ही अच्छे थे। पुराने ज़माने में समाधान था, कृतार्थता थी। उस वक़्त का जीवनानन्द कुछ और ही था, जबकि दूर-दूर की पहाड़ियों पर मैं अपनी सखियों से खड़ी-खड़ी आपस में बातें करती थी। वह आज़ादी से घूमना, पशुओं के साथ खेलना और पक्षियों के साथ 'सिरीन' गाना, अब कहाँ? उन दिनों को भूल जाने के लिए आज शराब पी जाती है। उन दिनों जंगल की हवा में ही मादकता थी और झरनों के अमृत-जल में ही नशा था। छोटी-सी लकड़ी हाथ में लेकर जब हम लोग ज़मीन खोदते थे, कभी कच्चे, तो कभी भुने हुए शकरकंद बाहर निकालकर खाते थे। उस खुराक में जो लज्ज़त थी, जो अमृत था, वह अब कहाँ? उस ज़माने में एक जून खाना मिल जाता था, तो हमें सिवा नृत्य और गाने के और कुछ सूझता ही न था। और, उस वक़्त के गीत भी कैसे थे! कुदरत का अवलोकन, प्रेमी हृदय की जाँच और जग के सिरजनहार के भजन, ये हमारे गीत के विषय थे। स्त्री-पुरुष के भेद उन दिनों आज के जितने नहीं थे। पाप ने हमारे दिल में प्रवेश नहीं किया था। हम मस्ती में गाते थे और गान में मगन रहते थे। ढोलकी गूँज के साथ हमारा हृदय नाचता था। घण्टों तक एक ही ताल में नाचते और बजाते रहने पर भी हम थकते नहीं थे। और, कभी खाना न मिला, तो हमारा गान-वादन ही हमारे भोजन का स्थान ले लेता था।

'एक-दूसरे के गले में हाथ डालकर और एक-एक पाँव ऊँचा करके हम ताल से नाचते थे। उस वक़्त मोर भी पाठ सीखने के लिए हमारे साथ रहते थे।

'और उन दिनों हमने अपने विज्ञान का भी कैसा विकास किया था? ज़हर-भरे बीजों को दस-दस दफा उबालकर हम खाने योग्य बनाते थे, और उनसे असाधारण ताक़त पाते थे। कहीं से भी काटे बग़ैर हम पेड़ों की छालें उधेड़ते थे और कूट-कूटकर उनसे कपड़े बनाते थे। वनस्पति-विद्या का तो हमने ही विकास किया है। आहार, बिहार और रोग-परिहार इन तीनों के लिए हमारी वनस्पति विद्या पर्याप्त थी।

'और मेहनत में जिस बेहद ख़ुशी का हम अनुभव करते थे, उसे व्यक्त करने की कला भी हमने विकसित की थी। कैसे हमारे छोटे-छोटे बरतन–मिट्टी के, लकड़ी के और चाँदी के! तरह-तरह के तन्तु बनाकर जो जाल हम बुनते थे, उसमें कितना आनन्द आता था? हममें से किसी ने पाटी और पट्टी की खोज की हो, तो

हम उसे ख़ुशी के रूप में स्वीकार करते थे। और, मारे ख़ुशी के खोज करने वाले के इर्द-गिर्द किस तरह नाचते थे।

'उन दिनों हमारे पास अपनी निजी मिल्कियत का नामोनिशान नहीं था, जो था, सो सबका था। अपनों के लिए मुहब्बत का क़ायदा और दूसरों के लिए शिकार का क़ायदा यह हमारी स्मृति थी। आज हम आँखों से कुदरत का अवलोकन करते हैं। उन दिनों हमारा अवलोकन आँखों से होता ही था, पैर के तलवों से भी होता था। हर तरह की घास के विभिन्न स्पर्श का आनन्द हम जान सकते थे। उन दिनों कभी-कभी अकाल पड़ता था। लेकिन, आज तो हमारे नसीब में अखण्ड दुष्काल लिखा है।

'जब पुरानी बातें याद आती हैं, तब रहा नहीं जाता। पुराने जीवन में कठिनाइयाँ थीं, फाके करने पड़ते थे, हर तरह का दुःख भी था, लेकिन उन दिनों जीवन में जीवन था, आज वह नहीं रहा। अब कैसा गाना? किसके लिए गाना? आज तो मौन ही अच्छा है। जहाँ आज़ादी नहीं, वहाँ का गाना भी पवित्र नहीं होता।

'लेकिन आस्था कहती है कि गाओ, श्रद्धा कहती है कि श्मशान का मौन धारण न करो। नये दिन आये हैं, उन्हें स्वीकार करते ही प्राचीन परिस्थिति का आनन्द पा सकोगे। भूतकाल गया, सो गया। लेकिन, भूतकाल ही वर्तमान के हाथ में भविष्यरूपी बालक सुपुर्द कर गया है। उस बालक के हित गाओ। अपनी प्राचीन दीक्षा उस बालक को दो, जिससे वह अपना स्वधर्म समझ सके, और संस्कृति का निर्माण कर सके। जब तक यह सुर गूँजता रहेगा, तब तक सन्थालों के लिए निराशा हो ही नहीं सकती। संगीत ही हमारा विरसा है, बपौती है, संगीत ही हमारा प्राण है। उसकी मारफत ही हम आत्मपरिचय प्राप्त करेंगे और दुनिया को बतायेंगे कि हमारी जीवन-दृष्टि भी सारी दुनिया के लिए ग्राह्य है।'

मुरली के सुर बन्द हो गये और मेरे हृदय के सुर जाग उठे। हम मोटर में बैठकर घण्टों तक दौड़ते रहे। पहाड़ियाँ देखीं, नदियाँ लाँघीं, पेड़ों और बादलों के दर्शन किये, सूर्यास्त को प्रणाम किया, बरसात के स्वागत को स्वीकार किया, लेकिन हृदय में एक ही भाव भरा था। नये को ज़रूर स्वीकार करेंगे लेकिन हृदय तो पीछे ही दौड़ता था। वही सब तरह की कृतार्थता थी। वह आगे नहीं मिलने वाली। भूत और भविष्य को एक करके जब वर्तमान को परास्त किया जायेगा, तभी यह गीत शान्त होगा। तब तक तो सन्थालों की यह सनातन मुरली बजती ही रहेगी।

(सितम्बर, 1953, कालेलकर ग्रन्थावली, भाग-1)

अन्धकार की आत्मीयता

–काका कालेलकर

एक बार बिहार में सन्थाल (अब झारखण्ड) लोगों की परिस्थिति देखने के लिए हम घूम रहे थे। साँझ के समय एक गाँव में आ पहुँचे। हम लोगों ने गाँव के लोगों के साथ वार्तालाप शुरू की। धीरे-धीरे प्रकाश कम होने लगा। वहाँ के एक गृहस्थ से मैंने कहा–'अन्धकार हो चला है–दीया ले आयें, तो अच्छा होगा!'

आश्चर्य से मेरी तरफ़ देखते हुए वे बोले–'दीया? इस गाँव में दीया कहाँ से मिलेगा? हम लोग दीया कभी इस्तेमाल नहीं करते। सूरज छिप गया कि, हमारा कारोबार समाप्त हो जाता है। फिर सुबह की पौ फटी कि हम लोग अपने-अपने काम में लग जाते हैं।'

मनुष्य की बस्ती में अँधेरे का यह साम्राज्य? मैं बड़ी चिन्ता में पड़ गया। पर, इन लोगों को इसका कुछ भी बुरा नहीं लगता। अँधेरा तो रात को आयेगा ही। उसका दु:ख मानना चाहिए, यह बात भी इन लोगों के दिमाग़ में नहीं आती। भारत-भूमि, भारतीय जीवन और भारतीय संस्कृति के बारे में बराबर बोलते रहने वाले, मुझे इस दीप-विहीन जीवन की तब तक कल्पना ही नहीं थी। थोड़ी देर सोचने पर मुझे लगा कि, वस्तुत: इन लोगों पर तरस खाने के बदले मुझे अपने आप पर ही तरस खाना चाहिए।

परिपक्वता आने पर, उपनिषद् की प्रार्थना 'तमसो मा ज्योतिर्गमय!' से, अन्धकार और प्रकाश जगत में सर्वव्यापी और परस्पर भिन्न जीवन-तत्व की बात ध्यान में आयी और प्रकाश के प्रति भक्ति दुगुनी हुई; लेकिन इसके साथ-ही-साथ अन्धकार भी एक व्यापक व सार्वभौम तत्त्व है, इसकी कल्पना स्पष्ट हो जाने से अन्धकार का महत्त्व भी समझ में आया। आध्यात्मिक दृष्टि से, हम अज्ञान को अन्धकार कहते हैं। समस्त जीवन का विचार करते समय, जगत का अन्धकार और हृदयाकाश का अज्ञान, ये भिन्न नहीं हैं–एक ही हैं, ऐसा प्रतीत हुआ।

अनुभूति की एक और प्रसंग उपस्थित हुआ। एक बार एक कुटुम्ब पर दारुण संकट उपस्थित हुआ। घर के सब बड़े लोग शोक में डूब गये, लेकिन सिर्फ़ बालक हँस-खेल रहे थे। यह देखकर मन में विचार आया कि, ईश्वर की कितनी बड़ी कृपा है कि, इन बच्चों को कुटुम्ब पर आये संकट की कल्पना ही नहीं हो सकती। अगर उन्हें सच्ची परिस्थिति की कल्पना हो सकती, तो उनके कोमल हृदय पर आघात होने से उनके प्राण ही निकल जाते। मुर्गी के बच्चों का आकार बनने से पहले, जिस प्रकार उन्हें अंडे के कवच का रक्षण चाहिए उसी प्रकार मन पक्का हो, तब तक के लिए बच्चों को ईश्वर ने यह अज्ञान का कवच दिया है। यह उसकी बड़ी कृपा ही है।

पर जब हम तत्त्वदर्शी होकर अथवा तत्त्व-जिज्ञासु बनकर जीवन का विचार करते हैं, तब जीवन और मृत्यु दोनों परस्पर पूरक, पोषक और एक सरीखे आवश्यक तत्त्व हैं, यह बात हमारी नज़र में आती है। अज्ञान और ज्ञान–अन्धकार और प्रकाश–के सम्बन्ध में भी ऐसी ही बात है।

अन्धकार-सम्बन्धी एक और प्रसंग याद आ गया। शान्ति निकेतन में महर्षि देवेन्द्रनाथ टैगोर रात की प्रार्थना के समय दीया हटा देते थे। रवीन्द्रनाथ ने यही परम्परा आगे चलायी। शान्ति निकेतन की यह पद्धति गांधीजी को इतनी पसन्द आयी कि उन्होंने भी रात की और सुबह की प्रार्थना के समय दीया हटा देने की परिपाटी चला दी।

कितने ही योगी साँझ की, जब प्रकाश क्षीण होकर अन्धकार प्रारम्भ होता है, तब ध्यान में बैठना पसन्द करते हैं। कारण, अन्धकार एकाग्रता के लिए–अन्तर्मुख वृत्ति के लिए–विशेष सहायक होता है। रात की वेला इतनी सौम्य और शान्त होती है कि अन्तर्मुख होकर ध्यान करने में बाहर की परिस्थिति ज़रा भी बाधक नहीं होती।

भगवान्, हमें ऐसे प्रकाश में से शान्तिदायक अन्धकार की तरफ़ ले जाओ, ऐसी प्रार्थना करने के दिन सचमुच ही आ गये हैं। प्राकृतिक प्रकाश में मनुष्यता होती है। प्राकृतिक अँधेरे में आत्मीयता होती है और चिन्तन के लिए अवसर भी मिलता है। प्राकृतिक प्रकाश और प्राकृतिक अन्धकार दोनों ईश्वरदत्त प्रसाद है। दोनों में मनुष्य का व्यक्तित्व निखरता है और विकसित होता है। प्रकाश प्रवृत्तिपरायण होने के कारण विचलित कर सकता है। अन्धकार में आत्मपरीक्षण का स्थान है और इसलिए वह साधना के लिए अनुकूल है।

अन्धकार को भावात्मक कहें चाहे अभावात्मक, वह मनुष्य के मन के लिए, हृदय के लिए, आत्मा के लिए, पोषक वस्तु है–बहुत-से बन्धन तोड़कर छुटकारा देने वाली हितकर वस्तु है। सारी रात कमरे में प्रकाश रखने की सुभीता होने पर

भी सोने वाला व्यक्ति अन्धकार का ओढ़ना ही पसन्द करता है। दिन में सोनेवाला व्यक्ति भी प्रकाश कम करके सोता है। नींद जिस तरह थके हुए व्यक्ति को आराम देकर ताज़ा करती है, उसी प्रकार अन्धकार भी थकान दूर करके ताज़गी उत्पन्न करता है। मनुष्य अन्धकार में जाकर बैठता है, तो उसे नयी-नयी कल्पनाएँ सूझती हैं, भरमाये हुए मनुष्य को संकट से मुक्त होने का मार्ग सूझता है और निराश मनुष्य को आशा की खुराक मिलती है।

गोवा की राजधानी पणजी में एक बार मेरा व्याख्यान था। लोग एकाग्रता से सुन रहे थे। इतने में बिजली बन्द हो गयी और दीवानखाने में निरा अमावस-सरीखा घुप्प अँधेरा हो गया। पेट्रोमैक्स लाने के लिए लोग भागे। थोड़ी देर ठहरकर मैंने समझाया–दीये की क्या दरकार है। आप लोगों ने मुझे देखा है, मैंने आपको देखा है। अपने विषय में हम रंग चुके हैं। हम अँधेरे में ही व्याख्यान अभी क्यों न चलावें? प्रश्नोत्तर भी एक-दूसरे का चेहरा देखे बिना चलाये जा सकेंगे। चेहरे पर का भाव यदि न भी दिखाई दिया, तो आवाज़ से एक-दूसरे की वृत्ति ध्यान में आ सकेगी।

सब शान्त होकर एकाग्रता से सुनने लगे। और, सचमुच ही उस दिन का व्याख्यान और उसके बाद के प्रश्नोत्तर आकर्षक और सजीव हुए। सभा का काम समाप्त होते-होते कोई एक मोमबत्ती ले लाया। मोमबत्ती के पीछे-पीछे अपना विज्ञापन करता पेट्रोमैक्स भी आ गया। उसने लोगों की आँखें चौंधिया दीं; पर उसके पक्ष की इतनी बात तो कबूल करनी ही चाहिए कि उसके प्रकाश के कारण सभा से लौटने वाले लोगों को अपने-अपने जूते खोज सकना सहज हो गया।

इस सभा में मुझे एक नया ही अनुभव हुआ। अन्धकार में वक्ता और श्रोता के बीच का सम्पर्क अधिक अच्छी तरह स्थापित हो सका। आपस में चेहरे दिखायी नहीं देते, मानो इसी के कारण हम सब अभिन्न मित्र हो गये। एक-दूसरे को देख नहीं सकते। इस अड़चन के कारण सबको सबके बारे में सहानुभूति हो गयी थी और अँधेरे की अड़चन की भरपाई करने के लिए सभी लोग, अपनी सज्जनता और आत्मीयता की पूँजी, खुले दिल से व्यवहार करने लगे थे। मुझे लगा कि अन्धकार ने एक तरह से उपकार ही किया है। उस दिन अन्धकार की इस शक्ति की तरफ़ मेरा ध्यान पहली बार गया।

–आदिवासी के 25 जनवरी, 1968 *के अंक में काका कालेलकर की एक पुरानी रचना का संक्षेप प्रकाशित हुआ था। शीर्षक था : 'अन्धकार की आत्मीयता।' तब इस पत्रिका के सम्पादक थे जाने-माने कथाकार राधाकृष्ण।*

संगमों का मेला

–काका कालेलकर

प्रागैतिहासिक संस्कृति के शुद्ध प्रतिनिधि आदिवासियों के बीच पश्चिम की अद्यतन संस्कृति ही जिसमें पायी जाती है, ऐसे लोहे के और इस्पात के प्रचंड राक्षसी कारख़ाने स्थापित करना। यही एक अद्‌भुत, अभूतपूर्व संगम है। बंगाल, बिहार की पुण्य संस्कृति की पुण्य सीमा पर जहाँ पुण्यसलिला स्वर्णरेखा बहती है और भोली-भाली खरकाई के प्रेम-जल का स्वीकार करती है, वहाँ भारतपुत्र पारसी जमशेद ने संकल्प किया कि भारत में ऐसे असाधारण सामर्थ्यशील यन्त्रोद्योग का प्रारम्भ करूँ, जिसकी हस्ती का स्वीकार वैभवोन्मत्त पश्चिम को भी आदर के साथ करना पड़े और उस संकल्प का मुहूर्त भी कैसा! उन्नीसवीं सदी का अन्धकार कम होकर बीसवीं सदी के उषः काल का जब प्रारम्भ हो रहा था, अन्धकार और प्रकाश का जिसमें संगम है, ऐसे ब्रह्ममुहूर्त को ऋषियों ने ध्यान के लिए पवित्र, अनुकूल समय माना है। उद्योगवीर जमशेदजी टाटा ने ध्यान के साथ युगान्तरकारी पुरुषार्थ के लिए इस मुहूर्त को पसन्द किया और सोचा कि आदिवासी नाम धारण करने वाली नदी खरकाई जहाँ वैभवशाली संस्कृति की सूचना करने वाली स्वर्णरेखा को अपना पानी समर्पण करती है, वहीं पर भूमिगत लोहे को बाहर निकालकर उद्योगों का प्रारम्भ करूँ। भूगर्भ विद्या के प्रवीण ने उन्हें विश्वास दिलाया कि स्वर्णभूमि भारत के पेट में कृष्णायस 'लोहा' कम नहीं है, और पता नहीं किस प्राचीन युग के वानस्पत्य कान्तारों ने इसी भूमि में कोयला भी तैयार करके रखा था। लोहा और कोयले का एक ही प्रदेश में संगम होना, यह कोई मामूली भाग्य नहीं है।

आर्य और ईरानी संस्कृति ने एकत्र होकर अशोक के दिनों में इसी बिहार की भूमि में एक अद्‌भुत प्रासाद खड़ा कर दिया था। मुग़लकाल में ईरानी और भारतीय

संगीत का जब संगम हुआ तब तानसेन के गुरु, गायन ऋषि हरिदास ने हिन्दुस्तानी संगीत को जन्म दिया था। यमुना के किनारे मुग़ल वैभव का स्मरण दिलाने वाला ताजमहल भी संगम-संस्कृति का एक उज्ज्वल द्योतक है।

संगमलीला की समृद्धि में रममाण होने वाली इस भारतभूमि में साकची संगम के पास जो नया भाग्य तीर्थ खड़ा हुआ है, उसका फिर से दर्शन करने के लिए हमें समय मिला सन् उन्नीस सौ साठ और इकसठ के सन्धिकाल का।

अमरपुरी, वाराणसी और ऋषिपत्तन सारनाथ देखकर अशोक के पाटलीपुत्र पहुँचे। वहाँ से भगवान महावीर के निर्वाणधाम पावापुरी आये। चीनी यात्री ने जिसका वर्णन किया है, उस नालन्दा का महा-विहार देखा। जरासंध का संघर्ष और महायान का समन्वय दोनों जहाँ पाये जाते हैं, उस उष्ण जल राजगृह का दर्शन किया और विष्णुपद की धर्मशिला को स्पर्श करके बोधिगया के उस स्थान पर पहुँचे, जहाँ कोशकार अमर सिंह ने बुद्ध भगवान की संकल्प-सिद्धि का उत्तुंग स्मारक खड़ा किया है। बोधिगया आज पूर्व एशिया का आकर्षण केन्द्र बना है और एक तरह से उसे अन्तरराष्ट्रीय महत्त्व भी प्राप्त हुआ।

गांधीजी के सुरेन्द्रजी और जयप्रकाशजी के द्वारकोजी के सत्संग में दो दिन बिताकर हम कलकत्ता के रास्ते जमशेदपुर यानी टाटानगर पहुँच गये। जब कभी कलकत्ता जाते हैं, पुराने स्नेह को ताज़ा करने का ही कार्यक्रम रहता है।

'टिस्को' और 'टेल्को' दो शब्दों में जमशेदपुर का सारा पुरुषार्थ व्यक्त होता है, लेकिन उसका विवरण स्वतन्त्र रूप से ही करना अच्छा है। जिस तरह कल-कारख़ानों में भी प्रसन्नता-मूर्ति फूलों की हस्ती आवश्यक होती है, उसी तरह उद्योगसिद्धि के कीर्तन के पहले प्रकृति माता के चिरन्तन यौवन को अर्घ्य देना उचित होता है।

हमारे जमशेदपुर पहुँचते ही आतिथ्य के प्रतिनिधि श्री प्रेमनाथजी ने पूछा कि यहाँ सरोवर के दर्शन का लाभ तो मिलेगा ही न? उन्होंने कहा–'डिमना सरोवर दर्शन से ही आपकी यात्रा का मंगलाचरण होगा।'

छः-सात बरस के पहले चि. सरोज और मैं इसी सरोवर के दर्शन करने आनन्दित हुए थे। उस समय हमारे आतिथेय थे मीदिओमाह मादान, जिनको हमने पूर्णचन्द्र के नाम से पहचानना पसन्द किया था। एक गम्भीर रोग की अमावस्या को उन्होंने अपनी हिम्मत और पुरुषार्थ से आरोग्य की पूर्णिमा बनाया था।

डिमना सरोवर जमशेदपुर से क़रीब आठ मील की दूरी पर है। यह कोई प्राचीन सरोवर नहीं है। आस-पास की ऊँची-ऊँची पहाड़ियों की तलहटी में बरसात का थोड़ा पानी इकट्ठा होता था। वहाँ एक अनुकूल जगह देख टाटाओं ने एक अच्छा-खासा बाँध बाँधा और मील की परिधि वाले नये सरोवर को जन्म दिया। कुदरत ने इस सरोवर के बीच एक टापू को अवकाश देकर इस जलराशि को सौन्दर्यराशि बना दिया।

सरोवर की ओर जाते चि. सरोज और मैं पुराने संस्मरणों को ताज़ा करने चले और इस तरह परिचित स्थान की मुलाक़ात की उत्कण्ठा बढ़ती गयी।

भावनगर के बोर तालाब की तरह यहाँ पर भी आख़िर तक सरोवर के दर्शन नहीं होते। आख़री चढ़ाई पूरी करते ही यकायक सारा वारि-विस्तार नज़र के सामने प्रकट होता है। सौन्दर्य के साथ चमत्कृति का मिलान होने से आनन्द द्विगुणित होता है। जमशेदपुर के नगरवासियों के लिए पीने का शुद्ध पानी यहाँ से जाता है। और वे भी इस सरोवर के किनारे वन भोजन के लिए आकर अपनी कृतज्ञता व्यक्त करते हैं। सुन्दर चमकीले पृष्ठभाग पर रंगों की अबरी बनाने की कला सरोवर ने संगमरमर से सीखी या संगमरमर ने सरोवर से सीखी, इसका जवाब दोनों दे नहीं सकते और पानी में अपना प्रतिबिम्ब देखने वाले बादल हमारे अनुत्तरित प्रश्न पर हँसते रहते हैं, अथवा उनको भी आश्चर्य होता होगा कि पृथ्वी के इन छोटे-छोटे आईनों में इतना बड़ा आसमान कैसे समाता होगा? रात को जब बादल नहीं होते तब आकाश के सितारे इसी शान्त सरोवर में अपने-अपने प्रकाश की तुलना करके अपने स्थान की गहराई का नाप लगाते हैं।

लेकिन सरोवर के साथ सच्ची दोस्ती करने वाली तो हैं पवन की लहरें और उनको भी सबक सिखाने वाले परिन्दे। एक शिखर से दूसरे शिखर तक दौड़ने वाली हवा की लहरें सीधी-सीधी कभी नहीं जायेंगी। ज़रा नीचे उतरकर सरोवर के कपाल को गुदगुदी किये बिना एक भी लहर आगे नहीं जाती है और पक्षी भी सरोवर पार करते हुए बीच-बीच में नीचे उतरे बिना नहीं रहते। यह कहना कि वे तो मछलियों की खोज में ही नीचे उतरते हैं, उनके प्रति सरासर अन्याय है। मछलियों को उदरस्थ करके उनके साथ अद्वैत सिद्ध करने का व्यापार तो कुदरत ने ही उन्हें सिखाया है। उसमें कोई अनोखी या अनहोनी बात नहीं। लेकिन पक्षियों को इस पार से उस पार जाते बीच-बीच में मन हो ही जाता है कि सरोवर के शैत्यपावनत्व का थोड़ा-सा स्पर्श अपने सीने को करावें।

हमारी नज़र और हमारी स्मृति में इन सब पूर्वाचार्यों का स्मरण करके सरोवर के विस्तार का विहार किया और अनुभव किया कि अपनी गहराई सरोवर की गहराई और आसमान की गहराई से अलग ही कोटि की है।

बढ़ती हुई भीनी सन्ध्या ने अपनी बूँदों के द्वारा हमें स्मरण दिलाया कि आगे देखने की बहुत-सी चीज़ें हैं। हम चढ़े थे, वैसे उतरे। स्वर्णरिखा के प्रवाह को फिर से लाँघा और देखते-देखते हम वृन्दावन पहुँचे।

वृन्दावन की यात्रा भी सोचने लायक है। श्रीकृष्ण के ज़माने में, मथुरा के पास वृन्दा के पौधों का एक आकर्षक वन होगा। श्रीकृष्ण-गोपियों के रास के कारण उस वन का नाम अजरामर हुआ। अब दक्षिण के कृष्णराज सागर के भक्तों की इच्छा हुई कि पानी के फ़व्वारों की रंग भरी रसक्रीड़ा खड़ी करें। बिजली ने उस रास में इन्द्रधनुष का इन्द्रजाल बढ़ाने का ठेका लिया और लोगों ने देखा कि इस कलात्मक सौन्दर्य को व्यक्त करने के लिए वृन्दावन से बढ़कर कोई शब्द है नहीं। इस तरह मैसूर में वृन्दावन पहुँचा। अब जमशेदपुर के सर्जकों को दक्षिण के वृन्दावन की ईर्ष्या हुई, उन्होंने अपने पुरवासियों के आमोद-प्रमोद के लिए एक वृन्दावन बहता किया। आकाश के सब तारे मिलकर भी अगर रात्रि के अन्धकार का नाश नहीं कर सकते तो इस उद्यान के चरण पथ को प्रकाशित करने वाले दीये रात्रि का दिन बनाने की महत्त्वाकांक्षा कैसे धारण करें?

अब की बार अच्छे-अच्छे आतिथेय 'मेजबान' मिलने के कारण थोड़े समय में बहुत-कुछ समझने का सन्तोष हमें मिला था। लेकिन मेरे मन में एक ईर्ष्या रह गयी। सोमवार रात को मैं जल्दी सो गया और अहसन तैयबजी का सारा परिवार आकर चि. सरोज को रात की सैर के लिए ले गया। चाँदनी तो मनुष्य को पागल करती ही है, उस पर संगम की शोभा। उसका वर्णन सुनकर मेरी आँखें ईर्ष्या से नीली हो गयीं। दूसरे दिन सुबह देखा तो हमारे पास दो-तीन घण्टों की पूँजी थी। प्रेमनाथ भी प्रसन्न हुए और हम तैलवाहन की गति से उत्तर-पश्चिम की ओर दौड़े। सूरज की सुनहरी किरणें भी पीछे से आकर हमें प्रोत्साहन देने लगीं। वायुयान की छोटी-सी विराम-स्थली पार करके आगे बढ़े और हम एक गहरे उपवन में बैठ गये। उपवन बड़ा हो या छोटा, अच्छा वज्रलेप रास्ता उसकी शोभा बढ़ाता ही है, दूसरे आधुनिक साधनों के जैसे उसे विश्री नहीं कर देता।

अगर आगे संगम का आकर्षण नहीं होता तो भी इस उपवन के दर्शन से हमारा प्रात:काल कृतार्थ होता। यहाँ हवा का ज़ोर विशेष नहीं होता। सब के सब पेड़ सज्जनों के जैसे सीधे ही खड़े थे। टेढ़ा-मेढ़ा वृक्ष ढूँढ़ने पर भी नहीं मिला। आगे

जाकर देखा कि उस उपवन की चन्द लताओं को यह पसन्द नहीं आया कि यह सारे सज्जन पेड़ गुमसुम खड़े रहें। लताएँ उनके गले लगीं और उन्होंने वृक्ष-वृक्ष के बीच दोस्ती बाँध ली।

उपवन पूरा हुआ और हमने देखा कि सामने की गहराई में खरकाई नदी स्वर्णरेखा को मिलने आगे बढ़ रही है। खरकाई अपना प्रवाह मोड़कर यहाँ उत्तरवाहिनी बनी है। स्वर्णरेखा प्रसन्न गम्भीर मुद्रा धारण कर पश्चिम से पूर्व की ओर बह रही है। दोनों को पता नहीं है कि आगे जाकर उनका कर-भार लेने के लिए एक बड़ा बाँध उनके सामने खड़ा होने वाला है और तुरन्त एक पुल दोनों की अवज्ञा करके डिमना सरोवर की ओर जाने वालों की मदद करेगा।

संगम का वायु-मण्डल हमेशा ध्यान-गम्भीर और संस्कृति-समृद्ध होता है और जब उस पर चन्द्रिका की वर्षा हुई अथवा कोमल सूर्य किरणों ने उस पर मुलम्मा चढ़ाया तब तो पूछना ही क्या? संगम का दृश्य देखते-देखते हम पेड़ों के नीचे खड़े थे और भारत का सारा इतिहास नज़र के सामने गुज़रने लगा। हमारे आदिवासियों की स्वतन्त्रता और उनके स्वच्छन्द जीवन के बारे में श्रीकृष्ण के ज़माने से हम सुनते आये हैं। भागवत के प्रारम्भ में ही, वैष्णव-भक्तों ने इन आदिवासियों के बीच जो धर्म-कार्य किया था, उसका ज़िक्र है। इतिहास-काल में अनेक राजाओं ने और सम्राटों ने इनको परेशान किया, लेकिन इनकी दुर्दमनीय प्राणशक्ति ने ही इनको बचाया। इन आदिवासी भाइयों को यथार्थ रूप से समझने का प्रयत्न हम पहली बार कर रहे हैं। अगर मेरे पास समय होता तो आदिवासियों के इस प्रदेश में घूम-घूमकर इनके लोकगीतों और लोक-कथाओं का संग्रह करता। हमने सुना कि पौष की संक्रान्ति के दिन, इस संगम पर आदिवासियों का मेला लगता है। इस भूमि के हज़ारों बालक नर-नारी इन नदियों को साक्षी रखकर अपने जीवन के आनन्द को गहरा बनाते हैं। जो लोग इन प्राकृतिक लोगों से सहयोग पाते हैं और जिन्हें इनकी भाषा आती है, उनका काम है कि वे उनके जीवन में ओत-प्रोत बनें और नवयुग की प्रवृत्तियों के द्वारा उन्हें अपना जीवन समृद्ध करने में मदद करें। आज तो केवल आर्थिक सम्बन्ध के कारण संस्कृति-नाश हो रहा है।

संगम, समन्वय, सहानुभूति, सहयोग और समृद्धि यही है आज का युगधर्म। पौष संक्रांति के दिन इस संगम पर केवल आदिवासी इकट्ठा हो जायें इतना बस नहीं है। जमशेदपुर में भारत के सब प्रान्तों के लोग, सब भाषा बोलनेवाली जमातें और सब धर्म के अनुयायी एकत्र रहते हैं। इनके सहजीवन से एक समर्थ और समृद्ध

संस्कृति रूप पकड़ रही है। पश्चिम के थोड़े लोग भी अब शुद्ध सहयोग के वायु-मण्डल में उनके बीच आ बसे हैं। इन सबको चाहिए कि वे यहाँ के आदिवासियों के साथ मिलजुलकर एक नया ही मेला लगायें और दो जीवन स्तरों के संगम से दीक्षा पाकर सर्वोदयकारी नवसंस्कृति का संकल्प करें। संगम, समन्वय, सहानुभूति, सहयोग और समृद्धि ही नवयुग की दीक्षा है। यही है कलयुग का सार्वभौम धर्म।

स्टार स्वणरिखा कितना काव्यमय और आकर्षक नाम है! विमान में बैठकर इस नदी की लकीर को देखनेवाले को ही ऐसा नाम सूझ सकता है।

कहते हैं, इस नदी की रेती धो-धोकर इनमें से सोने के कण इकट्ठा करने वाले स्वर्णकारों ने ही इसका नाम स्वणरिखा रखा था। हम मानते हैं कि ऐसा होता तो नदी का नाम सुवर्णकणिका रखा जाता। जो हो, नदी का दर्शन करके हमें इतना आनन्द हुआ कि हम उसे सुवर्णमुखी कहना चाहते हैं, लेकिन रेखा नहीं।

कहते हैं, इस नदी का उद्‌गम राँची शहर से दस मील की दूरी पर है। वहाँ से उत्तर-पूर्व की ओर बहती यह नदी त्रिमुहानी की ओर से दक्षिण-वाहिनी बनती है। जमशेदपुर के पास पश्चिम से आकर उसे आदिवासी नदी खरकाई मिलती है। आगे जाकर यह नदी मिदनापुर ज़िले के जंगल में प्रवेश करती है और आख़िरकार बालासोर ज़िले में दाहिनी और बायीं ओर मुड़ती-मुड़ती नाग...बंगाल के उपसागर में विलीन हो जाती है।

नदी की कुल लम्बाई तीन सौ मील से कुछ कम है। आख़िरी सोलह मील में इस नदी प्रवाह पर समुद्र के ज्वार-भाटे का असर होता है और धान से लदी हुई नौकाओं के लिए आवागमन आसान हो जाता है।

छोटानागपुर की छटा

–कामता प्रसाद सिंह 'काम'

जिन्होंने कश्मीर की सुषमा के गीत गाये, स्विट्ज़रलैंड की शोभा पर लेख लिखे, न जाने क्यों छोटानागपुर की इस छटा पर उनका ध्यान नहीं गया।

छोटानागपुर भारत का हृदय, बिहार की आत्मा है। लोग कहते हैं प्राचीन विहारों की बहुलता की वजह से विहार का नाम बिहार पड़ा। पर मेरा ख़याल है कि विहार करने लायक स्थान समझकर पुरखों ने इसका नाम बिहार रखा। विहार करने लायक स्थान यह है छोटानागपुर के कारण।

छोटानागपुर के जंगल, इसका पहाड़, इसकी नदियाँ, इसके गाँव, इसकी धरती, इसका आसमान, इसके जीव-जन्तु और इसके निवासी सब निराले हैं।

प्रकृति का पुजारी अगर एक बार इसके आँगन में आया तो जाने का नाम नहीं लेगा। कवि का हृदय लेकर जो एक बार इसमें प्रवेश कर जायेगा, फिर वापस नहीं जायेगा।

यहाँ की हवा, वह हवा है, जो दवा से भी दो क़दम आगे है, और पानी, वह पानी है, जो अन्न को भी मात कर रहा है।

धरती ऐसी कि जैसे कुशल कारीगरों ने चादर पर चित्रकारी की हो, आसमान ऐसा कि जैसे रंग-बिरंगे फूलों, रंग-बिरंगी तस्वीरों और झाड़-फ़ानूसों के साथ किसी ने शामियाना ताना हो।

यह सघन जंगल-वृक्षों के पत्रों की अमर संगीत ध्वनि, हवा जहाँ हौले-हौले डोल रही है। आदिवासियों के आंगन में घटनेवाली किसी प्रेम कहानी के गीत को धीरे-धीरे गुनगुनाते भेड़ और ढोर के चरवाहों की मस्ती का नमूना, बाँसुरी का यह नग़मा, जिसके दर्द भरे अलबेले सुर के साथ पर्वत की घाटी का कण-कण नाच रहा है, हरिण और उसके बच्चों का यह किल्लोल चहकना, फुदकना, उछलना,

कूदना एवं चौकड़ी का भरना जो रसिकों को एक नूतन संसार के दर्शन के लिए निमंत्रण दे रहा है, रंग-बिरंगी चिड़ियों के कल-कूजन की स्वरलहरी जो वातावरण के हृदय को बेध रही है, हाँ पक्षियों की जोड़ी शाख-शाख पर उनका नाचना, पंख का फड़फड़ाना, उनका प्रेमालाप जो प्रेमी-प्रेमिकाओं के दिल को गुदगुदाता है, यह दृश्य है जिस पर कोई भी जानदार अपनी जान कुर्बान कर दे।

नदियाँ बहती हैं तो उनकी धारा के साथ संगीत डोलता है। ऊबड़-खाबड़ धरती अपनी निराली शोभा से हर राहगीर का दामन थाम लेती है, बादलों से सदा आँख मिचौनी खेलनेवाला आसमान, अपने नीचे से एक-एक गुज़रने वाले की राह रोक लेता है। जंगलों में हरिण की चौकड़ी शिकारियों का भी मन मोह लेती है और पेड़ों पर से चिड़ियों की जादूभरी आवाज़ कारबारियों को भी अपना कारबार भूल जाने को मजबूर करती है।

कोई ग़मगीन जाये तो अपना ग़म भूल जाये, जिसे अपने हुस्न पर नाज़ हो ऐसा कोई हसीन जाये तो यहाँ की सुन्दरता में अपने को खो जाये, संगीत प्रेमी जाये तो उसकी ज़ुबान में जादू आ जाये, नवसिखुआ साहित्यिक जाये तो सिद्ध-हस्त कवि बन जाये, कठोर प्रकृतिवाला दो-चार दिन रहे तो दयालुता अपना ले, रोगी जाये तो फ़ौरन भला-चंगा हो जाये और दिल वाला जाये तो अपने को क्षण भर में लुटा दे। यानी कोई ऐसा इन्सान नहीं जो छोटानागपुर की छटा पर कुर्बान न हो जाये।

मेरा दावा है कि लेखक हों, कवि हों, चित्राकार हों–हर किसी के लिए यहाँ भरपूर सामग्री है। वह सामग्री जो बरबस उनसे लेख लिखवाये, वह सामग्री जो बरबस उनसे कविता रचवाये, वह सामग्री जो बरबस चित्रकारी करवाये। ये लेख, कविताएँ, ये चित्र–घायल के दिल को सहलाएँगे, थके-माँदे का दिल बहलाएँगे, अपने कलाकार को अमर बनाएँगे।

यह वह शोभा है जिसके बखान में 'बैन' थक सकते हैं पर जिसके दर्शन में 'नैन' नहीं थक सकते।

यह वह शोभा है जिसको ज्यों-ज्यों देखो त्यों-त्यों बढ़े। यह वह शोभा है जिस पर मस्ती के प्रेमी, प्रेम के पुजारी, प्रकृति के भक्त सब हज़ार बार निस्सार हैं, न्योछावर हैं।

देखिए, यह रजरप्पा है। दो नदियाँ, एक नाला। तीनों का एक स्थान पर मिलन हुआ है। न गाँव, न शहर, लेकिन रजरप्पा की चप्पा-चप्पा में वह शोभा है गाँव जिसका पानी भरे, शहर जिसकी ग़ुलामी करे।

हज़ारीबाग़ जेल के पास तीन झीलें हैं देखने जाइए और घड़ी भर को बैठ जाइए तो उठने का जी न चाहे और अगर इसके नित्य दर्शन की गारंटी मिल जाये और आदमी जेल में भी जगह पाये तो वहाँ उसकी तबीयत लग जाये।

उसी हज़ारीबाग़ के पास कन्हेरी पहाड़ है। चारों ओर से गोल सड़क बनी है। दृश्य ऐसा नयनाभिराम कि चारों ओर घूमने में पाँव भले थक जायें पर मन बिना घूमे न माने।

वह हुंडरू का जल प्रपात है। गति में तीव्रता, रूप में भयंकरता पर दर्शन में स्निग्धता। यहाँ 243 फ़ीट से पानी गिरता है। दूर-दूर से आने वाले यात्री कहते हैं कि इसके देखने के बाद यह मालूम होता है कि इसके पास तक पहुँचने में जो समय या पैसा लगा, वह इसकी शोभा के सामने कुछ भी नहीं है।

और यह जोन्हा का जलप्रपात है। इसकी गति में गम्भीरता और रूप में सुकुमारता है। थोड़ी दूर जंगल में पैदल जाना पड़ता है। पर इसकी जो रमणीयता और चंचलता है, उसको देखने के लिए उतनी दूर काँटों पर भी हो जाना पड़े तो आदमी सहर्ष जायेगा।

यह राँची झील है। राँची सोने की अँगूठी और उसमें यह हीरे का नगीना है। झील के बीच तीन-चार टीले हैं और उन टीलों पर वृक्ष हैं। चाँदनी रात में इसकी शोभा देखते बनती है।

यह चूटुपाली की घाटी है। पहाड़ मानो दूल्हा है जिसके चारों ओर यह सड़क दुल्हन-सी भाँवरे भर रही है। इस सड़क के ऊपर से नीचे घाटी का दृश्य देखने लायक है। उगते सूरज की पहली किरण जिस समय इस घाटी पर अपना जाल फैलाती है 'इसके पेड़, पौधे, इसकी ज़मीन, इसका गाँव–सब एक निराले नाज़ोअन्दाज़ के साथ आँख के सामने आते हैं। सुबह हो, शाम हो, धूप हो, बादल हो किसी भी समय में इस घाटी का दृश्य आपको पुलकित, विस्मित और हर्षित कर देगा।

इसी प्रकार दूसरी, पर इससे भी बड़ी और लम्बी घाटी है चक्रधरपुर की। धन्य है इंजीनियरों का मस्तिष्क, जिन्होंने घूम के और परिश्रम करके सबसे पहले इस सड़क का नक्शा बनाया होगा। यह ऊपर-नीचे अजीब चक्कर प्रतीत होता है। मोटर के साथ-साथ मुसाफ़िर का शरीर और दिल भी घूम रहा है। और उस पर से घाटी की शोभा। क्षण-क्षण पर रुकने की राय होती है।

और यह दलमा पहाड़ है। लोग कहते हैं यह बिहार का भाग्य है। इसमें सोना-चाँदी का अम्बार है। पर अभी हमारा उससे सरोकार नहीं। इसकी बग़ल से जो सड़क गयी है, उस पर चलते जाइये। देखिए, दलमा की शोभा, इसके नीचे की ज़मीन की

शोभा। यह बाग़-बग़ीचा, यह जंगल की झाड़ी, 'ऊबड़-खाबड़ धरती और उसकी छाती पर साँप की तरह दौड़ती हुई यह सड़क' सब मिलकर दलमा की शोभा में चार चाँद लगा देते हैं।

और यह डिमना नाला है। ताता कम्पनी की ओर से जो जमशेदपुर में पानी पहुँचाने के लिए बनाया गया–पहाड़ों के बीच में पानी का यह समुद्र जिसकी लहरें चारों तरफ़ के चट्टानों से खेल रही हैं। बाँध के ऊपर पहुँचने पर थोड़ी देर के लिए सारी दुनिया भूल जाती है।

जमशेदपुर के पास ही यह दो नदियों का संगम है 'दोमुहान' कहलाता है। इसके पास जो पेड़ हैं वन विभाग की ओर से उन पर नम्बर पड़ा हुआ है पर यहाँ की जो शोभा है, उसको कितना नम्बर दिया जायेगा। सौ में सौ या सौ में दो सौ?

डालटेनगंज की बग़ल में बहनेवाली कोयल नदी का नाम शायद इसलिए 'कोयल' पड़ा होगा कि यह सालों भर कोयल की तरह गीत गाया करती है। कोई भी भ्रमणशील यात्री डालटेनगंज के पास कोयल नदी की शोभा देखने के लिए हफ़्तों ठहरेगा। हर किसी के दिल बहलाने के समान हैं।

और यह तोपचांची है। धनबाद कोयला क्षेत्र में पानी पहुँचाने के लिए बनायी गयी झील। इसके इर्द-गिर्द की बनश्री देखिए, इसकी शान्ति, इसकी गम्भीरता, इसकी शोभा सब निराली है। इसके चारों तरफ़ के पेड़ों पर चिड़ियों का स्वर और उनका कलकूजन दोनों स्मरणीय है।

कितना गिनाया जाये। यह छोटा-सा लेख और छोटानागपुर की बड़ी शोभा। कौन-सी सड़क है जिस पर जगह-जगह ठहरकर सामने का दृश्य देखने को जी नहीं ललचाये? कौन-सा पहाड़ है जिसके ऊपर चढ़कर नीचे की दुनिया देखने की राय न हो। कौन-सी नदी है, जिसके किनारे पर बैठकर संसार को थोड़ी देर भूलने की राय न हो? यहाँ का कण-कण आभामय, यहाँ की हर जगह शोभामयी।

स्विट्ज़रलैंड की शोभा को ललकारने वाली और कश्मीर की सुषमा का गीत गाते हुए नहीं थकने वाले कवियों पर व्यंग्य की मुस्कराहट कसने वाली एक शोभा है नेतर हाट की। मालूम नहीं इसका नाम नेतरहाट क्यों पड़ा? पर अन्दाज़ में यह आता है कि अपरम्पार शोभा का स्थल होने के कारण इसे लोगों ने 'नेत्रहाट' कह के आँखों के लिए असली बाज़ार की उपाधि दी होगी, जिसको देखने से आँखें थकती नहीं।

इस प्रकार इस विशाल वन में कितनी ऐसी जगहें हैं, जहाँ प्रकृति ने मुक्तहस्त से अपने को लुटाया है; इस अंचल में कितने ऐसे प्रदेश हैं जिनका शृंगार स्वयं प्रकृति ने किया है; कितनी नदियाँ हैं जिनका निर्माण प्रकृति के करों से हुआ है; कितनी

घाटियाँ हैं जहाँ प्रकृति उन्मुक्त हो कर नृत्य कर रही है; कितने ऐसे स्थल हैं, जिनकी मनोहारिणी छटा पर शहर और बाज़ार अपने को लुटा देने को तैयार हैं।

दिलवालों की सज़ा हो जाती है उस वातावरण में जहाँ पर सिर्फ़ 'पेट और भूख' की चर्चा होती है, लेकिन किसी को भी मज़ा आ सकता है छोटानागपुर के इस वातावरण में–क्योंकि यह शोभा है जो बिना पानी के प्यासे की प्यास बुझा दे; बिना भोजन के भूखे की भूख मिटा दे।

नोट : *जब यह लेख लिखा गया था, तब झारखण्ड बिहार का हिस्सा था। लेख में आये बिहार की जगह आप झारखण्ड पढ़ें। एक स्थान पर टाटा कम्पनी के लिए ताता शब्द आया है। कामता प्रसाद सिंह 'काम' ने टाटा की जगह ताता लिखा है। स्वामी सहजानन्द सरस्वती ने भी अपने लेख में टाटा को ताता ही लिखा है। हो सकता है, उस दौर में यही शब्द चलन में हो।*

जोन्हा का जलप्रपात

–कामता प्रसाद सिंह 'काम'

राँची से पुरुलियावाली जो सड़क चलती है, उससे 22 मील जाने के बाद एक सड़क मुड़ी है और उसी से साढ़े तीन मील चलने के बाद जोन्हा का जलप्रपात सामने आता है। सड़क के बाद कुछ दूर पहाड़ पर ऊँचा चढ़ना पड़ता है और उसके बाद कुछ दूर नीचे उतरना पड़ता है तब जोन्हा दिखाई देता है। जहाँ तक सड़क गयी है उसी के पास एक छोटा-सा रेस्ट हाउस है, जहाँ यात्री थोड़ी देर ठहरकर विश्राम करते हैं। यह विश्रामागार टीन से छाया है और चारों ओर से खुला हुआ है, लेकिन पास ही में राजा बलदेव बिड़ला की ओर से बना हुआ एक मन्दिर और एक धर्मशाला है जो तरीक़े से बना हुआ है। साथ-साथ एक छोटा-सा मनोरम बाग़ है और एक बड़ा-सा कुआँ है जो बहुत ही मज़बूत बना हुआ है। मैं जहाँ भी जाता हूँ, बिड़ला के मन्दिर के देखते ही अलग से समझ जाता हूँ कि यह बिड़ला का है क्योंकि उसकी एक ख़ास टाइप है जो जयपुरी है, उसकी एक कला है, जो बारीक है, उसका एक-एक पत्थर गुहार करता रहता है कि यह बिड़ला की कीर्ति है, उसकी एक-एक ईंट शोहरत सी करती है कि वह बिड़ला का बनवाया हुआ है। प्रकृति के इस मनोरम प्रदेश में जहाँ प्रेमियों का इस प्रकार क़ाफ़िला जुटता है बिड़ला ने यह आदर्श काम करके अपनी सद्भावना और प्रकृति प्रेम का परिचय दिया है, जो अन्यत्र दुर्लभ है।

लेकिन जोन्हा का वर्णन अधूरा रहेगा अगर राह में मिलनेवाले एक गाँव का वर्णन न किया जाये। वाह रे छोटानागपुर का यह गाँव!

गाँव के दक्खिन पहाड़ है जो हरे पौधों से भरा है। गाँव के उत्तर क्यारियाँ हैं, जिनमें धान के पौधे लहरा रहे हैं। पूरब और पश्चिम महुआ, बेर और बबूल के असंख्य वृक्ष हैं और सबके बीच यह गाँव है।

सड़क यहाँ से काफ़ी दूर है। मोटर का इस गाँव ने मुँह भी नहीं देखा। रेल और ट्राम की कल्पना भी गाँव के दिमाग़ में नहीं है। हाँ, कभी-कभी गाँव के सिर पर से मँडराता हुआ चील की शक्ल में का उड़नखटोला पार हो जाता है।

यहाँ उदयशंकर अभी नहीं आये, मुमताज शान्ति क्या बला है यह भी गाँव वालों को नहीं मालूम। पर तब भी यहाँ रोज़ आदिवासियों का वह नृत्य चलता है, जिसकी कला बरबस मन को मोह लेती है।

नेस्लमिल्क का इस गाँव वालों ने सपना भी नहीं देखा। डिब्बे के मक्खन की यहाँ कल्पना भी नहीं है। भैंस खड़ी हो जाती है और इस गाँव के निवासी स्तन की धार से बच्चों को दूध पिला देते हैं।

डाक्टर वैद्य की यहाँ चर्चा भी नहीं। कभी बीमारियों में भगत एक मुर्ग़ी ज़िबह करके देवता को ख़ुश कर लेता है और कभी तेल के साथ मालिश करके गाँव वाली अपने मर्द का तमाम दर्द हर लेती है।

ह्विस्की और ब्रांडी का नाम भी यहाँ किसी को नहीं मालूम। ह्वाइट हौर्स और ह्वाइट लेबुल को जानने का प्रश्न ही नहीं उठता। ये चावल का भात बनाते हैं, उसको गलाते हैं और सड़ाते हैं और वह जब ख़ूब फनफना जाता है तो उसको पी लेते हैं। फिर मस्ती इतनी कि शिवजी मात, आनन्द इतना कि इन्द्र से भी बाज़ी लग जाये, नाच इतना कि मेनका और रम्भा पीछे छूट जाये, गान इतना कि तानसेन लज्जित हो जायें। न जाने भात के अन्दर क्या है कि उसको सड़ाकर पीने से इनकी दुनिया बदल जाती है।

अख़बार यहाँ नहीं आता। गाँव का समाचार गाँव के लोग ज़ुबानी शाम को एक जगह बैठकर कह सुन लेते हैं।

यहाँ आलू के पार्सल नहीं आते, ज़मीन में ओल बैठता है, जिसकी तरकारी गाँव वाले चाह-चाह कर खाते हैं। मछली गड़हे से, मांस जंगल से, तरकारी बाड़ी से, जलावन पेड़ से, मसाला पहाड़ से, दवा-दारू जड़ी-बूटियों से। मानो गाँव अपने में सम्पूर्ण है, अपने में भरपूर है।

पहाड़ गाँव की रखवाली करता है, नदी गाँव को पानी पिलाती है, फूल गाँव को ख़ुशबू देते हैं, कोयल गाँव वालों का मनोरंजन करती है, हवा उन्हें स्वस्थ रखती है और अनजान निर्दोष वातावरण उन्हें जगत के पापताप, झगड़ा-झंझटों से दूर रखता हुआ अपने आप में भरपूर एवं सन्तुष्ट रहकर जीने की कला भी सिखलाता है।

इस जगह जो सड़क है, उसका नवीन नामकरण गौतमधारा रोड हुआ है। इस जगह एक और गाँव है, जिसका नाम जीलिंग सीरिंग है। खाने को कुछ भी नहीं

मिलता, विश्रामागार के पास सिर्फ़ चाय मिलती है और गाँव में फरही मिल जाती है। बहुत भूख लगने पर एक बुढ़िया ने हमें फरही दी और चूँकि उसको काफ़ी दाम एवं इनाम दिये गये इसलिए उसने ख़ूब आशीर्वाद भी दिया। ख़ैर, यह सच तो पास-पड़ोस की बातें हुईं, अब चलिए जोन्हा की ओर।

मैंने आपको बताया कि जोन्हा के पास पहुँचने के लिए एक बार पहले कुछ ऊँचा चढ़ना पड़ता है और उसके बाद कुछ नीचे उतरना पड़ता है। बहुत दूर नीचे जाने पर जोन्हा के दर्शन होते हैं। नीचे उतरते समय कहीं-कहीं पक्के की दो-चार सीढ़ी भी बन गयी हैं और कहीं-कहीं लोगों ने एकाध बैठने की जगह भी बना दी है और जो चबूतरे की तरह है। काफ़ी नीचे उतरने के बाद और जोन्हा के क़रीब पहुँचने के वक़्त एक ओर बुद्ध की एक मूर्ति के दर्शन होते हैं, जिसको देखकर मालूम होता है कि हाल में किसी ने उसकी स्थापना की है। उससे थोड़ी दूर आगे बढ़ने पर जोन्हा आता है। जब तक वह सामने नहीं आ जाता, प्राण में हलचल मची रहती है।

उसके सामने आने के पहले नज़दीक पहुँचते ही कान में पानी गिरने की आवाज़ सुनाई देने लगती है और जब यह सामने आता है पथिक का मन प्रसन्न हो जाता है। दोनों ओर सघन नील-नील हरा जंगल ऐसा जिसकी घनता के कारण हरियाली कालिमा में परिणत हो गयी है और उसके बीच में पहाड़ के टुकड़े पर प्रकृति का यह करिश्मा। पतली धारा प्रपात बहुत है, पर इस प्रकार चौड़ी धारा का प्रपात विरले देखने को मिलता है। पानी गिरता है तो मालूम होता है हाहाकार कर रहा है और नीचे गिर जाता है तो गम्भीर बन जाता है। फुहारें ऐसी भली मालूम पड़ती हैं जैसे महफिल में कोई गुलाबपाश छिड़क रहा हो और ऊँचे टील्हे से एक बार बूँदों का समूह जो उजली धारा के रूप में गिरता है तो प्रतीत होता है कि रूई का गोला इधर-उधर बिखर रहा है। एक नदी बहती है आशिक़ की आँख से और यह नदी बह रही है पत्थर के दिल से। न जाने किस युग से पत्थर किस के प्रेम में मग्न है और किसके न मिलने के कारण इस प्रकार आँसू बहा रहा है।

एक ने कहा लिखने की नहीं सिर्फ़ देखने की चीज़ है। एक ने इस बात पर आश्चर्य प्रकट किया कि पानी जैसा कोमल पदार्थ भी इतना कठोर हो सकता है कि पत्थर की छाती चीर दे और एक ने यह कहा कि पत्थर जैसा कड़ा पदार्थ भी इतना कोमल हो सकता है कि बराबर उसकी छाती से मानव मात्र के लिए कल्याण की धारा बहती रहे।

पानी चलता है पर कहाँ से चलता है, यह नहीं मालूम। जिन चट्टानों को फोड़ कर जोन्हा का यह झरना निकला है उन चट्टानों के नीचे किस पुण्यभागी ने पानी

का इतना अक्षय भण्डार कब जमा किया था, इसका पता नहीं चलता। कारूँ का ख़ज़ाना कब का ख़त्म हो गया, पर यह एक पानी का ख़ज़ाना है जिसमें से निरन्तर पानी खर्च हो रहा है, पर यह ख़त्म होने का नाम नहीं लेता।

जोन्हा का दर्शन बड़ा सुखद और मनहर है। हरियाली और झरने के दृश्यों के देखने से मन का मैल धुलता है, दिल की कलुषता मिटती है और हृदय का सारा पाप-ताप-सन्ताप किसी दूर देश में भाग जाता है। मानो यह वह पानी है जिसके दर्शनमात्र में घाव, दाग और कालिमा को मेट देने की शक्ति है। यह एक अजीब बिजली है जिसका दर्शन तो आँख करती है, पर असर मन पर होता है। यह कैसा प्रवाह है जो दाह को ले भागता है? यह कैसा पत्थर है जो सतत झरता रहता है? बादल गरज करके भी हमें दगा दे देते हैं और यह कैसा पत्थर है जो गरजता भी नहीं और बिना किसी भूमिका के बराबर बरसता रहता है?

मेरे एक साथी पत्थर पर अपना नाम लिख रहे थे। एक साथी ने उनसे कहा आप क्या लिख रहे हैं यहाँ? न जाने कितने लिखे हुए नामों को इन पत्थरों ने धो-धो कर बहा दिया है।

राँची से जोन्हा हम टैक्सी से गये थे। एक रुपये मील आने-जाने का किराया है। यानी आने-जाने का सिर्फ़ 25 रुपये। जाड़े का दिन था। नवम्बर का महीना। घूम कर आने का जी नहीं था, पर दुनिया के झंझटों ने हमें फिर दुनिया में खींच लिया।

यह एक छोटा-सा प्रपात है, लेकिन इसकी शोभा अपार है। जंगल के चमन के बीच यह इन्द्र का फुहारा है जिसके आनन्द के सामने सब कुछ फीका प्रतीत होता है। दिल में मस्ती, दिमाग़ में ताज़गी और शरीर में स्फूर्ति। मानो झरने से पानी नहीं अमृत बहता है जिसकी बूँद-बूँद में अमर कर देने की ताक़त है।

यह एक झरना है जिस पर छोटानागपुर गुमान कर सकता है और उसका गुमान सही है, लेकिन आदमी आश्चर्यचकित होता है तब जब वह यह जानता है कि छोटानागपुर में ऐसे दृश्य अनेक हैं, ऐसा दर्शन अनेक है, ऐसी शोभा का वहाँ बाहुल्य है, इस प्रकार की सुन्दरता का वह खान है और इसीलिए वह रसिकों का प्राण है।

धन्य जोन्हा,! धन्य छोटानागपुर!!

हुंडरू का जल प्रपात

–कामता प्रसाद सिंह 'काम'

छोटानागपुर स्वर्ग का एक टुकड़ा है।

ज़मीन में हरियाली, आकाश में नीलिमा। पग-पग पर पहाड़ों को देखकर धरती भी ऊबड़-खाबड़ और ऊँची हो गयी है। तीव्र धारा और गँदले पानी के साथ नदियाँ बल खाती बह रही हैं, जिन्होंने मैदानों की छाती चीरी है और पर्वतों का अन्तर फोड़ा है। झाड़ी-झुरमुटों, पेड़-पौधों और लता-गुल्मों के साथ जंगल अपनी जगह पर आबाद है, जिन्होंने जंगली जानवरों को शरण और शिकारियों को निमन्त्राण दिया है। बेहतरीन सड़कें, जिनके बनाने में ठीकेदारों को कम तरदुद और विभाग को कम व्यय पड़ा है, साँप की तरह भागी जा रही हैं और उन्हीं के साथ कुछ सवारी पर, कुछ पैदल मुसाफ़िर भी द्रुतगति से भागे जा रहे हैं।

धरती पर आदिवासियों का नृत्य हो रहा है और आसमान में बादल आँख-मिचौनी खेल रहे हैं। जन-जन के कण्ठ से मादक गीतों की सृष्टि हो रही है, जिनसे पहाड़ और मैदान गूँज रहे हैं, जंगली जानवरों की अजीब आवाज़ के साथ जंगल का कोना-कोना बोल रहा है, विचित्र-विचित्र पक्षियों की चहकन से पेड़ों की शाखा गुलज़ार है।

सुन्दर जलवायु, मनहर वातावरण। हवा धीरे-धीरे डोलती है तो अपने साथ फूलों की सुरभि बिखेरती चलती है, बादल धीरे-धीरे बरसते हैं तो उनसे स्वस्थ शरीर और सुन्दर स्वास्थ्य का वरदान मिलता है। नदियाँ कल-कल छल-छल स्वर में बहती हैं तो किनारे पर के रहने वालों को अमृत बाँटती जाती है, झरने सतत झर-झर कर आँखों को तरी तथा नमी, कल्पना को सुन्दर खुराक, चित्त को स्वच्छता और पवित्रता प्रदान करते हैं।

खानों में कोयला और अबरख, जंगल में लकड़ी तरह-तरह की, फूल जिनकी फुनगियों पर तितलियाँ नाच रही हैं, फल जिनके भार से पेड़ झुके जा रहे हैं, घाटियाँ जिसकी शोभा अवर्णनीय है, नदियाँ जिनकी सुषमा दर्शनीय है, मैदान जिनकी हरीतिमा मनमोहक है, पर्वत जिसके दृश्य में जादू है, निवासी जिनकी मस्ती मशहूर है। सबके साथ यह छोटानागपुर है।

एक ओर पृथ्वी अपने कोप को उगल रही है तो वह कोयला बनकर लोगों के घर में सोना ला रहा है, एक ओर पृथ्वी अपनी चमक-दमक का प्रदर्शन कर रही है तो वह अबरख बनकर दुनिया का श्रृंगार कर रही है, अपने निरन्तर के संघर्ष से नदियाँ पत्थरों को खराद-खुराद कर एक नवीन आकार में प्रस्तुत कर रही हैं तो उसे लोग श्वेत शालिग्राम कहकर पूजते हैं, वृक्षों से मस्ती का रस टपक रहा है, जिसे लोग ताड़ी कहकर पीते हैं, पत्थरों से करुणा की धारा टपक रही है, जिसे लोग झरना कहकर देखते और विस्मित होते हैं।

इस छोटानागपुर में कई दर्शनीय झरने हैं पर उनमें हुंडरू का झरना निराला है।

मैं जब भी राँची गया हुंडरू देखने ज़रूर जाता हूँ। यह झरना है, जिसने मेरे मन-प्राण पर जादू किया है। यह झरना है, जिसकी स्मृति भूलती नहीं, यह झरना है, जिसके बारे में लिखते हुए मैं अघाता नहीं।

वैसे ही अगस्त 1953 में जब राँची गया था राय हुई फिर एक बार शैलराज के चरणों में अर्घ्य देने चलूँ। राँची से पुरुलिया वाली सड़क पर 14 मील जाने के बाद एक सड़क मिलती है, जिससे हुंडरू पहुँचते हैं। पुरुलिया रोड से उसकी दूरी 13 मील है। यों राँची से हुंडरू 27 मील दूर है।

महात्मा गांधी ने कहा कि साध्य की पवित्रता एवं महत्ता तभी है, जबकि उसका साधन भी महान हो। महान मंज़िल पर पहुँचने के लिए मार्ग भी महान ही चाहिए। जैसा हुंडरू का झरना वैसा उसका मार्ग।

राँची से चलने वाले मुसाफ़िर को झरना पहुँचने तक ऐसे-ऐसे सुन्दर मैदान मिलते हैं कि वहाँ थोड़ी देर ठहरकर टहलने की राय होती है, ऐसे जंगल दिखलाई पड़ते हैं, जिनकी विभीषिका से शायद बाघों को भी डर लगता हो और बीच-बीच में पहाड़ी उस पर झाड़ी। सब दर्शनीय, सब वर्णनीय। चूँकि महीना अगस्त का था इसलिए धान की क्यारी की भी न्यारी हरियाली थी। नायिका की पतली कमर-सी बलखाती सड़क जिस पर चलने में आनन्द आये, पथरीली ज़मीन एवं पत्थर की छाती चीर कर बहने वाली पतली नदी जिसके देखने में आनन्द आये, पेड़ों पर

चहकती हुई चिड़िया जिसकी चहकन सुनने में आनन्द आये। सब मिलकर आनन्द को कई गुणा बढ़ा रहे थे। हवा यों डोल रही थी जैसे सलाह लेकर डोल रही हो। छोटानागपुर के निवासी सादगी के अवतार और ग़रीबी की मूर्ति, जिनमें रहन-सहन में शत प्रतिशत कला चूती है। मार्ग में यों खड़े थे जैसे मेरा स्वागत कर रहे हों। मकई के पौधे कहीं-कहीं अगल-बगल में यों लहरा रहे थे, जैसे यहाँ वालों की क़िस्मत लहरा रही हो।

इस प्रकार मार्ग-दर्शन का आनन्द लेते हुए हम हुंडरू के पास पहुँचे। एक बार मन ही मन मैंने झरने को प्रणाम किया। हम जब वहाँ जाते हैं, उसको इसी प्रकार प्रणाम करते हैं।

पहाड़ पर पानी की यह अजीब लीला है जिसका मुक़ाबला न रामलीला करे न रासलीला। पानी का इस प्रकार उछलना-कूदना, धूम मचाना और उसकी यह आवाज़ जैसे दस-पाँच हाथी एक बार चिंरघाड़ कर रहे हों, जैसे दस-पाँच ट्रेन की इंजिन इकट्ठी होकर आवाज़ कर रही हों, जैसे एक साथ कई हवाई जहाज़ चक्कर काट रहे हों या जैसे कई सहस्त्र नाग एक बार फन फैलाकर फुँफकार रहे हों। पहुँचने के साथ यात्री के कान में यह आवाज़ पड़ती है। मन में ये भाव आते हैं। बन्दा जैसा लेखक उन्हें क़लमबन्द करता है।

और अब झरना देखने लगा। वातावरण की पवित्रता ऐसी कि मालूम होता है कि हम देवलोक के समीप पहुँच गये।

है क्या यह? युग-युग से पानी का आघात–पत्थर की बर्दाश्त है और यों एक प्रकार से यह पत्थर की क्षमता का प्रदर्शन है। पर यह तो एक पत्थर की कहानी है जिस पर पानी गिरता है, पर दूसरा पत्थर ऐसा है जिसकी छाती को चीर कर पानी निकलता है। यों एक प्रकार से यह जल की क्षमता का प्रदर्शन है जिसके सामने पत्थर भी मात है। हाँ, पत्थर मात है–करुणा के सामने, प्रेम के सामने, जिसके अपार बल के फलस्वरूप पत्थर की छाती से धारा फूटती है, पत्थर की आँख से आँसू निकलता है और पत्थर का कलेजा पिघल जाता है।

पहाड़ पर नदी का यह खेल है। यह नदी है स्वर्णरेखा–जिसके उद्गम स्थान से 50 मील आगे हुंडरू का यह झरना है। स्वर्णरेखा राँची, मानभूम, सिंहभूम एवं बालासोर के ज़िलों से होकर बंगाल की खाड़ी में गिरती है।

नदी जहाँ पहाड़ को पार करने की चेष्टा में पहाड़ पर चढ़ती है, पानी की कई धाराएँ हो जाती हैं और जब सबकी सब धाराएँ एक होकर पहाड़ से नीचे गिरती

हैं एक विचित्र दृश्य दिखलाई देता है। यही झरना है जिसकी ऊँचाई 243 फ़ीट है। उजला पानी ऐसा प्रतीत होता है कि पानी के चक्कर और भंवर में पीसकर पत्थर का सफ़ेद पाउडर गिर रहा है। कभी ऐसा मालूम होता है कि रूई का धुननेवाला अपनी धुनकी पर रूई धुन के ऊँचे बैठा हुआ गले को नीचे गिरा रहा है। बचपन में हवा की मिठाई लेकर फेरीवाला आता था तो उसका रंग लाल होता था। प्रतीत होता है कि वैसी हवा की मिठाई लेकर जिसका रंग उजला है शैलराज आज स्वयं फेरी देने निकलते हैं। और कहीं-कहीं बीच में चट्टान पर जब यह प्रबल धारा गिरती है तो संघर्ष से 'इन्द्रधनुष' का एक रंग उत्पन्न होता है। जान पड़ता है कि सतरंगा पानी हवा में उड़कर विलीन हो रहा है। हवा में उड़ता हुआ इन्द्रधनुष फरफरा रहा है।

चारों ओर जंगल और पहाड़ बीच में प्रकृति की यह लीला स्थली है। झरने के एक ओर का जंगल राँची में है, एक ओर का जंगल हज़ारीबाग़ में और बीच में झरना बह रहा है मानो इसका यह सन्देश हो कि वह सबके लिए है, सबका कल्याण उसका उद्‌देश्य है। वह न राँची का है न हज़ारीबाग़ का सबका है।

बड़े झरने की बग़ल में एक इंच मोटी एक धारा ऊपर से नीचे धीरे-धीरे पत्थरों पर से उतर रही है जैसे महादेव जी पर कोई भक्त दूध चढ़ावे। नीचे जहाँ घनघोर धारा गिरती है पानी ऊपर क़रीब 20 फ़ीट उछलता है। प्रतीत होता है पत्थर को चीर कर आने वाले पानी का स्वागत करने और उसको कण्ठहार पहनाने के लिए नीचे से पानी ऊपर दौड़ता है।

पर्वत पर का यह झरना कितना भला मालूम पड़ता है! मैं सोचता हूँ जैसे स्त्री का शृंगार पति है वैसे ही पर्वत का शृंगार झरना है।

मेरे मित्र कहते हैं कि ज़माना गुज़रा जब शिवजी की बारात शायद इस राह से गुज़री थी। उसका स्वागत करने को पर्वत ने इस गुलाबपाश का प्रबन्ध किया था। वही शाश्वत गुलाबपाश होकर अभी भी झरझर कर रहा है।

स्वयं झरने से भी ज़्यादा ख़ूबसूरत मालूम होता है झरना के आगे की घाटी का दृश्य। पहाड़ों के बीच एक पतली-सी नदी बहती है—जैसे थर्मामीटर में एक पतला पारा हो। आगे भी एक पहाड़ मालूम होता है। ज्ञात होता है पहाड़ नदी को ललकार रहा है कि यहाँ से तुम किसी प्रकार पार होकर पर्वत के आगे जा सको तो जानूँ। यहाँ पर नदी यों दिखलाई देती है जैसे नदी के इर्द-गिर्द पत्थरों का अम्बार लगा के उस पर झाड़ी उगाई गयी हो। प्रकृति या परमात्मा ने अपने हाथ से यह सब किया होगा। अन्यथा मनुष्य जाति में इतनी ताक़त कहाँ? सैकड़ों वर्षों में भी मानव के प्रयत्नों से शोभा के इस विशाल वैभव की सृष्टि मुश्किल है।

पहाड़ के ऊपर से एक पतली-सी पगडंडी नीचे गयी है और उसके सहारे हम भी नीचे गये हैं। नीचे जाकर हम निर्निमेष कुछ देर तक इस शोभा से अपनी आँख की प्यास बुझाते रहे।

यह शोभा, यह छटा और यह दृश्य–यह इतना बड़ा प्रपात जहाँ 243 फ़ीट से पानी नीचे गिरता है। बीच-बीच में चट्टानों की वजह से हुंडरू की शोभा बिखर जाती है। पानी कुछ पीलापन लिए हुए है और यों सरसराता-हरहराता गिरता है कि कुछ भयंकर मालूम पड़ता है। जोन्हा में जहाँ पानी गिरता है, बिल्कुल सफ़ेद है और यह भयंकरता भी उसमें नहीं है। वह माधुर्य और कोमलता से ओतप्रोत जान पड़ता है। यहाँ का पानी निरन्तर संघर्ष के साथ चट्टान पर गिरता हुआ मानो एक आग की सृष्टि करता है जिसका धुआँ बराबर ऊपर उड़ता रहता है।

हुंडरू का पानी कहीं साँप की तरह चक्कर काटता है, कहीं हरिण की तरह छलाँग भरता है कहीं बाघ की तरह गरजता हुआ नीचे गिरता है। सारा पानी एक जगह सिमट कर जहाँ नीचे गिरता है, उस जगह इसका रूप बहुत विशाल और भयंकर हो गया है। मालूम होता है कि उस जगह उसके नीचे हाथी भी जाये तो धारा के साथ कहाँ चला जाये, इसका पता मिलना मुश्किल है। इसके बाद धीरे-धीरे मन्थर गति से इसका पानी नदी के रूप में बह गया है। यह एक विचित्र प्रपात है, जिसकी लम्बाई-चौड़ाई दोनों काफ़ी हैं और जिसके देखने के लिए दिन-रात दर्शनार्थियों का ताँता लगा रहता है। यहाँ डिस्ट्रिक बोर्ड से एक बँगला बनवा दिया गया है, लेकिन खाने-पीने के सामान का यहाँ भी अभाव है।

इस हुंडरू प्रपात की भीड़ और चीज़ों का अभाव देखकर ख़याल आया कि यहाँ के लोग सचमुच चतुर नहीं हैं। अगर और किसी जगह में ऐसा झरना होता तो वहाँ के लोग इसके पास दुकान वग़ैरह देकर न जाने कितने की प्राप्ति कर लेते पर यहाँ के लोग इसका बिल्कुल उपयोग नहीं कर रहे हैं।

धन्य हुंडरू! किस युग से किस महाकवि की वाणी, किस संगीत की लहराती हुई स्वरलहरी और किस प्रेमी की रुदनध्वनि से पिघल कर यह पाषाण बह रहा है यह कह सकना असम्भव है। कवियों की कविता में शैल के महाकवि होने की बात पढ़ी थी वह वास्तव में समझ में तब आयी जब इतनी बड़ी कविता की धारा मैं इस पर्वत से बहती देखा। पत्थर का अन्तर जैसे द्रवित होकर बह रहा है मनुष्यों का अन्तर वैसे द्रवित होकर बहने लगता है तो संसार से कलह, कपटता, तनातनी सबका नाम लुप्त हो जाता।

कोई हुंडरू नाम का अंगरेज़ था उसी के नाम पर अंगरेज़ों ने इसका नामकरण करने का उद्योग किया था पर हमारे यहाँ लोग इसको हुंडरू कहने लगे और वही नाम विख्यात हो गया।

यहाँ दो तरह के पत्थर देखने में आये। एक वह पत्थर है जिसका अन्तर फूटकर विशाल झरना झर रहा है और एक वह भी पत्थर है जिस पर न जाने किस युग से पानी की यह धारा गिर रही है, पर वह ज़रा भी विचलित नहीं होता ज्यों का त्यों खड़ा रहता है। घिसता भी नहीं, धँसता भी नहीं, धँसकता भी नहीं।

हमारे साथ के कवि कुछ गीत गुनगुना रहे हैं पर उनकी गुनगुनाहट हमारे कान तक नहीं पहुँच पाती, शैल महाकवि के गीत में एकाकार होकर शून्य में विलीन हो जाती है।

243 फ़ीट का यह प्रपात निराला है। सुन्दरता यहाँ साकार हो गयी है और वर्णनशक्ति को यहाँ शब्दों और भावों की कमी हो गयी है। विचित्र शोभा यह है कि जो कभी पुरानी नहीं पड़ती और धन्य प्रपात है जो सदा एक सा बह रहा है। अविरल और अविचल दोनों का उदाहरण यहाँ एक बार में ही उपस्थित है। पर्वत का यह एक रूप है जिस पर हर किसी को ईर्ष्या है। इतना पानी देने वाला एक दानी है।

दानी दान करता है तो गुमान करता है पर एक युग से न जाने कितना पानी यह पहाड़ दान कर चुका पर इसको कोई अभिमान नहीं है।

अन्धे आवाज़ सुन लें तो प्रवाह का अन्दाज़ा लगा लें और बहरे प्रवाह देख लें तो आवाज़ का अन्दाज़ा लगा लें। समुद्र गम्भीरता के लिए नामी है तो यह हुंडरू अपनी चपलता के कारण मशहूर है।

किंवदन्ती यह है कि हुंडरू से सात मील पर कुछ लोगों ने एक प्रपात देखा है जो इससे कई गुणा है पर वहाँ जाने का रास्ता इतना बीहड़, घनघोर और भंयकर है कि जंगल के उस भाग में पहुँच सकता दुश्वार है। अगर बात सही है तो जंगल विभाग को उसका ठीक पता लगाकर वहाँ तक राह का निर्माण कर देना चाहिए, जिससे वह प्रपात भी जनता के सामने आ सके।

जो भी हो, हुंडरू एक दर्शनीय चीज़ है। इसकी याद भूलने की नहीं। कितने दिन गुज़र गये लेकिन पानी आँखों के सामने उसी प्रकार उछलकूद मचा रहा है।

रजरप्पा के महान दर्शन

–कामता प्रसाद सिंह 'काम'

बिहार (अब झारखण्ड) में छोटानागपुर स्वर्ग का एक टुकड़ा है। वहाँ क्या नहीं है? कवि के लिए कविता, साहित्यिक के लिए बेशुमार साहित्य, राजनीतिक के लिए गहन और पेचीदे दाँवपेंच, सेवाव्रती के लिए सेवा करने का महान अवसर। हुंडरू, जोन्हा के प्रपात देखिए, जहाँ कविता सतत झर-झर करके झर रही है। सीधे-सादे ग्रामनिवासी, पुराने पर साफ़-साफ़ गाँव, जहाँ नाचों और गानों की बराबर झड़ी है। फूलों की सुरभि, चक्कर खाती हुई सड़क की शोभा, बल खाती हुई नदी का सौन्दर्य, छोटी-छोटी पहाड़ियों की अपरम्पार सुषमा, जंगलों की भीषण गहनता और वन के पक्षियों का कलरव, सब मिलकर मन को मोह लेते हैं।

इसी छोटानागपुर में एक है रजरप्पा। हज़ारीबाग़ जिले में रामगढ़ से 15 मील चलने पर गोला आता है और गोला से 8 मील चलने पर रजरप्पा के दर्शन होते हैं। रजरप्पा और कुछ भी नहीं प्राकृतिक दृश्यों का ख़ज़ाना है। प्रकृति ने मुक्तहस्त से अपना दान यहाँ लुटाया है और आनन्द की बात यह है कि मनुष्यों के संसार ने अब तक प्रकृति के इस प्रदेश पर किसी प्रकार का जुल्म भी नहीं किया। हाँ, इन दृश्यों के पास ही किसी ने देवी का एक मन्दिर अवश्य बना दिया है और वहाँ दो-चार पण्डे और पुरोहित बैठे रहते हैं, पर उन लोगों के या मन्दिर के कारण इसकी शोभा सुषमा में कोई भी फ़र्क नहीं पड़ता।

रजरप्पा है क्या चीज़? वह नदी भी नहीं, पहाड़ भी नहीं, झरना भी नहीं, जंगल भी नहीं, और यों, कहिए तो यह नदी भी है, पहाड़ भी है, झरना भी है और जंगल भी है मानो यह सबका सम्मिश्रण है।

चारों ओर से जंगल है। बीच में पहाड़ है। पहाड़ को चीरती हुई दामोदर नदी एक ओर से आती है। प्रश्न होता है कि दामोदर नदी ने पहाड़ को चीरा है या नदी

पहले से थी। पीछे कालक्रम से वहाँ पहाड़ हो गया। दामोदर ने पहाड़ को चीरा है यह कुछ अधिक सही प्रतीत होता है, क्योंकि नदी के अगल-बगल पत्थरों की जो बनावट है, वह इतनी खुरदुरी, ऊबड़-खाबड़ और फिर कहीं अजीब तरह से इतनी चिकनी भी है कि मालूम होता है कि सदियों से पानी का उनसे संघर्ष हो रहा है। हाँ, तो मान लिया जाये कि दामोदर नदी पहाड़ को चीर कर यहाँ आयी है। और जब दामोदर नदी यहाँ पहुँच गयी है, दो ओर से दो नदियाँ उससे मिलने को यहाँ आयी हैं। उनमें से एक तो छोटी नाली की तरह जंगल से होती हुई आयी है और दूसरी जो भेंड़ा नदी है, वह वड़ी ही शान-शौकत से दामोदर से मिलने आयी है। अगर दामोदर इस जगह पर पहाड़ को चीरती हुई आकर अपनी विजय डंका बजा रही है तो भेंड़ा पहाड़ की छाती पर चढ़ के उछलती-कूदती पहाड़ पर विजय प्राप्त करती हुई दूसरी ओर से विजय के गीत गा रही है। अगर दामोदर को यह गुमान है कि वह पहाड़ को चीरती यहाँ तक आयी है तो भेंड़ा को यह अभिमान है कि वह भी पहाड़ पर चढ़कर यहाँ तक आयी है। और भेंड़ा का उछलना-कूदना यहाँ इतना मनहर हो गया है कि एक चट्टान से दूसरे पर चढ़ते समय उसको उछल-कूद में झरने का मज़ा आता है। वैसी ही झर-झर आवाज़, वैसा ही साफ़ निर्मल पानी। क़रीब 500 फ़ीट तक भेंड़ा इस प्रकार पहाड़ पर चढ़कर आयी है कि इस बीच उसने पहाड़ की उदर दरी में कितने स्थान में गड़हे बना दिये हैं, कई जगह प्रपात से ऊपर से गिरी है और कई छोटी पतली धारा के रूप में कलकल छलछल बहती रहती है। यह सब जल सिमट कर दामोदर में गिर जाता है और यहाँ से तीनों नदियाँ एक में मिलकर मीलों तक पहाड़ को काटती और उससे लड़ती अपनी राह चली गयी हैं।

बीच में 50 फ़ीट चौड़ी और न जाने कितनी गहरी नदी है। दोनों किनारे पर क़रीब सौ-सौ फ़ीट पहाड़ है जिस पर कहीं-कहीं बालू का ढेर है और कहीं पेड़ उग आया है। और उसके बाद पहाड़ के दोनों ओर हरा घना जंगल है जो न जाने कहाँ तक चला गया है। अब आपकी समझ में यह आ गया होगा कि रजरप्पा क्यों सबका सम्मिश्रण है?

यह लिखने की नहीं अनुभव करने की चीज़ है। पत्थर-पत्थर पर चित्र बना मालूम होता है। नदी ने जहाँ पहाड़ को काटा है, वहाँ एक-एक पत्थर नदी की ओर से इस प्रकार झुका हुआ है, जिससे मालूम होता है कि नदी रानी के सिर के ऊपर पत्थर का चँवर तना हुआ है। दोनों तरफ़ से इन पत्थरों की झुकी हुई मुद्रा देखकर आदमी यह सोचने लगता है कि जिन पहाड़ों को चीर कर नदी ने अपने लिए यहाँ

राह बनायी है। कहीं वे पत्थर षड्यन्त्र करके फिर नदी को ढँक कर उसका अस्तित्व तो नहीं ख़तम कर देंगे? एक ग्रामनिवासी से मैंने पूछा तो उसने कहा कि युग-युग से ये पत्थर इसी प्रकार झुके हुए हैं।

अपना-अपना मत है और अपना मत देने को सब कोई स्वतन्त्र भी है। मेरा अपना मत है कि रजरप्पा का यह जो दृश्य है वह जोन्हा और हुंडरू के दृश्यों से भी दो क़दम आगे है।

एक तरफ़ जिधर से दामोदर आयी है और एक तरफ़ जिधर से भेंड़ा आयी है और फिर उस तरफ़ जिधर तीनों नदियाँ मिल के बही हैं तीनों तरफ़ मीलों तक बीच में नदी और किनारे पर पहाड़ के साथ जंगल कितना सुन्दर है?

शान्ति इतनी कि दूर पर कहीं चिड़िया भी चहकी तो वह भी पानी की आवाज़ के साथ गूँज जाती है, स्वच्छता इतनी कि आप गिरी हुई सूई को भी आसानी से खोज सकते हैं।

हरद्वार में समतल ज़मीन में गंगा की धारा बहुत ही तेज़ है। यहाँ जहाँ-जहाँ भेंड़ा पहाड़ से गिरी है, वह इतनी तेज़ है कि चट्टान के पास पहलवान भी बैठें तो बह जायें।

बीच में नदी की धारा उतनी तीव्र नहीं है पर उसको देखकर ख़याल होता है कि अलबत्ता यही आदमी की भी लगन होनी चाहिए। लाख विघ्न-बाधाओं ने पथ रोका है पर नदी ने बह के दम लिया है! किनारे पर सुघर नहीं खुरदरे पत्थर हैं पर उनके रूप से ऐसा मालूम होता है कि जैसे किसी शिल्पी ने उन्हें खराद से खरादा हो। किनारे पर के सभी उगने वाले छोटे-छोटे पेड़ जैसे निर्बोध शिशु की तरह इन दृश्यों को देखकर तृप्त हो रहे हैं। चारों तरफ़ से गहन जंगल इस प्रकार छाया है जिसको देखकर मालूम होता है कि जंगल इस चिन्ता में इस सुन्दर प्रवेश की रखवाली कर रहा है कि कहीं मनुष्यों की नज़र इस पर पड़ न जाये और वह इस दृश्य को बर्बाद न कर दे।

मैं उस ओर थोड़ी दूर तक गया हूँ जिस ओर से दामोदर आयी है। उफ्! पहाड़ के पत्थरों को दामोदर ने इस कदर काटा है कि मालूम होता है कि ये कट-कट कर पहाड़ के दाँत बन गये हैं और उनकी विकरालता ऐसी है कि उन दाँतों के अन्दर हाथी भी पड़ जाये तो दब जाये, उसका पता न लगे। प्रतीत होता है कि मगर अपने विकराल मुँह बाकर किसी को लीलने का उपक्रम कर रहा है। नहीं तो लंका के अनेकानेक राक्षस अपने विकराल दाँतों को दिखलाकर देवताओं को डराने की

कोशिश कर रहे हैं। इतना होने पर भी पत्थरों का क्रम ऐसा है कि ऊपर-नीचे घूमने-टहलने को वे ख़ुद-ब-ख़ुद सीढ़ी बन गये हैं।

एकाध जगह पत्थरों में छेद करके पानी इस प्रकार बह रहा है कि ज्ञात होता है कि कोई नायिका खिड़की की राह से भागी जा रही है।

इधर दामोदर का रूप कुछ भयंकर है। जगह-जगह धारा गुरु गम्भीर गर्जन के साथ नीचे गिर रही है और पानी ऐसा चक्कर खा रहा है कि उसके इस विकराल व्यूह में कुछ भी नेस्तनाबूद हो सकता है।

प्रकृति का यह अनुपम चित्र अब तक नज़रों से ओझल था इस पर आश्चर्य होता है। न जाने कितने साहित्यिक, कितने कवि और कितने रसिक अभी इसके दर्शन से वंचित होंगे।

यह घाटी भी है, पहाड़ की तराई भी है, कठिनाई की मंज़िल भी है। यहाँ एक साथ कठोर भयंकर पत्थर, साँय-साँय करने वाली शून्यता और कोमल आर्द्र पानी सबका निवास है।

थोड़ा और आगे बढ़ा। यहाँ देखता हूँ तो दामोदर ने पहाड़ को चीरा भी है और ज़रूरत होने पर पहाड़ पर चढ़ भी गयी है। मालूम होता है कि भेंड़ा से जहाँ दामोदर मिली है, वहाँ दामोदर बोलती है कि जो पुरुषार्थ तुमने यहाँ एक क्षण के लिए दिखलाया है उसी पुरुषार्थ के बल पर मीलों से चलकर मैं यहाँ आ रही हूँ। तुम अभी पहाड़ पर चढ़कर आ रही हो और मुझे न जाने कई बार पहाड़ पर चढ़ना पड़ा है।

इस जगह छोटे-छोटे वैसे पत्थर कई रंग के मिले, जिन्हें हम शालिग्राम कहकर पूजते हैं। श्वेत भी, लाल भी, चितकबरे भी, धूमिल भी, बादामी भी।

एक बार और भी पता चला। वह यह कि भेंड़ा का पानी बिल्कुल साफ़ है और दामोदर का पानी कुछ गँदला है।

वहाँ से कुछ दूर और गया। यहाँ का कौतुक और भी विचित्र देखने में आया। भेंड़ा के जिस रूप पर मैं मुग्ध था दामोदर ने उसको यहाँ बिल्कुल पीछे छोड़ दिया है। क़रीब एक हज़ार फ़ीट दूर तक पहाड़ ही पहाड़ है। उस पर दामोदर कहीं छः ओर से, कहीं पाँच ओर से, कहीं चार ओर से नीचे चली आ रही है। हुंडरू का जो रूप एक जगह देखा था वह यहाँ कई रूपों में देखने को मिला। दामोदर की तमाम धाराओं को अगर यहाँ एक में मिला दिया जाये और इसी प्रकार ये पहाड़ पर उछलती, कूदती, ऊधम मचाती, हाहाकार करती, फुफकार करती, जलकण उड़ाती, जलवाष्प से चट्टानों को सींचती नीचे आवें तो इसमें तीन-चार हुंडरू मज़े में समा

जायें। हाँ, हुंडरू से एक बात में अन्तर जान पड़ा कि वहाँ जो इन्द्रधनुष का रूप दिखाई पड़ा था वह यहाँ नहीं दिखाई देता।

धन्य दामोदर धन्य! मैं तेरे इस रूप के सामने, कमाल के इस काम के सामने, इस नाच के सामने, इस गाने के सामने और इस लीला लावण्य के सामने नतमस्तक हूँ।

वहाँ से लौटा हूँ तो मन्दिर में माता का दर्शन करने गया हूँ। पुजारी ने चार आना चढ़ाने की वजह से मुझसे कुछ सहानुभूति दिखलायी है। पूछने पर पता चला कि इस मन्दिर को बहुत दिन पहले किसी राजा ने अपनी साधना के लिए इस निर्जन में बनवाया था। हालत इसकी अच्छी है। चारों ओर से चार गुम्बज की तरह चबूतरे बने हैं। पास में एक धर्मशाला है जहाँ आदमी ठहर सकता है। धर्मशाला में दो कमरे हैं।

इन पुजारियों से मालूम हुआ कि भेंड़ा नदी दक्षिण से आयी है। शायद राँची ज़िले के उस स्थान से निकली है जिसे चुटूपालनी का घाट कहते हैं। दूसरी नदी नाले के रूप में मतलाही के नाम से मशहूर है जो दक्षिण-पश्चिम के कोने से आयी है। तीनों मिल के पूरब-उत्तर कोने में बहकर अन्ततः पूरब को चली जाती हैं।

इस जगह तीन थानाओं का संगम है। भेंड़ा नदी के पूरब में गोला थाना, भेंड़ा नदी के पश्चिम में रामगढ़ थाना, दामोदर के उत्तर में गोमिया थाना। तीनों थानाओं को रजरप्पा विभक्त करता है। या यों कहिए कि तीन थानाओं के इस संगम को ही रजरप्पा करते हैं। शायद राजा ने इस ख़ूबसूरत जगह का आविष्कार करके प्रथम ध्वज का निरूपण किया, इसीलिए यह रजरप्पा कहलाया।

बग़ल में कुछ गाँव हैं जिनमें भेंड़ा के पश्चिम लेंढ़ीटोंगरी और भूचुंगड़ी है और पूरब में हँसापोड़ा है जहाँ के ब्राह्मण राढ़ श्रेणी के हैं और माँ के मन्दिर के पुजारी हैं।

पुजारियों से यह भी मालूम हुआ कि यों दामोदर में जगह-जगह पहाड़ियों का दर्शन होता है, पर यह जो पहाड़ के साथ दामोदर का वर्तमान संघर्ष है, वह यहाँ से क़रीब पाँच मील आगे से शुरू हो जाता है। यह भी मालूम हुआ कि क़रीब एक मील जाने पर गर्म पानी का भी एक झरना मिलता हैं। अफ़सोस समय नहीं था, नहीं तो हम कुछ दूर और जाते।

जिस कार पर हम लोग यहाँ आये हैं, उसके ड्राइवर के मन में ये दृश्य कुछ भी गुदगुदी नहीं उत्पन्न करते क्योंकि वह बार-बार यहाँ आता है और पुराना हो गया है, पर मैं सोचता हूँ कि अगर यहाँ बस भी जाऊँ तब भी इन दृश्यों की नूतनता मेरे मन में सतत हलचल मचाती रहेगी।

राय होती है कि कुछ दिन यहाँ ठहरूँ और तीनों तरफ़ बारी-बारी से घूमकर यहाँ

जानूँ कि कहाँ से इस दृश्य का आरम्भ होता है और कहाँ जाकर यह ख़तम होता है। कहाँ इसमें क्या विचित्रता है इसको जानने की भी उत्सुकता है। लेकिन समय कहाँ है? इन्सान ने अपना संसारी कारबार बढ़ा के प्रकृति के साथ का अपना सम्बन्ध बहुत ही कम कर दिया है। इस मनोरम दृश्य को भी कवि छोड़ने के लिए विवश होता है क्योंकि खटखट करती हुई तार उसको अपनी ओर बुलाती रहती है। कवि के हृदय की गति कुछ और, और जगत के हृदय की गति कुछ और है। इन्सान के चारों ओर की दुनिया कुछ और है जो छल-छन्दों से भरी है और प्रकृति का यह मनभावन सुहावन टुकड़ा कुछ और है जो पापतापहरण सौन्दर्य से भरा है।

मैं सोचता हूँ कि ऐसा दृश्य कहीं और है या नहीं है? जंगल तो ऐसे बहुत होते हैं पर उनके बीच पानी का यह पुरुषार्थ और जल की क्रीड़ा कहाँ होगी? पहाड़ भी ऐसे बहुत होंगे पर वहाँ नदी की यह लीला, जंगल की यह शोभा, झरना का यह उल्लास कहाँ होगा? नदियाँ भी ऐसी शायद बहुतेरी हों पर तीन ओर से उनका शाही स्वागत और कहाँ होता होगा? जंगल भी हैं, पहाड़ भी हैं, नदियाँ भी बहुत हैं, झरने भी अनगिनत हैं पर चारों का इस प्रकार मिलन-जुलन, कथनोपकथन और यह हास-विलास शायद और कहीं नहीं हैं?

कई मील की इस दुनिया में सिर्फ़ पहाड़ों की लीला है, जंगल का राज्य है और पानी का खेल है। दुख का कहीं नाम भी नहीं, चिन्ता की चर्चा भी नहीं।

उज्ज्वलता इतनी कि मन का सम्पूर्ण पाप-ताप, वासना विकार और ग्रह-गोचर सब कुछ धुल जाता है और पवित्रता इतनी कि चित्त में प्रेम और पुण्य के सिवा कुछ आता ही नहीं, शान्ति इतनी कि मनन करने बैठता हूँ तो पूर्वजन्म का भी ख़याल आ जाता है, स्वच्छता इतनी कि किसी भी चट्टान पर आदमी बिना पत्तल के दाल भात खा सकता है, गम्भीरता इतनी कि आवारा भी दो-चार रोज़ रहकर विचारक और चिन्तक बन जाये, आत्मीयता इतनी कि आदमी सुधबुध भूल जाये और साथ-साथ निर्जनता और भयंकरता भी इतनी कि अपने आपको अपने अस्तित्व में सन्देह होने लगता है।

सुना है कि हॉलीवुड के कुछ लोग यहाँ आये थे और यहाँ की तस्वीर ले गये थे और साथ-साथ यह भी सुना कि उन तस्वीरों की कदर वहाँ बहुत है। आवश्यकता इस बात की है कि यहाँ के सिनेमा गृहों में भी यहाँ के कुछ दृश्यों को दिखलाया जाये जिससे देश की जनता इस मनमोहक वातावरण और मनोहर भूभाग से परिचित हो।

रजरप्पा पढ़ने की नहीं देखने की चीज़ है, रजरप्पा सुनने की नहीं, समझने की चीज़ है, रजरप्पा देखकर लौट आने की चीज़ नहीं, बस जाने की चीज़ है और रजरप्पा भूल जाने की नहीं, सदा याद रहने की चीज़ है।

मन्दिरों के गाँव-मलूटी की यात्रा

-सूर्यनारायण चौधरी

सन्ताल परगना प्रमण्डल के मुख्यालय दुमका से लहरिया पठार पर प. बंगाल की सीमा के पास बसे मन्दिरों के गाँव–मलूटी तक 55 किमी की यात्रा।

मौसम बिल्कुल बदल गया था। तेज़ धूप की जगह आसमान काले-काले बादलों से ढँक गया था और बारिश भी होने लग गयी थी। कुछ दूर तक तो जंगल का इलाक़ा मिलता रहा, जिसकी नहा रही हरियाली हम सब जीप पर बैठे पर्यटकों को एक अतिरिक्त शीतलता प्रदान करती जा रही थी। फिर वीरान इलाक़ा मिलने लग गया था। जगह-जगह दूबों में छिपती और उघड़ती हुई अनेकानेक हवाई पट्टियाँ दिखने लग गयी थीं, जिनका व्यवहार द्वितीय विश्वयुद्ध के बाद बांगलादेश की आज़ादी की लड़ाई के समय हुआ बताया जाता है। यहीं कहीं मुजीब वाहिनी का भी प्रशिक्षण शिविर लगा करता था।

इन हवाई पट्टियों के समाप्त होते ही बंगालियों के गाँव मलूटी में आ गये।

''वीरभूमि जिले 'प. बंगाल' के कोटिग्राम के बसन्त राय अपने मवेशियों को लेकर घर लौट रहे थे कि उनकी नज़र पास बैठे एक ख़ूबसूरत 'बाज़' पक्षी पर पड़ी। उन्होंने उसे झपटकर पकड़ लिया।''

''उधर गौड़ राज्य के सुल्तान अलाउद्दीन हुसेन शाह, जिनका राज्यकाल 1493 से 1519 ई. तक रहा, मोर नदी के किनारे डाले गये शिविर में अपने प्यारे 'बाज़' के खो जाने से ग़मगीन बनकर लेटे हुए थे। उन्होंने यह ऐलान करवा दिया था कि जो कोई उनके उस प्यारे बाज़ को उनके पास लौटा लायेगा, उसे वे भरपूर पुरस्कार देंगे।''

बाहर तेज़ आँधी चल रही थी। उड़ते हुए धूलिकणों के कारण कहीं कुछ दिखलायी नहीं पड़ रहा था। हम लोग 'मसलीन उत्पादन केन्द्र' के उस छोटे-से

कमरे में बैठकर उसी गाँव के श्री गोपाल दास मुखर्जी से नानकार 'निष्कर' राज्य का इतिहास सुनने लग गये, जिसके राजाओं ने कालक्रम से इस छोटे-से गाँव में 81 मन्दिर बनवाये थे।

तूफ़ान के कारण कमरे में व्याप्त घुप्प अँधेरे में हम सब एक-दूसरे को देख भी नहीं पा रहे थे। मुखर्जी दा की आवाज़ में जैसे इतिहास का वह कालखण्ड ही बोलता जा रहा था :

"बसन्त राय के तो जैसे भाग्य ही खुल गये। वे एक संन्यासी को साथ लेकर 'बाज़' के साथ सुल्तान के खेमे में पहुँचे। सुल्तान की ख़ुशी की कोई सीमा नहीं रही। उन्होंने एक घोड़ा मँगवाया और उस पर बसन्त राय को बिठाकर कहा–'इस घोड़े पर बैठकर सूर्योदय से सूर्यास्त तक जितनी सीमा का अतिक्रमण कर लोगे, निष्कर राज्य के रूप में वह भूमि तुम्हें प्रदान कर दी जायेगी।' इस प्रकार बसन्त राय 36 मौजे के राजा बने और बाज़ बसन्त के नाम से पुकारे जाने लगे।"

अब तक आँधी रुक गयी थी। हम लोग एक-दूसरे को देखने भी लग गये थे। छायाकार अखिलेश के घड़ी देखने के संकेत को समझकर गोपाल दा ने कहा–"हाँ, सूरज डूबने के पहले ही मन्दिरों का फ़ोटो ले लेना उचित होगा।" फिर वे एक क्षण के लिए धूप का अन्दाज़ लगाने को बाहर गये और आकर कहने लग गये–"बाज़ बसन्त ने अपनी पहली राजधानी मयूरेश्वर में बनायी।"

"फिर उनके पुत्र रामसा ने डामरा आकर अपनी नयी राजधानी क़ायम की और जब उस वंश के एक राजा रामचन्द्र की हत्या एक मुस्लिम शासक ने कर दी तो उनके पुत्र राजा राखड़चन्द्र 1680 ई. में अपने परिवार के साथ भागकर इस मलूटी गाँव में आ बसे, जिसके सिद्ध स्थल होने की बात विख्यात थी।" अपने वृत्तान्त को यहाँ तक पहुँचाकर मुखर्जी दा हम सबों के साथ बाहर निकले।

सामने ही, मौलिक्षा माँ का मन्दिर था, जो इस गाँव की अधिष्ठात्री देवी हैं। इन्हें बंगाल की तारापीठ की उग्र देवी तारा की बड़ी बहन के रूप में भी जाना जाता है। प्रसिद्ध सिद्धयोगी वामाखेपा ने यहीं आकर तन्त्र में सिद्धि प्राप्त की थी।

मन्दिर के गर्भगृह में सिर्फ़ माँ मौलिक्षा का मस्तक ही प्रस्थापित है। जवाकुसुम के फूलों से ढँके माँ की मूर्ति में अद्‌भुत सम्मोहन था।

गाँव के बीच बनाये गये 108 मन्दिरों में से अब केवल 72 मन्दिर ही बचे हैं। उनकी भी हालत अच्छी नहीं है। बहुत से मन्दिरों के ऊपर बड़, पीपल और अनेक प्रकार के झाड़-झंखाड़ों के उग आने के कारण उनकी दीवारें दरक गयी हैं। हाल

ही में बिहार सरकार के पुरातत्त्व विभाग ने इनमें से कोई 4-5 मन्दिरों का जीर्णोद्धार करवाया है।

निष्कर वंश के सभी राजा अत्यन्त धार्मिक प्रवृत्ति के थे। इसलिए उन लोगों ने अपने लिए कोई महल नहीं बनवाकर शिव और शक्ति की देवी के मन्दिरों का ही निर्माण कराया।

स्थिति के अनुसार इनका वर्गीकरण इस प्रकार किया जाता है—'छह तरफ़' के मन्दिर, 'राज बाड़ी' के मन्दिर और 'मध्यम बाड़ी' के मन्दिर।

प्रत्येक समूह में 20-25 मन्दिर अच्छी अवस्था में हैं।

इन शिखर वाले सभी मन्दिरों का स्थापत्य अत्यन्त साधारण है। इनकी ऊँचाई 15 और 60 फ़ीट के बीच में है। इनके निर्माण में पकाई गयी पतली-पतली ईंटों 'चार इंच बाई छह इंच बाई एक इंच अथवा छह इंच बाई चार इंच बाई एक इंच' का व्यवहार हुआ है।

इन मन्दिरों की बनावट जितनी ही साधारण है, उनके अग्र भाग उतने ही कलापूर्ण और मनमोहक हैं। सम्पूर्ण अग्र भाग में कलापूर्ण मूर्तियों की पट्टियाँ लगी हैं, जिनमें हिन्दू धर्म की आख्यायिकाओं का मूर्तिमय अंकन किया हुआ है। इनमें से एक मन्दिर के ऊपरी भाग में महिषासुरमर्दिनी दुर्गा की इतनी सुन्दर मूर्ति बनी हुई है कि उसकी गिनती भारत के एक सुन्दरतम 'मिनियेचर मूर्ति' में की जा सकती है। शेष सभी मन्दिरों में द्वार के दायें, बायें, ऊपर और नीचे रामायण, महाभारत, भागवत और पुराणों के प्रसंग मूर्तियों के रूप में उकेरे हुए हैं। दरवाज़े के एक ओर रामायण और राम वनगमन, सीताहरण, मारीचबध, जटायुबध, राम-रावण के बीच हुए संग्राम का अंकन है तो दूसरी ओर माखन चोर की लीला प्रसंग है—माखनचोरी, बकासुर बध, चीरहरण आदि।

नीचे की पट्टिकाओं में 'चतुरंग सेना का अंकन है' पदाति, हाथी, घोड़ा और रथों पर बैठकर रणभूमि की ओर जाते हुए सैनिकों की दृश्यावली। इन मूर्तियों की विषय-वस्तु पर आदिवासी जीवन का भी प्रभाव है। आखेट के दृश्य सम्भवतः इसी तरह के हैं। मूर्तियों की ये पट्टिकाएँ पत्थर की हैं या पकाई गयी मिट्टी की इस पर अभी भी विवाद जारी है। बिहार सरकार के पुरातत्त्व विभाग के निदेशक डॉ. प्रकाश लाल इन्हें पत्थर का होना मानते हैं। पर, श्री गोपालदास मुखर्जी तथा उस इलाक़े के अन्य लोग इन्हें मृण्मूर्तियाँ 'टेराकोटा' मानते हैं। उनका कहना है कि इस तरह की बनावट और ईंट के समान रंग वाली मूर्तिमय पट्टियों का व्यवहार बाँकुरा ज़िले के मन्दिरों में भी हुआ है।

सामान्य रूप से इन मूर्तियों को देखने पर वे 'टेराकोटा' ही प्रतीत होती हैं। बंगाल में पत्थरों की कमी रही है इसलिए वहाँ मन्दिर बनाने से लेकर मूर्तियों तक के गढ़ने में मिट्टी का ही मुख्य रूप से व्यवहार किया जाता रहा है। आज भी मिट्टी की छोटी-छोटी मूर्तियों को गढ़ने में बंगाल के कलाकारों का कोई जवाब नहीं।

अगर ये सभी मूर्तियाँ अन्ततः टेराकोटा ही हैं तो मानना पड़ेगा कि उस समय के बंगाली कलाकारों को मिट्टी की मूर्तियाँ पकाने की कोई विशेष विधि मालूम थी। मोहनजोदड़ो से लेकर कुम्हरार तक उत्खनन में मिली मृण्मूर्तियों में कहीं भी वह पत्थरनुमा प्रस्थापना नहीं है, जो मलूटी की इन मूर्तियों में है। इन सभी मन्दिरों के गर्भगृह का अत्यन्त संकीर्ण होना, जिसमें सिर्फ़ एक समय में एक ही पूजार्थी बैठ सकें, भी एक विशेष अर्थ रखता है। ऐसा सम्भवतः इसलिए किया गया था कि सिद्धि की कामना से घण्टों बैठने वाले साधक की एकान्त साधना में कोई बाधा नहीं पड़ सके।

अधिकांश मन्दिर तो शिव के हैं, जिनमें अभी भी शिवलिंग स्थापित है। पर देवी के भी कई मन्दिर हैं, जिनमें से अधिकांश में अब कोई प्रतिमा नहीं है। इन मन्दिरों की एक और विशेषता यह है कि इनके निर्माण काल का अंकन इनके निचले हिस्से में किया हुआ है। इस प्रकार अब तक जो मन्दिर बच रहे हैं, वे 1720 ई. से 1845 ई. के बीच के बने हुए हैं।

मुखर्जी दा जहाँ हमें मन्दिर के विषय में जानकारी देते जा रहे थे, वहीं अखिलेश छायांकन में व्यस्त थे।

इस गाँव में काली पूजा 'दीपावली' के अवसर पर एक बड़ा भारी मेला लगता है। उस समय गाँव के बाहर रहने वाले सारे लोग छुट्टी लेकर अपने घर आ जाते हैं। ग्रामीण बंगाल की सारी सुन्दरता इस गाँव के जन-जीवन में सहज ही देखने को मिलती है।

अब तक सूरज डूब चुका था। ग्राम बालायें पनघट पर जमा होने लग गयी थीं।

नोट : *मलूटी को मन्दिरों का गाँव कहा जाता है। दुमका से पूरब 55 किमी दूर शिकारीपाड़ा प्रखण्ड में यह गाँव स्थित है। रामपुर रेलवे स्टेशन से पश्चिम में 16 किमी दूर है। इस गाँव की जानकारी देश-दुनिया को 22-23 साल पहले हुई। गाँव से बाहर इस मन्दिर के बारे में लोग नहीं जानते थे। यहाँ पहले 108 शिव मन्दिर थे, लेकिन अब 75 से 80 मन्दिर ही शेष हैं। बंगाल की सीमा पर स्थित होने के कारण मन्दिरों की शैली पर इसका प्रभाव स्पष्ट देखा जा सकता है। बताते हैं कि यह गाँव*

तन्त्र साधना का भी बड़ा केन्द्र था। सन् 1979 में भागलपुर के तत्कालीन आयुक्त अरुण पाठक संयोगशव मालूटी गाँव पहुँचे। लगभग 300 घरों का यह छोटा-सा गाँव मालूटी मन्दिरों की नगरी में तब्दील थी। इसे देखकर वे काफ़ी अचम्भित हुए थे। भागलपुर लौटने के बाद उन्होंने इसकी जानकारी भारतीय पुरातत्त्व सर्वेक्षण और बिहार पुरातत्त्व विभाग को दी और इसके संरक्षण के लिए आवश्यक कार्यवाही का आदेश दिया। इस तरह यह गाँव पुरातत्त्व के नक़्शे पर आया। झारखण्ड और बंगाल की सीमा पर स्थित मलूटी का प्राचीन नाम मल्लाहाटी बताया जाता है। उस समय यह गाँव मनोहारी जंगलों से आच्छादित था। पुराने समय में यह गाँव समुदेश, राढ़, मल्लभूम, कामकोटी, गौड़ और जंगल राज्य के अन्तर्गत था। कहा जाता है कि कालान्तर में मल्लाहाटी ही मलूटी बन गया। मलूटी में आदि शक्ति माँ मौलीक्षा का मन्दिर है। मौलीक्षा देवी के मन्दिर को यहाँ जनसाधारण में मौलीकुटी कहा जाता है। इसी मौलीकुटी से विकसित होकर इस ग्राम का नाम मलूटी पड़ गया, ऐसा भी कुछ लोग मानते हैं। मलूटी के पूरब सातरंगम गाँव, पश्चिम में भगवछुट्ट गाँव, उत्तर में घटकपुर गाँव एवं सतीप्रदा नाला व दक्षिण में घरमपुर गाँव हवा 'बंगाल' एवं चन्दन नाला स्थित है।

गणतन्त्र दिवस, 2015 के अवसर पर नयी दिल्ली के राजपथ पर झारखण्ड की झाँकी में मलूटी गाँव को दर्शाया गया था। उस झाँकी में इसे द्वितीय स्थान प्राप्त हुआ। इसके बाद फिर इस मलूटी की चर्चा देश भर में हुई और इसकी दुर्दशा की भी। अब राज्य सरकार मन्दिरों का जीर्णोद्धार करा रही है और इसे एक भव्य पर्यटन स्थल के रूप में विकसित भी कर रही है। ये मन्दिर टेराकोटा के हैं, यह जगज़ाहिर हो चुका है।

कोलों का देश

-निर्मल कुमार बोस

सिंहभूम ज़िले का एक छोटा-सा गाँव, जिसके पास ही एक पहाड़ी नदी है। उसी नदी के किनारे कोल नामक आदि मानव रहते थे। उस समय तक भी धातु का आविष्कार नहीं हुआ था। पत्थर के औजारों से ही मानव अपना सारा काम-काज चलाता था। उसी युग के कुछ औजार और अस्त्र इस क्षेत्र में पाये गये हैं, यही सुनकर मैं इसका पता लगाने यहाँ आया। प्रातः विभिन्न स्थानों पर घूमकर मैंने दो स्थानों से उद्‌भुज फरसे ढूँढ़ लिये। ये नीले रंग के कठोर पत्थर से निर्मित हैं। कितनी अच्छी इसकी धार है। कितना सुन्दर गठन है!

उस समय के लोगों की बात सोच रहा हूँ। मात्र फरसा ही क्यों? क्या ये लोग केवल युद्ध ही करते थे? क्या इनमें आपस में प्रेम नहीं था? नहीं, यह नहीं हो सकता। खेती में प्रयुक्त औजार, ये सम्भवतः लकड़ियों से बनाते थे। अभी भी पृथ्वी पर ऐसे कुछ समुदाय इस प्रकार के औजार बनाते हैं। सम्भवतः पत्थर के फरसे इत्यादि किसी अन्य कार्य में प्रयुक्त होते हों। जब हमें अभी यह नहीं पता है तो फिर इसकी व्यर्थ कल्पना करने से क्या लाभ? पत्थर के ऐसे औजारों के निर्माण में कितना परिश्रम करना पड़ता है, क्यों न इसकी ही परीक्षा करके देख ली जाय।

पास ही नदी का जल कल-कल करता बहता चला जा रहा था। दूर में कई कोल रमणियाँ निर्वस्त्र होकर स्नान कर रही थीं और उनमें से कुछ बैठकर पीतल के कलश को मिट्टी से माँज रही थीं। स्नान करने वाली स्त्रियाँ खुले शरीर के आनन्द में हँस रही थीं। इधर दो स्त्रियों ने पहनने का कपड़ा पत्थर पर सूखने के लिए डाला था। उनके शरीर पर मात्र छोटा-सा कटि-वस्त्र था। कपड़ा सूखने की प्रतीक्षा में वे काफ़ी देर से पीछे घूमकर खड़ी थीं।

इधर, जल में उतरकर दो सुन्दर पत्थरों को उठाकर मैं उन्हें तोड़ने बैठा। ठक-ठक करके ठोंकते हुए जो कुछ भी बन रहा था, उसे हम केवल कल्पना से ही कह सकते थे कि यह फरसा है तो यह कुदाल है। मात्र देखकर बता देना किसके बस की बात है? तब भी मैंने औजार बनाना नहीं छोड़ा। ठोंकते-ठोंकते जब लगभग औजार के समान ही एक वस्तु बना ली तो अचानक अन्तिम आघात से उसके आगे का हिस्सा टूट गया। इससे मुझे दु:ख तो हुआ, परन्तु आदि मानव के प्रति मेरी भक्ति और भी बढ़ गयी। उनके द्वारा निर्मित परिपूर्ण सर्वांगसुन्दर फरसा तो मेरे पास ही है कितना कौशल, कितना परिश्रम और अभिज्ञान इसके पीछे छिपा हुआ है। पत्थर के अस्त्रों का व्यवहार करने मात्र से ही क्या वे असभ्य हो गये? धातु का व्यवहार करना तो मानव ने तब सीखा नहीं था, परन्तु जितना वे जानते थे उसके लिए भी तो कम बुद्धि या कम परिश्रम नहीं ख़र्च करना पड़ता।

दोपहर भर यही सब बातें सोचता रहा। दूर खेत ख़ाली पड़े थे। माघ मास का अन्त हो रहा था। खेतों में अब धान नहीं था। सारा काट लिया गया था। मात्र नदी के उस तट पर छोटे-से खेत में खेसारी और चौलाई के पौधे उगे हुए थे। सरकण्डे की एक छोटी-सी झोंपड़ी बनाकर वहाँ पर एक व्यक्ति पहरा दे रहा था। गायों और भैंसों का झुण्ड लेकर चरवाहे-बालक नदी की धारा में उतरे चले आ रहे थे। उनमें से ही एक बार-बार बाँसुरी से एक अति साधारण धुन बजा रहा था। सुर में मानो और मिठास नहीं बची थी। नदी के किनारे कहीं-कहीं पर एक आध बेर के पेड़ थे। यहाँ-वहाँ से जलावन की लकड़ियाँ इकट्ठा करने के बाद स्त्रियाँ बेर तोड़ती थीं। एक स्त्री डाल पकड़कर झुकाती और पाँच मिलकर उसे तोड़कर खातीं। वे वन में अकेले नहीं जातीं, बल्कि दो-चार जनी मिलकर साथ जाती हैं। सम्भवत: ये वन में अकेले जाने से डरती हैं।

उस तट पर जो एक छोटा-सा गाँव दिख रहा था, उसी के बीच से होकर सरकारी पक्की सड़क चली गयी थी। कोल रमणियों का एक झुण्ड उसी रास्ते से होकर मज़दूरी करके लौट रहा था। धूप से तपती दुपहरी में वे एक वृक्ष की छाया में बैठ गयीं। मैं एक पत्थर पर बैठा हुआ उन्हें देख रहा था। सिंहभूम ज़िले के अधिकांश निवासी कोल होते हुए भी बंगाली गीत गाते थे। स्त्रियाँ वृक्ष की छाया में बैठकर गीत गाने लगीं। वे क्या गा रही हैं, मैं यह अच्छी तरह से नहीं समझ पाया, परन्तु तभी प्रीति, काला, रमणी जैसे दो-तीन परिचित शब्द बहते हुए मेरे कानों में पड़े। इन विस्तृत मैदानों के देश में, जहाँ पर दूर काली पर्वत शृंखला घने वनों से घिरी हुई है, वहाँ पर सुर जैसे उस वातावरण में विलीन हो जाते थे। काफ़ी देर तक

उन्हें तरह-तरह के गीत गाते हुए सुनता रहा। इसी बीच सड़क पर जाती हुई मोटर गाड़ी यात्री दल को लेकर धूल उड़ाती चली गयी। रमणियों की हँसी पर मैं चकित हो उठा। मुझे लगा कि इनमें से कोई भी ठिठोली कर बैठेगी। मेरे चकित होने से वे भी हँस पड़ीं और फिर उसी रास्ते से होकर चली गयीं।

धीरे-धीरे सारा दिन बिताकर सूर्य पश्चिम की ओर चल पड़े थे। मैं पुनः नदी की ओर उतर आया। नदी की स्वच्छ जलधारा कई विचित्र रंगों के पत्थरों के ऊपर से होकर बही चली जा रही थी। मैं उनका निरीक्षण करने लगा। कोई पत्थर लाल तो किसी पत्थर के बीच-बीच में समान दूरी पर काली रेखाओं की शृंखला जल-तरंग में स्पष्ट दीख रही थी। उनमें से कई पत्थर नीले रंग व चौकोर आकार के थे। उनकी नीली आभा तरंगों के संग मानो नृत्य कर रही थी। मैंने कुछ पत्थरों को उठा लिया, परन्तु बड़े आश्चर्य की बात है कि उन्हें हाथ में लेते ही उनकी शोभा आँखों से विलीन हो गयी। प्राचीन स्थान के वे पत्थर सामान्य पत्थर के टुकड़ों में परिणत हो गये। कहाँ गया उनका रूप या वैसा रंग?

कोलों की जीवन-चर्या के विषय में सोचने लगा। वे हमारे क्षेत्र के लोगों के समान ही परिश्रम करते हैं, लज्जित होते हैं, भयभीत होते हैं, गीत गाते हैं, बाँसुरी बजाते हैं, सब कुछ करते हैं और युवावस्था में वे सब कुछ सुन्दर देखते हैं। वही एक ही मानव का मन जैसा हमारे क्षेत्र में है वैसा ही यहाँ पर भी है। भेद है तो मात्र अपनी बात स्वच्छन्द रूप से कहने का। हम सभी लज्जित होते हैं, भयभीत होते हैं परन्तु खुलकर मानो सभी बातें नहीं कह पाते। दूसरी तरफ, कोल कुछ भी कहने में भयभीत नहीं होते। प्रसन्न होने पर वे गीत गाते हैं, खेलने की इच्छा होने पर खेलते हैं, परन्तु स्त्री का नाच-गान पसन्द न होने पर वे उसे डण्डे से पीटते भी हैं। हमसे स्त्रियाँ भयभीत होकर भाग जाती हैं, परन्तु ये अपने पति का उनके प्रति प्रेम का आभास पाकर आनन्दित भी होती हैं, यह भी मैंने देखा है। इस स्वच्छ वातावरण ने ही इनके जीवन को हमारे जीवन की अपेक्षा अधिक स्वच्छन्द बनाया है। उनके जीवन में कम जलवाली पहाड़ी नदी मानो कल-कल शब्द करते हुए बहती चली गयी है और हमारे जीवन का अन्तःस्थल मानो सभ्यता के भारी जल से आक्रान्त हो गया है। उसमें न गति है और न ही स्वच्छता। हम लोग आवरण के भार से दबे हुए हैं। जीवन में जो घट रहा है, उसे सरल भाव से सोचने या क्रियान्वित करने में हमारा हृदय संकीर्ण हो जाता है।

मध्यवर्गीय बंगाली के जीवन की बात सोचना और अच्छा नहीं लगा। मैं नदी पार करके खेत से होते हुए अपने निवास स्थान की ओर लौट गया। नदी के उस ओर

गाँव की तरफ़ किनारे पर मैंने एक नयी क़ब्र बनी देखी। सम्भवतः कोई स्त्री होगी, जिसे उत्तर दिशा में सिर रखकर गाड़ा गया है। मिट्टी बिल्कुल कच्ची थी। क़ब्र के ऊपर कई सारे पत्थर रखकर मिट्टी दबा दी गयी थी, जिससे सियार या कुत्ते शव को न ले जा सकें। उसी के ऊपर रस्सी से बनी एक टूटी खटिया भी रखी थी। इस पर स्त्री को अन्तिम यात्रा पर लाया गया था, पास ही लाल किनारे वाली एक साड़ी के फटे टुकड़े और कई सारे हरे पत्ते सजाकर रखे हुए थे। सम्भवतः कोई आत्मीय होगा जो उसकी स्मृति में वस्त्र और आभूषण–ये कुछ सामान्य वस्तुएँ चढ़ा गया है।

मन भारी हो गया। मैं उसी रास्ते से लौटने लगा। दूर से पाँच-छह लोग एक बाँस पर एक गाय के चारों पैरों को बाँधकर ला रहे थे। आश्चर्य की कोई बात नहीं थी। गाय का माथा लटका हुआ था जो वाहकों की असामान्य गति के कारण ही झूल रहा था। शायद कुछ ही देर पहले इसकी मृत्यु हुई है, परन्तु पास आने पर सहसा मैं सिहर उठा। गाय के पार्श्व भाग में अर्ध-प्रसूत बछड़े का आधा शरीर निकला हुआ था। माथा और एक पैर बाहर निकालने के प्रयास में वह मानो अचानक स्थिर हो गया था। मैं समझ गया कि यही अजन्मा बछड़ा अपनी माँ की मृत्यु का कारण बना है।

वाहकों के पीछे एक व्यक्ति आ रहा था। मैंने उससे पूछा 'मर गयी?' बिना हमारी ओर देखे वह धीमे स्वर में बोला, 'हाँ बाबू, मर गयी।' हाय जन्म और मृत्यु के इस अज्ञेय पटभूमि के समक्ष जैसे हम हैं, वैसा ही यह अबोध जीव भी है। दुःख दोनों को एक समान ही होता है। मनुष्य-मनुष्य में भेद कहाँ है? कोई कुछ समय के लिए आनन्द का अनुभव कर लेता है और कोई नहीं कर पाता, परन्तु दोनों के पीछे वह एक ही अज्ञेय पटभूमि है, जिसके सम्मुख जीवन की समस्त लीलाएँ आकाश के अन्धकारपूर्ण आँचल में नक्षत्रों के समान चमकती रहती हैं और अन्ततः एक दिन उसी अन्धकार के बीच म्लान-शीतल हो जाती हैं। प्राचीन युग के मानव जिस प्रकार चिह्न-रहित हो गये, उसी प्रकार हम सबका चिह्न भी इस धरती की गोद में नहीं रहेगा।

उत्सव

-निर्मल कुमार बोस

माघ 14 तारीख़ : कल सन्थालों का त्योहार है सारा दिन नाच-गान होगा, मेला लगेगा। इस बीच धलभूम परगना से मेले के लिए अनेक दुकानदार आ गये हैं। दो हवाई झूले लगे हैं, परन्तु अभी अधिक लोग इकट्ठे नहीं हुए हैं। कल सुबह होते ही सन्थालों के अनेक झुण्ड आयेंगे। रात में नाच के समय, जो जिससे विवाह करना चाहता है, वह उसके सिर पर अचानक एक मुट्ठी सिन्दूर या एक मुट्ठी धूल डालकर उसे गोद में उठाकर भागने का प्रयास करेगा, यह सन्थाली समाज की एक प्रथा है। कन्या पक्ष के ग्रामवासी वर को पकड़कर ख़ूब पीटेंगे। उसके पश्चात विवाह की अन्य व्यवस्था होगी। सब कुछ सजाया जायेगा। वास्तव में, सिन्दूर देने के पहले वर और कन्या परस्पर सहमत रहते। परन्तु ग्रामवासियों की पिटाई बहुत बुरी होती है। इसके बीच वे कुछ नहीं सोचते मार खाने पर भी ठीक-ठाक रहने पर ही कन्या रत्न का लाभ होता है। लाभ अधिक मिलने पर दाम भी कुछ अधिक हो जाता है।

माघ 15 तारीख़ : सुबह होते ही सन्थाल नर-नारियाँ पंक्तिबद्ध होकर वहाँ आने लगे हैं। सभी नये कपड़े-लत्ते और साड़ी आदि साथ ही लाये हैं। वे गाँव में पहुँचकर वृक्षों की छाया में बैठकर सज-धज रहे हैं। बाँस के चोंगे में तेल और पत्ते में मोड़कर साबुन लाये हैं। उनकी पोटली में नये कपड़े और विभिन्न प्रकार के गहने आदि भी हैं। पुरुष ढोलक, ढपली और बंसी इत्यादि बजाकर लोगों को दिखा रहे हैं और स्त्रियाँ सजने-धजने में एक-दूसरे की सहायता कर रही हैं। कुछ स्त्रियाँ लगातार गीत गाती जा रही हैं, परन्तु थोड़ी-थोड़ी देर में वे सब मिलकर एक साथ भी एक-आध गीत गा लेती हैं।

दोपहर बाद हाट में ख़ूब मेला लग गया था। वाद्य यन्त्रों की ध्वनि तीव्र हो गयी थी। मैं नाच देखने चला गया। मैंने देखा, सभी स्त्रियाँ हँस रही हैं। सभी अपनी रुचि के अनुसार साज-सज्जा करके एक साथ नृत्य कर रही हैं। हरिया की दुकान पर आज असंख्य ख़रीदार हैं। वे सभी पत्ते के दोने में मद्यपान कर रहे हैं। तीन युवतियों ने हवाई झूला पर चढ़ने के लिए पैसा दिया और उस पर काफ़ी सटकर बैठ गयीं। जगह बहुत कम थी, इसीलिए लोगों को धक्कम-धक्का करके उस पर बैठना पड़ रहा था। सभी झूलों के भर जाने पर झूले को तेज़ी से घुमाना आरम्भ किया गया। उसी के साथ तीनों युवती मिलकर गीत गाने लगीं। हवाई झूला कर्कश शब्द करते हुए घूमने लगा, परन्तु युवतियों द्वारा ऊँचे सुर में गाये जा रहे मधुर गीत ने उस झूले के सारे दोषों को ढँक दिया। झूले का एक भाग जब हू-हू शब्द करता हुआ नीचे आने लगता, तब भय से या आनन्द की सिहरन से वे चिल्ला उठते थे। युवतियों की आँखें भय से मानो जल उठती थीं। गले का सुर कुछ समय के लिए तीव्रतर होने का आभास देता था। कुछ देर तक यह दृश्य देखने के पश्चात् मैं दूसरे स्थान पर चला गया।

नाच वाले स्थान पर अत्यन्त भीड़ है। ढोलक बज रही है। एक झुण्ड के सभी युवक व युवतियाँ सारा मद पीकर दर्शकों के बीच आकर खड़े हो गये थे। थोड़ी ही देर बाद नर्तक दल एक-दूसरे का हाथ पकड़कर एक लम्बी क़तार बनाकर नृत्य करने लगे। पहाड़ी झरने का जल जिस प्रकार नदी के स्रोत में मिलकर एक हो जाता है उसी प्रकार ये लोग भी पहले के नर्तक दल के साथ मिलकर एक हो गये। बाजा बजाने वालों में एक वृद्ध भी था उसके सिर पर पगड़ी, शरीर पर एक फटा कोट और कमर पर कोपीन की भाँति ही वस्त्र था। उसकी आँखें मादकता से भरी थीं। वह भी उनके साथ नाचने लगा। युवक तेज़ी से शरीर को घुमा-घुमाकर नृत्य कर रहे थे। वह वृद्ध भी उनका अनुकरण करने का प्रयास कर रहा था, परन्तु मादकता या बुढ़ापे के कारण वह लड़खड़ा जाता था। उसके नृत्य में वैसी तेज़ी नहीं थी। उसके उत्साह का कोई अन्त नहीं था। उसके आनन्द का भोग करने में मुझे कहीं भी थोड़ी कमी नहीं दिखाई दी। ढोलक और नगाड़ों के शब्द बहुत तेज़ी से गूँज रहे थे। चारों दिशाएँ धूल से भर गयी थीं। गीत के कोलाहल से जनता के हृदय में मानो आनन्द का ताण्डव उठने लगा, परन्तु मेरा मन न जाने कैसे उदास हो गया। मैंने बहुत समय से ऐसा सम्मिलित आनन्द-भोग नहीं देखा है और हमारे समाज का तो यह अंश भी नहीं है। ढोलक और नगाड़ों के डिम-डिम स्वर मेरे हृदय के भीतरी भाग तक को कँपा

गये और मेरे मन में विषाद की छाया उभरने लगी। वर्षा का जल पड़ने से पहाड़ी नदी का स्वच्छ जल जिस प्रकार अचानक गेरुआ हो जाता है, सन्थालों का आज का नाच भी मुझे वैसा ही लग रहा था और उस नदी के जल में जिस प्रकार एक टूटा पत्ता बह जाता है, मेरी अवस्था भी वैसी ही हो गयी थी। जिस प्रकार सूखा टूटा पत्ता नदी की उत्तुंग लहरों में कभी बह जाता है तो कभी डूबकर अदृश्य हो जाता है, तब भी वह लहरों से अलग है, मेरी अवस्था भी वैसी ही हो गयी थी। चारों ओर आनन्द बरस रहा है। मेरा शरीर ढोलक की डिम-डिम से कम्पित हो रहा है, परन्तु मेरे मन के बीच से क्षोभ की सन्ध्या धीरे-धीरे उत्तर गयी। मैं उत्सव के प्रांगण से लौट चला। शाम ढल चुकी थी। दूर होने पर भी ढोलक की ध्वनि बहती हुई आ रही थी, परन्तु अधिक देर तक यहाँ रहने की मेरी इच्छा नहीं हुई। सन्ध्या के अन्धकार के संग-संग ढोलक को ध्वनि और तीव्र हो गयी थी। कृष्ण पक्ष की रात होने से चारों ओर अन्धकार था। केवल जहाँ नृत्य हो रहा था, वहाँ पेड़ों के पत्तों पर प्रकाश की कुछ छटा दिखायी पड़ रही थी।

रात जब और घनी होती गयी तो अचानक याद आया कि सन्थाल युवक आज रात अपनी प्रेयसी के माथे में सिन्दूर भरेंगे। मन में हुआ, जाकर देखें, शायद कहीं इस प्रकार के दृश्य देखने को मिलें।

मैं उसी अन्धकार में चल पड़ा। इधर कुछ दूर आगे बढ़ने पर मैं शराब की दुकान के पास पहुँच गया। वहाँ बहुत-से युवक व युवतियाँ मद्यपान कर रहे थे। उन सभी के चेहरे पर आनन्द का भाव था। वे एक-दूसरे को प्याला आगे बढ़ा रहे थे। रास्ते के किनारे एक शराबी अत्यधिक शराब पीकर पता नहीं क्या बक रहा था। मैं अन्धकार में नहीं रुक सका, परन्तु उसके बाद समझ में आया कि वह सभी के सामने रास्ते पर लघुशंका कर रहा है और दुकानदार को गाली दे रहा है। कुछ दूर आगे बढ़ने पर मैंने देखा कि तीन-चार पुरुष शराब के नशे में मिट्टी में लोट रहे हैं। इन सबके बावजूद भी सन्थाल युवतियों ने अपना संयम नहीं खोया था। वे यथासम्भव लटके-झटकों के साथ नाचती हुई गीत गाने में सहयोग दे रही थीं या पान ख़रीद कर अपने होंठ और मुँह को रंगकर इधर-उधर घूम-फिर रही थीं। जिस प्रकार वर्षा में नदी का जल मटमैला हो जाता है, उसी प्रकार उनके आनन्द का स्रोत भी मटमैला हो गया था। मन में जितने भी सुप्त तामसिक भाव संचित थे, वे सब इस स्रोत के थपेड़ों से मानो आज बहने लगे हों। इस तमस के आघात से मेरा अन्त:करण पीड़ित हो उठा। उत्सव के प्रांगण को छोड़कर मैं उस गहन अन्धकार

में साल के वन क्षेत्र में आ गया। वहाँ काफ़ी देर तक टहलता रहा। मेरे मानस पटल से मानसीप्रिया की मूर्ति बह गयी। मैं धीरे-धीरे टहलते हुए मानो आनन्द की विभिन्न प्रकार की मूर्तियों को देखते-देखते चल रहा था। शाम को हवाई झूले पर वे तीन युवतियाँ, वृद्ध का नशे की हालत में नृत्य करना, एक के बाद एक करके सभी आँखों के परदे पर आने लगे। ढोलक और नगाड़े की डिम-डिम ध्वनि को स्मरण करने मात्र से शरीर रोमांचित हो उठा।

मैंने अपने शरीर के निकट एक व्यक्ति के अस्तित्व की अनुभूति का अनुभव किया। मैंने देखा कि मेरे साथ ही मेरी मानसीप्रिया भी इन सारे दृश्यों को निर्विकार भाव से देख रही है, उसका हाथ मेरे हाथ में जकड़ा हुआ है। मैंने नीचे झुककर रास्ते से एक मुट्ठी धूल उठाकर उसके सिर पर संन्यासी के भस्म लेप की तरह लगा दिया। सहसा अत्यन्त प्रकाशमान आनन्द से प्रिया का मुखमण्डल उद्भासित हो उठा। वह मेरी ओर मुड़कर देखती रही। उसके सिर के काले बालों के बीच केवल दो आँखों की उज्ज्वलता देखते ही बनती थी। होठों की ओर मैंने नहीं देखा, परन्तु अपनी समग्र-सत्ता से यह अनुभव कर रहा था कि होठों पर दबी हँसी जैसे नाच रही हो।

साल के विशाल जंगल से होकर गुज़र रहा था। फैले हुए अन्धकार में किसी वृक्ष से एक उल्लू बोल उठा। उसके स्वर में कोई चंचलता नहीं थी। इतने लोगों का नाच-गान, जैसे कुछ ही क्षणों में इस पक्षी के प्रयोजन पूर्ण संयत स्वर के आघात से मानो तुच्छ सामग्री में परिणत हो गया।

मैं क्षुभित मन से लौट चला, परन्तु प्रिया की वह सुन्दर छवि भी मेरे साथ लौटना चाहती थी। वह हँसी बार-बार मेरे हृदय में दीये के स्निग्ध प्रकाश की भाँति आनन्द बिखेरने लगी। पाँच वर्षों से सन्थालों की जिस जीवन-पद्धति को मैंने देखा था, अब मन में उसकी स्मृति धुल-पुंछ गयी।

माघ 16 तारीख़ : अरुणोदय के पश्चात् सूर्य का प्रकाश फूटकर निकला है। पेड़ पर एक पक्षी दीर्घ विलम्बित स्वर में अपने आप ही कुछ-कुछ बोल रहा है। ढोलक की आवाज़ अभी भी सुनाई दे रही है, परन्तु उसकी तीव्रता जैसे कम हो गयी है। दिन ज्यों-ज्यों चढ़ने लगा, त्यों-त्यों झुण्ड के झुण्ड सन्थाली अपने गाँवों की ओर लौट चले। नदी के उस पार किस-किस तरह के पत्थर हैं, यह देखने के लिए मैं अपने एक साथी के साथ बाहर निकल पड़ा। हाथ में हथौड़ी, कन्धे पर झोला और एक दूरबीन तथा ऐसे कई अन्य यन्त्र मेरे पास थे अपने काम के लिए। सारा दिन घूमते-घूमते दोपहर में प्राय: एक बजे पहाड़ छोड़न गाँव का रास्ता पकड़ा। उस

रास्ते से कई सन्थाली युवक व युवती जा रहे थे। वे बहुत प्रसन्न थे। एक उन्मुक्त पक्षी की भाँति वे सभी गीत गाते हुए या बात करते हुए लौट रहे थे। एक बालिका ने अपनी भाव-भंगिमा से अपने साथी को दिखा दिया कि किस प्रकार हवाई झूला उन लोगों को झुलाकर इस तरह से नीचे से ऊपर उठा कर ले गया और यह कहते हुए वह ज़ोरों से हँस पड़ी। उसके साथी भी उसी प्रकार ठहाके लगाने लगे। वहीं कुछ ही दूर पर एक अन्य दल खेतों की मेंड़ से होकर जा रहा था। वे सभी सन्थालिनें एक बंगला गीत गा रही थीं–

राजा के बग़ीचे से आज फूल तोड़ेंगी
राजा के बग़ीचे से आज फूल तोड़ेंगी

गीत तो बंगला का था परन्तु सुर सन्थाली था। इससे गीत बहुत मधुर लगा।

मैं भी हाथ की हथौड़ी को और ज़ोर से पकड़कर अन्यमनस्क भाव से चलने लगा। कल रात मैंने जिस प्रिया की सुन्दर मुख छवि के दर्शन किये थे। वह पुनः मेरे सम्मुख आने लगी, परन्तु साल के वन के घने काले अन्धकार के बीच मैंने उसको जिस भाव से पाया था, आज उत्सव के समाप्त होने पर दिन के प्रकाश में उस मूर्ति के उसी भाव ने मेरे हृदय को आनन्द से उद्वेलित नहीं किया। वह चित्र मानो थोड़ी देर के लिए स्थिर हो गया हो। उसका माधुर्य मानो कम नहीं हुआ था किन्तु, उसके दूर होने पर उसकी गहराई और हृदय को चंचल करने की क्षमता जैसे समाप्त हो गयी।

दोनों वृत्तान्त 'परिव्राजक की डायरी' से साभार, वाणी प्रकाशन, 1997

झारखण्ड के अंचल में

–डॉ. रामखेलावन पाण्डेय

देहात को मैंने प्रेमचन्द की आँखों से देखा था–इसे स्वीकार करने में मुझे किसी प्रकार का संकोच नहीं, किसी प्रकार की दुविधा नहीं, अत: मोटरों की पों-पों, और कोलाहल, शहर की उड़ती धूल और गन्दगी तथा कर्माकुल व्यस्त जीवन से त्राण या झारखण्ड के एक अंचल में–सभ्यता और कृत्रिमता से दूर देश में, जब रहने का अवसर मिला तब मुझे मालूम पड़ा जैसे सारी दुनिया पीछे छूट आयी है। यह अंचल जाना हुआ तो है, मगर पहचान नहीं। कभी पहचानने की चेष्टा भी नहीं की थी मैंने। मुझे लगा जैसे यहाँ की घड़ी की सुइया तक शिथिल हो गयी हैं। यहाँ काल प्रवाह है ही नहीं, एक विचित्र आलस, एक अनुभूति निश्चिन्ता इस रहस्यमय अंचल को घेरे पड़ी है। सघन हरीतिमा की छाया में मानवता जैसे स्वप्न देख रही हो, उस युग का जिसमें संघर्ष न था, संघर्ष का उन्माद न था। नीली-नीली दूर तक फैली पहाड़ियाँ धरती की छाती की भाँति फूल उठी हैं और उन्हें घर कर उजले, लाल, पीले और अनेक रंगों के बादलों के टुकड़े प्रकृति का सिंगार कर रहे हैं। यह सौन्दर्य अपरिचित सा ही लगा मुझे! पहाड़ियाँ देखी थीं मैंने, उड़ते बादलों के रंगीन पंख भी देखे थे, पर जान पड़ा, ऐसा सौन्दर्य तो था नहीं उनमें। ऊँचा सा टीला–पत्थरों का जमघट–एक आध लहलहाते पौधे और ऊपर आसमान में शरदपूनों का हँसता हुआ चाँद बादलों की गोद में खेलता-सा, फुदकता-सा जान पड़ा। नदी के उस पार से कोई मिलन-सन्देश भेज रहा है–कितना विषादमय, कितना करुण, किन्तु कितना मादक! पास में था झरता हुआ क्षीण पहाड़ी झरना, पर स्पष्ट। स्वर के इनके गीत आधी रात में भटकने पर मोहक हो उठे।

इस ऊबड़खाबड़ अंचल की काली-काली चट्टानों को देखकर मैंने सोचा था,

यहाँ के अधिवासी भी उन्हीं पत्थरों की भाँति जड़ और शिथिल हैं। यह बात भी नहीं कि वैसे लोगों का अभाव है वहाँ, जिनके अविराम जीवन में दिन-मास-वर्ष की कोई गणना नहीं। वे चर्चिल और हिटलर को नहीं जानते, शायद गांधी और जिन्ना को भी नहीं! स्वभाव में एक विचित्र रुखाई-मिली सरलता है। सरलता जो मूर्खता की सीमा में घुसती जान पड़ती है। सच मानो, मुझे दो ही चीज़ें यहाँ प्रचुर मात्रा में मिलीं–एक ठण्डा पानी और दूसरी सरलता। किन्तु उन चट्टानों के बीच से दबकर निकलने वाले झरने भी हैं, सुस्वादु जल से पूर्ण, पर्वत की करुणा और स्नेह के प्रतीक।

ग़रीबी यहाँ खुलकर झाँकती है–लोगों के चीथड़ों से। उसे किसी प्रकार की लज्जा नहीं, संकोच नहीं, झिझक नहीं। और, अमीरी उस पर हँसती है, खिलखिला कर, मचल-मचलकर। शहरों की ग़रीबी जैसी यहाँ की ग़रीब नहीं, वह इस तरह खुल कर झाँकती भी नहीं–शरमा कर चलती है, लज्जा के भार से झुकी सी। अमीरी यहाँ धूर्तता की अमरलता है जो ग़रीबी की डाल पर फैलती है, शोषण ही जिसकी नीति है।

पढ़ा करता था–पहाड़ी देशों के लोग सबल होते हैं, कारण उनका प्रकृति के साथ निरन्तर संघर्ष जो चल रहा है और संघर्ष में उसी की रक्षा सम्भव है, जो सबल है। संघर्ष यहाँ का जीवन नहीं, जीवन है, सहयोग, प्रकृति के साथ निरन्तर सहयोग। बादल पानी बरसाते हैं, ऊँचे-नीचे खेतों की मिट्टी खुरेद लोग धरती माता के पेट में अन्न डाल देते हैं और माता का स्नेह फूट पड़ता है हरियाली के रूप में। हवा के झोंके के चंचल हरीतिमा जैसे जीवन की लहर हो। लोग इसलिए आलसी हैं, नितान्त आलसी, निष्क्रियता की सीमा तक पहुँचने वाले आलससागर में निमग्न हैं। पेट में थोड़ा अन्न हो, अंग ढँकने को मात्र आवरण, बस इतना ही पर्याप्त है। उनके लिए अतीत नहीं, भविष्य भी नहीं, केवल वर्तमान है। वर्तमान परिश्रम से चूर, अभाव से पूर्ण, किन्तु अभाव उन्हें खलता नहीं, भाव यहाँ कभी दिखा जो नहीं। निन्दा, ईर्ष्या, द्वेष और कलह का मूल कारण है यही आलस। शरीर बैठा रहेगा पर मन तो नहीं। और बेकार मन की यही खुराक है। शहरों के कर्म-संकुल जीवन में इतना अवकाश कहाँ जो लोग दूसरों की ओर देखें। क्या अपनी ही दौड़ कम है?

मैं ऐसी भाषा सीख कर यहाँ आया था जो भाव छिपाना जानती है, बनावटी है, कृत्रिम है। सभ्यता आख़िर अपनी प्रकृति को छिपाने का ही नाम तो है, किन्तु यहाँ की भाषा, इसे जंगली भले न कहूँ, सभ्य तो कह नहीं सकता।

बंगाल के सम्पर्क में आया हुआ यह प्रदेश शक्ति का उपासक है, हिंसा का, बलिदान का। दुर्गा और काली पूजा के अवसरों पर मनुष्य की पशुता नाचती सी दीख पड़ी। निकट स्थित गया में आकर गौतम को बुद्धत्व मिला, किन्तु मालूम होता है अहिंसा की गन्ध इस मिट्टी को नहीं मिली।

मनुष्य सभी को अलग-अलग कर देखने का अभ्यस्त है। ऊँच-नीच, राजा-रंक, अमीर-ग़रीब, काला-गोरा, सुन्दर-असुन्दर का भेद सर्वत्र है। शिक्षित और अशिक्षित का भेद भी इधर कम नहीं, किन्तु वहाँ का यह भेद इतना प्रबल है कि जर्मनी में जर्मन और यहूदियों में क्या रहा होगा। भय यहाँ जीवन की कुंजी है, सर्वत्र ही है, किन्तु भूतों का भय जैसे यहाँ दीख पड़ा वैसा कहीं नहीं। लड़कों और स्त्रियों की बात करें, अच्छे-ख़ासे तगड़े जवान भी भूतों की कहानी सुन अकेले आँगन में नहीं निकलते।

यह रही झारखण्ड के एक अंचल की झाँकी–धूमिल और स्पष्ट रेखाओं में सीमित सी, किन्तु वास्तव में कितनी असीम, कितनी विस्तृत।

ध्यानमग्न पहाड़

–सुकान्त भट्टाचार्य

12 अनन्तपुर, हिनू, राँची :

अरुण। आँधी, तूफ़ान और अविश्वास को अनदेखा करते हुए अन्तत: सचमुच राँची आ गया। आने के क्रम में उल्लेखनीय कुछ नहीं देखा। सिर्फ़ पूर्णिमा के अस्पष्ट प्रकाश में गहरे बराकर नदी को देखा। रात गहरी थी, लग रहा था कि रात्रि जा रही है। उसी अँधेरी रात में मूक बराकर नदी में गम्भीरता प्रतिबिम्बित हो रही थी। लग रहा था कि सबको भाषा मिल गयी है। बराकर का पानी और दूर के पहाड़ मेरे सामने एक सपना रच रहे थे। बराकर नदी के एक ओर बंगाल है और दूसरी ओर बिहार। इसी के बीच में झरझर बहती बराकर नदी। क्या अद्‌भुत एवं गम्भीर दृश्य। दूसरी कोई नदी, शायद गंगा भी मेरी नज़रों में इतनी मोहनी नहीं है।

और अच्छा लग रहा था गोमो स्टेशन। वहाँ ट्रेन बदलने के लिए आख़िरी रात इन्तज़ार करना पड़ा। पूर्णिमा की पूर्णिता को उपलब्ध किया। उस स्टेशन की शान्ति मेरे जीवन में हमेशा चिरस्थायी रहेगी। इसके बाद अपरिचित सुबह हुई। अब छोटे-छोटे पहाड़, छोटी-छोटी सूखी नदियाँ, लाल पगडंडी अगल-बगल में अनजान भागते पेड़, देखते-देखते ट्रेन का रास्ता ख़त्म हो गया।

राँची रोड से बस से आगे बढ़ना शुरू किया। बस की क्या भयंकर आवाज़ थी। बहुत तेज़ी से पहाड़ी सड़क से गुज़र रहा था। हज़ारों फ़ीट की ऊँचाई में बस चल रही थी। यह देखकर हम बहुत आवेश में आ गये। ज़िन्दगी में बहुत से प्राकृतिक दृश्य देखे लेकिन ऐसा अभिभूत करने वाला नहीं। राँची आ गया। हम लोग जहाँ रहते हैं, वह राँची नहीं है। वह राँची से दूर, डोरंडा में रहते हैं। हम लोगों के घर के सामने से स्वणरिखा नदी बहती है। उसी के बग़ल के एक क़ब्रिस्तान है। इसको देखकर हम

खो जाते हैं। उस क़ब्रिस्तान में बहुत बड़ा वटवृक्ष है जो सिर्फ़ मेरा ही नहीं, सबका प्रिय है। उस वटवृक्ष के ऊपर एवं नीचे मेरी कई दोपहर बीती हैं। पिछला शुक्रवार से सोमवार दोपहर तक प्रति पल मेरा बहुत आनन्द में बीता। रविवार को 18 मील दूर जोन्हा जलप्रपात देखने गये। ट्रेन चलने के साथ ही भयंकर बारिश शुरू हो गयी। इस तरह की बारिश का आनन्द पहली बार लिया। दोनों पहाड़ और वन धुँधला नज़र आने लगे। यह रोमांच पैदा कर रहा था। लेकिन आनन्द अभी बाक़ी था, जो जोन्हा पहाड़ के अन्दर इन्तज़ार कर रहा था। पानी में भीगते हुए काफ़ी दूर पैदल चलने के बाद पहाड़ के नीचे एक बौद्ध मन्दिर के सामने खड़े हुए। मन्दिर के रक्षक ने आकर दरवाज़ा खोल दिया। शान्त मन्दिर में प्रवेश किये। मन्दिर में लोहे के दरवाज़ा एवं खिड़कियाँ थीं, उसको हम लोंगों ने घूमघूम देखा। मन्दिर का घण्टा बजाया। यह ध्वनि पहाड़ तक ही सीमित रही। बाहरी दुनिया में नहीं पहुँची। सन्ध्या हो रही थी। इस भयंकर जंगल में बाघ का डर भय पैदा कर रहा था। इसलिए हम लोग मन्दिर में ही आश्रय लिए। इसके बाद हम लोग निकटवर्ती जलप्रपात देखने गये। हम लोगों ने जो देखा, उसने स्नायु तन्त्र को अभिभूत किया। अब तक का अभ्यस्त परम्परागत वृष्टि का प्रलय था। यह सब देख कविता लिखे बग़ैर नहीं रह सका। यह कविता मेरे पास है। लौटकर दिखायेंगे। जोन्हा में आकर हम जो कुछ देखे वह छोटानागपुर आकर सार्थक हो गया। यद्यपि हुंडरू बहुत ही विख्यात जलप्रपात है, लेकिन उसके उपभोग का सौभाग्य नहीं मिल सका। यह हम ज़ोर से बोल सकते हैं। जो आदमी जोन्हा देखा है, वह मेरी बात का विश्वास नहीं करेगा। जोन्हा जितना सुन्दर उपभोग्य नहीं है। ऐसी बात नहीं है। अगर एक दिन पहले भी पहुँचते तो भी इस तरह के रोमांचित दृश्य से वंचित रहते। प्रपात देखने के बाद सन्ध्या हम लोगों ने बुद्ध देव की वन्दना की। गपशप किया। रात्रि भोजन किया। इसके बाद स्तब्ध गहन अरण्य में पानी के धुन को सुनते-सुनते सो गये। जोन्हा पूरी रात तीव्र वेग से गहरी जलधारा पहाड़ पर पटकता रहा। अपनी साँस को सुन रहे थे।

प्रहरी जैसा जगा रहा ध्यानमग्न पहाड़। दूसरे दिन हम लोगों ने रहस्यमय जोन्हा को देखा। उसके उच्छल रूप के प्रति हम लोग गहरा प्यार जताये। उसके बाद अनिच्छा के साथ वापस लौटे। आने के समय जो वेदना हुई, वह और भी बढ़ गयी जब हम लोगों ने आधे लोगों को विदाई दी।

जोन्हा से लौटते हुए मन में प्रार्थना कर रहे थे कि यह यात्रा अनन्त हो, लेकिन रास्ता ख़त्म हुआ, हम लोग जोन्हा और आश्रयदाता बुद्ध मन्दिर को छोड़कर वापस आ गये।

ज़िन्दगी में बहुत कम चीज़ आती है, लेकिन लगभग सब कुछ चला जाता है। जोन्हा ही इसका बड़ा प्रमाण है।

राँची आने के बाद आधा लोग विदा हुए तो आनन्द जाता रहा। लेकिन इसी के बीच दो दिन राँची पहाड़ी गये और उल्लसित हुए। इस पहाड़ी के ऊपर से राँची शहर बहुत सुन्दर नज़र आता है, लगता है कि लिलिपुट साम्राज्य का गठन कर रहा है। शहर के बीचोबीच एक लेक है, सृजन के साथ उसका दृश्य भी लगातार बदलते रहता है। यही लेकर शहर के सौन्दर्य को बढ़ाता है। राँची पहाड़ के ऊपर एक छोटा-सा शिव मन्दिर है। उस मन्दिर में खड़ा होकर लगता है कि राँची चारों ओर पहाड़ से घिरा है। पहाड़ पर एक गुफा है, जिसका आनन्द लिया जा सकता है। राँची की अखण्ड सत्ता सिर्फ़ राँची पहाड़ से ही नज़र आती है।

डोरंडा में डोरंडा बाँध एक चीज़ है, जिसमें एक दिन हम नहाये। एक शाम उसका हृदय से अनुभव किया। इसको एक तालाब कह सकते हैं। इसको सब लेक बोलता है फिर भी जलाशय के रूप में मुझे बहुत अच्छा लगा। इसके सिवा डोरंडा का रास्ता, मैदान और जंगल बहुत अच्छे लगे। एक तरह से यहाँ का सबकुछ अच्छा है। सिर्फ़ एक चीज़ ख़राब है। यहाँ का पड़ोसी, बाज़ार की दूरी और सैनिकों का आधिपत्य। अभी भी बारिश हो रही है। लेकिन यही हल्का पानी असाध्य को साधा है। दुबली-पतली स्वर्ण रेखा नदी को युवती बना दिया। इसके जलस्रोत और लहर से रोमांचित हो रहे थे। क्योंकि कल तक स्वणरिखा के बीचों-बीच खड़ा होने से भी पैर नहीं भीगता थे।

फिर भी राँची का बहुत कुछ नहीं देखे हैं। पर जो कुछ देखा है, उससे परितृप्त हो गये–यानी कि राँची मुझे अच्छा लगा। फिर भी राँची का वैचित्र्य कम होता जा रहा है। आजकल सभी का चेहरा एक ही नज़र आ रहा है। अतः विदाय।

पुनश्च

मुझे लौटने में देर होगी। उतने दिन कृपा करके भाई की देखभाल करना। क्योंकि यहाँ का प्राकृतिक आकर्षण से अधिक पारिवारिक आकर्षण है। कब लौटेंगे, यह निश्चय नहीं है। बन्ना का काम कितना दूर। पत्र का उत्तर देना।

सन्त विनोबा और बिहार के आदिवासी

–राधाकृष्ण

सन्त विनोबा!...वह निरन्तर ज्योति के समान फैलता जा रहा है; आशीर्वाद के समान वह चल रहा है और सान्त्वना के समान बोल रहा है। उसकी अर्धोन्मीलित आँखों में जैसे किसी स्वर्ग का सपना है और उसकी एक-एक डग के साथ जैसे युग की चेतना और राष्ट्र की संस्कृति का उत्थान चल रहा है।

वह तेज़ी से डग भरता हुआ चलता है, इस तरह, कि उसके साथ चलते हुए कमज़ोर क़दम लड़खड़ाने लगते हैं। उसके मार्ग पर जनता की आँखें बिछती हैं, अरमानों के हार पहनाती हैं और सुख के सपनों के धूप-दीप से उसका वन्दन करती हैं। इधर बहुत दिनों से सन्त विनोबा छोटानागपुर की भूमि पर ही घूमते रहे। गाँव-गाँव में वे इस तरह जाते रहे, जिस प्रकार आज अढ़ाई हज़ार वर्ष पहले बुद्धदेव चला करते थे। बुद्धदेव को गया में बोधि-वट के नीचे ज्ञान की प्राप्ति हुई थी और सन्त विनोबा के भू-दान के यज्ञ में सबसे अधिक भूमि की आहुति छोटानागपुर ने दी। दक्षिण तेलंगाना से लेकर उत्तर दिल्ली तक, फिर उत्तर प्रदेश से लेकर उत्तर बिहार तक उन्हें जितनी ज़मीन मिली है, उसके अनुपात में बहुत ही अधिक ज़मीन छोटानागपुर के श्रद्धालुओं ने विनोबाजी को दी है। जितनी ज़मीन अब तक बिहार में उन्हें मिली है, वह आठ लाख एकड़ से ज़्यादा और नौ लाख एकड़ से कम है। उस कुल ज़मीन में लगभग सात लाख एकड़ विनोबाजी को छोटानागपुर में ही मिली और मिलती जा रही है।

इसी छोटानागपुर के चांडिल में पहुँचकर विनोबाजी ऐसे बीमार पड़े कि मरते-मरते बचे। इसी छोटानागपुर में विनोबाजी ने श्रम-दान-यज्ञ का आन्दोलन आरम्भ किया है। विनोबाजी हाथ में फावड़ा लेकर बेकाम ज़मीन को तोड़कर उसे काम

के लायक बनाने में स्वयं परिश्रम करते हैं। उनके साथ अनेक श्रद्धालु भक्त तथा कार्यकर्तागण और ग्रामवासी जुट जाते हैं और बेकार ज़मीन को तोड़ने का काम करते हैं। रामजी ने जब शिवजी का धुनष तोड़ा था तो उन्हें धरती की पुत्री सीता मिली थी। बेकाम ज़मीन को जो तोड़ता है उसे भी तो धरती की पुत्री शस्यश्यामला मिलेगी जो सब का जीवन है। आज कलि में अन्न में ही प्राण है। उसी समस्या को हल कर लेने से राष्ट्र के जीवन की समस्या हल होती है।

हज़ारों वर्ष बीत गये। एक बार बुद्धदेव के प्रिय शिष्य आनन्द किसी व्यक्ति को बुद्धदेव के पास ले गये। आनन्द ने महात्मा बुद्ध से कहा–'तथागत, इस व्यक्ति को सदाचार, मुदिता, मैत्री, करुणा और उपेक्षा चाहिए। इसे आप प्रव्रज्या दें।'

बुद्धदेव ने उस आदमी की ओर निहारा और पूछा–'भन्ते, तुमने भोजन किया है या नहीं?'

उस आदमी ने हारे हुए स्वर में कहा–'तथागत, मैं कई दिनों से निराहार हूँ।'

बुद्धदेव ने आनन्द से कहा–'आनन्द, सबसे पहले इसके भोजन का प्रबन्ध करो। सदाचार, मैत्री और करुणा आदि उन्हें ही मिल सकते हैं, जिनका पेट भरा हुआ है। भोजन कर लेने के बाद मैं इन्हें प्रव्रज्या दूँगा।'

इसी प्रकार राष्ट्र में भोजन का प्रश्न जब सबसे प्रबल है, तब सबसे पहले अन्न का सवाल हल करना ही कर्तव्य है। विनोबा निर्विकार चित्त से यही कार्य कर रहे हैं। जिन भूमिपुत्रों के पास भूमि नहीं, जो अपनी माँ से बिछड़ गये हैं, उन भूमिपुत्रों को भूमि दिलाना विनोबा का उद्देश्य है। इसी संकल्प को लेकर वह गाँव-गाँव, नगर-नगर, डगर-डगर डोलता जा रहा है। वह सहस्रों मील की यात्रा कर चुका है, हज़ारों तरह के आदमियों से मिला, घाट-घाट का पानी पीया और बाट-बाट पर चल रहा है। बुद्धदेव ने कहा था कि चरथ भिक्खवे, बहुजन हिताय, बहुजन सुखाय! हे भिक्षुको, तुम अधिकाधिक व्यक्तियों के हित और सुख के लिए चलते रहो। विनोबाजी का कहना है कि 'सर्वभूत-हित निर्गुण उपासना है।'

उस उपासना के साथ उनका कर्म भी निरन्तर चल रहा है। वे कहते हैं कि कर्म ज्ञान जलावन है। ज्ञानाग्नि अखण्ड जलती रखने के लिए इसमें कर्मरूपी जलावन निरन्तर जलाते रहना चाहिए। इसी महत् उद्देश्य को लेकर वह गाँव-गाँव घूम रहा है। सभी के सामने वह हाथ फैलाता है और भूमि-पुत्रों के लिए दान माँगता है। तीस साल की सतत साधना के व्रत के बाद ही विनोबा ने कर्मक्षेत्र में अपने पग रखे हैं। उनके अनुभव और वाणी तपस्या के अमृत से सिक्त हैं।

विनोबा की यह यात्रा मानो देश के मंगल की शंख-ध्वनि है जो युग की चारों दिशाओं में ध्वनित हो रही है।

2

यों वट-वृक्ष की छाया में स्वतन्त्र अस्तित्व के साथ पनपता और बढ़ता हुआ पेड़ दिखलायी नहीं दे सकता, फिर भी विनोबाजी के साथ कुछ ऐसे लोग भी हैं जिनके ऊपर बरबस आँखें अटक जाती हैं। श्री दामोदर दासजी मुग्घड़ा विनोबाजी के आत्म सचिव हैं। बड़े ही मधुर व्यक्तित्व के, बड़े उदार और बहुत ही सरल। उन्हें देखकर बरबस महादेवभाई की याद आ जाती है। परन्तु महादेव भाई की योग्यता की प्रशंसा महात्माजी सार्वजनिक रूप से भी किया करते थे। दामोदर दासजी के विषय में सन्त विनोबा कब क्या कहते हैं, यह पता नहीं।

स्वर्गीय जमनालाल बजाज की धर्मपत्नी जानकी देवी बजाज भी आजकल विनोबाजी के साथ चल रही हैं। शरत्काल की बहती हुई सरिता के समान स्वच्छ, सरल और तरल मन। जब वे बोलती हैं तो ऐसा लगता है मानो सारी धरती उनसे परिचित है, उस पर बसनेवाले सभी लोग भी उनके अपने हैं। किसी से दुराव नहीं। सरलता ही उनका मन और उनकी वाणी है। वे अपने उसी सरल, निर्मल और निश्छल मन से भूमि-पुत्रों की भूमि की सिंचाई के लिए कुएँ माँगती हैं। महिलाओं को उनके इस आह्वान का पूरा ख़याल है। वे अपने शरीर के आभूषणों को उतारकर जानकीबाई बजाज के हाथों में अर्पण करती हैं जिसमें भूमि पुत्रों के लिए कुएँ खुद सकें। यथाशक्ति तथा भक्ति। जानकीबाई किसी से ज़ोर भी नहीं करतीं। विनोबाजी का प्रवचन समाप्त होने के बाद वे उठ जाती हैं और महिलाओं के सामने अपनी अपील रखती हैं। मिला तब भी ठीक, नहीं मिला तब भी ठीक। वे निराश नहीं होतीं। वे जानती हैं कि जो आज उनकी नहीं सुनता वह कल ज़रूर सुनेगा। शुभ संकल्प आत्मविश्वास से मनुष्य को भर देता है। जानकीबाई के संकल्प में कल्याण का उत्स छिपा हुआ है, महिलाएँ उनके महत् उद्देश्य को समझ नहीं पातीं। वे पूछती हैं कि विनोबाजी कौन हैं, वे क्या कर रहे हैं, इससे क्या होगा? जानकीबाई जानती हैं कि जो आज जिज्ञासा रखता है, वह उनके उद्देश्य की पूर्ति में किसी दिन सहायक भी अवश्य ही होगा।

3

मुझे सबसे अधिक आश्चर्य इस बात पर हुआ कि विनोबाजी हिन्दी में ही भगवान की प्रार्थना करते हैं। हिन्दी प्रेम और हिन्दी के व्यवहार का इससे बढ़कर क्या नमूना

हो सकता है कि आदमी भगवान के सामने भी हिन्दी में ही आत्म-निवेदन करे?

ठीक साढ़े पाँच बजे विनोबाजी की प्रार्थना शुरू हो जाती है। उस समय जो भी चाहे आकर उस प्रार्थना में सम्मिलित हो सकता है। प्रार्थना के पश्चात प्रवचन होता है। विनोबाजी शान्तचित्त से, जो कहना होता है, कहते हैं। विनोबा की वाणी बड़ी मीठी है। उस वाणी पर जैसे उनके बुढ़ापे ने कोई भी असर नहीं डाला है। एकतारा जैसी तपस्यासिक्त वाणी में वे अपनी बात कहते हैं। उस समय ऐसा लगता है मानो विनोबाजी केवल अपने आप से ही बातें कर रहे हों। जनता जो यहाँ बैठी है उनके प्रति जैसे विनोबाजी का कोई आग्रह नहीं है। वे उपलक्ष्य मात्र हैं। उन्हें यह उत्सुकता भी नहीं कि लोग किस तरह उनकी बात को सुन रहे हैं या किस रूप में ग्रहण कर रहे हैं।

प्रार्थना के पश्चात यह सुनाया जाता है कि आज विनोबाजी को कितनी ज़मीन का दान-पत्र प्राप्त हुआ है। विनोबाजी चुपचाप अर्द्धोन्मीलित नेत्र किये हुए सुनते रहते हैं। लगता है जैसे वे आत्मस्थ हों। बाहर का जो कुछ भी है, वह सब कुछ उनकी आत्मा के सम्मुख प्रतिबिम्बित हो रहा है।

आठ जुलाई को राँची में विनोबाजी का अन्तिम दिन था। उस दिन वे अपने प्रवचन में कह रहे थे–'प्रार्थना आत्मा का भोजन है। घर के सभी लोगों को मिलकर रोज़ प्रार्थना करनी चाहिए। पारिवारिक प्रार्थना में शान्ति है। सोने से पहले परिवार के सभी लोग प्रार्थना करें। यह जो कुछ है सब हमारा ही रूप है और हम उनके रूप हैं। समुद्र का जो आकार है, उसमें बिन्दुओं की गिनती नहीं। वहाँ तो सब पानी है। उसने अपने विकास के लिए एक आकार धारण कर लिया है।'

4

उसी दिन सन्त विनोबाजी ने राँची के पत्रकारों से बातचीत की। एक तख़्तपोश पर मसनद के सहारे विनोबाजी बैठे हुए थे। हम लोगों ने ज़रूर उन्हें प्रणाम किया।

जब सवाल की बारी आयी तो मैंने पूछा–'यहाँ कुछ ऐसा है कि आदिवासी अपनी ज़मीन को किसी ग़ैर-आदिवासी के हाथ हस्तान्तरित नहीं कर सकते। पर क्या वे अपनी ज़मीन दान में दे सकते हैं।'

विनोबाजी ने अपनी मधुरवाणी में कहा–'हाँ, वे दान में दे सकते हैं। फिर जब भूमिहीनों के बीच ज़मीन का बँटवारा होगा तब यहीं के भूमिहीन आदिवासियों के बीच वह ज़मीन बाँटी जायेगी। इसलिए आदिवासियों को देना कम और पाना ज़्यादा है।'

मैंने पूछा–'इधर आप आदिवासियों के बीच भ्रमण करते रहे हैं। आपने आदिवासियों के विषय में क्या सोचा है?'

विनोबाजी ने कहा–'मैं इधर छः महीने से आदिवासियों को बहुत निकट से देख रहा हूँ। उन्हें मदद की आवश्यकता है। शराब की आदत उनकी छूटनी चाहिए। उनके बीच ग्रामोद्योग के प्रचार की प्रबल आवश्यकता है।'

मैंने पूछा–'आप आदिवासियों के बीच किस ग्राम-उद्योग को पसन्द करेंगे?'

विनोबाजी ने कहा–'खादी की बुनाई और कताई। मैंने देहातों में देखा है कि कुछ लोग स्वयं कातते हैं और बुन भी लेते हैं।'

फिर बिना रुके ही विनोबाजी ने कहा–'मगर उनकी शराब की आदत ज़रूर छूट जानी चाहिए।'

मैंने कहा–'किन्तु वे तो अपने धार्मिक संस्कारों और त्योहारों के समय भी शराब को अनिवार्य समझते हैं।'

विनोबाजी ने कहा–'भाई, उन्हें समझाना होगा कि शराब का धर्म से कोई सम्बन्ध नहीं। उन्हें इन कुसंस्कारों से दूर करना होगा।'

एक पत्रकार मित्र ने कहा–'अगर क़ानून के द्वारा शराब बन्द कर दी जाय...'

उनकी बात समाप्त होने से पहले ही विनोबाजी ने कहा–'क़ानून के द्वारा बन्द कराने की अपेक्षा यह अधिक अच्छा है कि उनके मन में आ जाय कि शराब न पीयें। शराब को उनके मन से ही छुड़ाना है। क़ानून मदद कर सकता है, मगर केवल क़ानून से ही बात बनती नहीं।'

एक दूसरे पत्रकार मित्र ने कहा–'बहुत से आदिवासी कहते हैं कि उन्हें भोजन नहीं मिलता, इसीलिए वे शराब पीते हैं। शराब से उनके भोजन की कमी दूर हो जाती है।'

विनोबाजी ने कहा–'शराब में कैलरी तो होती ही नहीं।'

उन्होंने फिर कहा–'वे कहते हैं कि उनके भोजन की कमी शराब से दूर होती है।'

विनोबाजी ने कहा–'वे नशे में गाफिल हो जाने के कारण भोजन की कमी महसूस नहीं करते। वह नशे की गफलत के कारण है। अगर आदमी एकदम मर जाय तब भी उसे भोजन की कमी महसूस नहीं होगी। तो क्या आप कहेंगे कि मृत्यु भी अच्छी चीज़ है, क्योंकि मृत हो जाने के पश्चात वह भोजन की ज़रूरत महसूस नहीं करता?'

इस बात पर लोगों ने हँस दिया और वहाँ के वातावरण में ताज़गी आ गयी।

छोटानागपुर में गिरिजनों के साथ

–महात्मा गांधी

चक्रधरपुर से चाईबासा का सफ़र, सड़क अच्छी रहने के कारण बहुत सुखद रही। चाईबासा ने मेरा परिचय 'हो' गिरिजनों (आदिवासियों) से कराया। उन गिरिजन हो पुरुष और औरतों से, जो बच्चों की तरह सरल और निर्मल हैं। उनके बारे में मेरी यह जो धारणा बनी, इस विश्वास को हिला पाना आसान नहीं है। उनमें से कई चरखा और खादी लिए हुए थे। कांग्रेसी कार्यकर्ता 1921 से ही उनके बीच सुधार का काम कर रहे हैं। अभी भी वे मरे हुए जानवरों का मांस खाते हैं पर कई लोगों ने शाकाहार को अपना लिया है। मुण्डा एक दूसरा गिरिजन समुदाय है जिनसे मैं राँची जाते हुए खूँटी में मिला। उनके बीच काम करने की गुंजाइश बेजोड़ है। ईसाई मिशनरियाँ पीढ़ियों से उनके बीच बहुमूल्य सेवा का कार्य कर रही हैं, लेकिन मेरे विचार से उनका कार्य बहुत स्वस्थकर नहीं है क्योंकि उनका मूल मक़सद अन्ततः इन सरल गिरिजनों को ईसाई धर्म में रूपान्तरित करना है। मुझे इस इलाक़े में ईसाई मिशनरियों द्वारा स्थापित कुछ स्कूलों को देखने का सौभाग्य प्राप्त हुआ। यह सब देखकर बहुत अच्छा लगा, लेकिन मैं मिशनरियों और हिन्दू कार्यकर्ताओं के बीच पनप रहे संघर्ष को भी महसूस कर रहा था। हो, मुण्डा और दूसरी गिरिजनों के लिए किये जाने वाले सेवा कार्यों में कोई कठिनाई नहीं हो और वे उनके कार्य सराहनीय बने रहे, इस हेतु कितना अच्छा होता कि वे मानवीय सेवा के बदले धर्मान्तरण का गुप्त लक्ष्य नहीं रखते। और मैं निश्चित रूप से अपनी उस टिप्पणी को फिर से नहीं दोहराना चाहूँगा जिसे मैंने कलकत्ता के ईसाई मिशनरी कॉन्फ्रेन्स से पहले दिया था। मैं अच्छी तरह से जानता हूँ कि ईसाइयों के प्रयास में कोई भी क्रान्तिकारी परिवर्तन मेरी सलाह से नहीं आयेगा जिनकी मैं वक़ालत कर रहा हूँ। वह भी विशेषकर किसी बाहरी व्यक्ति के कहने से। बदलाव आयेगा तो व्यक्ति की ख़ुद की दृढ़ आस्था से या फिर ईसाइयों

के बीच के एक व्यापक जन आन्दोलन के ज़रिये। इन गिरिजनों के बीच कुछ ऐसे भी हैं जिन्हें 'भोक्ता' (टाना भगत) कहा जाता है। भोक्ता का शाब्दिक अर्थ भक्त है। ये खद्दर (खादी) में विश्वास रखते हैं। पुरुषों के साथ ही महिलाएँ भी नियमित रूप से चरखा चलाती हैं। वे ख़ुद से बुना खादी पहनते हैं। उनमें से कई अपने कन्धों पर चरखा लेकर मीलों पदयात्रा करते हैं। मैंने क़रीब चार सौ ऐसे लोगों को देखा जो बहुत ही परिश्रमपूर्वक चरखा चला रहे थे। मैं बहुत सौभाग्यशाली हूँ कि मुझे उन सबको सम्बोधित करने का सुअवसर मिला। उन सबके अपने भजन-गीत हैं जिन्हें वे सब सामूहिक रूप से कोरस में गाते हैं।

छोटानागपुर की अपनी पूरी यात्रा मैंने मोटरकार से की। सभी रास्ते बहुत ही बढ़िया थे और प्राकृतिक सौन्दर्य अत्यन्त दिव्य तथा मनोहारी था। चाईबासा से हम चक्रधरपुर गये फिर बीच में खूँटी और एक-दो अन्य स्थानों पर रुकते हुए राँची पहुँचे। हमारे राँची पहुँचने के वक़्त ठीक सात बजे शाम को महिलाओं ने एक बैठक का आयोजन रखा था। बैठक में आयोजकों ने मुझसे देशबन्धु मेमोरियल फंड के लिए अपील करने की कोई बात नहीं की थी, ऐसा मेरा ख़याल है। फिर भी मैं शायद ही कभी किसी सार्वजनिक सभा या बैठक में इस अपील को रखने से चूका हूँ और मैंने नि:सन्देह इस बैठक में भी यह अपील की। बैठक में शामिल लोगों में बंगाली बहुसंख्यक थे। वे सब शायद जल्दबाज़ी में आये थे क्योंकि अधिकांश के पास पैसे नहीं थे। लेकिन कइयों ने अपने गहने दिये, जिनमें से कई बहुत मूल्यवान थे। जिन बहनों ने देशबन्धु मेमोरियल फंड के लिए अपने गहने दिये वह उनके उस सम्मान का परिचायक था जिनकी (देशबन्धु) स्मृतियों को वे प्यार करती थीं। ऐसी पुण्यात्माओं को देखकर बहुत अच्छा लगा। यह कहने की ज़रूरत नहीं है कि मैंने उन सबको स्पष्टत: बता दिया था कि उनके उपहारों का उपयोग चरखा और खद्दर के प्रचार-प्रसार के लिए किया जायेगा।

इसके बाद मुझे राँची से नज़दीक के एक छोटे-से गाँव गोलकुण्डा ले जाया गया। जहाँ बाबू गिरीशचन्द्र घोष, जो एक उत्साही खद्दर कार्यकर्ता हैं, के नेतृत्व में एक कोऑपरेटिव सोसायटी के ज़रिये हथकरघा को बचाने का प्रयास किया जा रहा है। वे मानते हैं कि हथकरघा का प्रयोग बहुत सफल होगा। हालाँकि प्रयोग अभी शुरू ही हुआ है। यदि इसे सुव्यवस्थित तरीक़े से संगठित और संचालित किया जाये, पहिये मानक आवश्यकताओं पर खरे उतरें, तो इसमें कोई सन्देह नहीं कि यह प्रयोग न केवल यहीं बल्कि कहीं भी सफल हो सकता है।

राँची में देशबन्धु मेमोरियल फंड के लिए शौक़िया दलों द्वारा दो नाटकों का मंचन किया गया था। एक का मंचन बंगालियों ने किया जबकि दूसरा नाटक बिहारियों ने किया था। चूँकि दोनों ही शौक़िया दल थे फिर भी उनके आमन्त्रण को स्वीकार करने में मुझे कोई कठिनाई नहीं थी। यह जुदा बात है कि बंगाली नाटक को देखते हुए मैं बहुत निराश हुआ। मैं शौक़िया और व्यावसायिक नाटक के बीच के अन्तर को साफ़ तौर पर देख रहा था। नाट्य प्रदर्शन में पेशेवर कलात्मकता का पूरा अभाव था। वस्त्र सज्जा पूरी तरह से विदेशी कपड़ों को लेकर तैयार की गयी थी। मेकअप अच्छा नहीं रहने से भी नाटक हल्का लग रहा था। यह अत्यन्त उत्तम होता कि कम से कम पात्रों के वस्त्र निर्माण में वे खद्दर का उपयोग करते। इसलिए जब मुझसे बिहारी नाटक देखने के लिए लोग आग्रह करने आये तब मैंने उनसे कहा कि मैं तभी उनका नाटक देखने आऊँगा जब वे अपने नाटक में खद्दर का प्रयोग करेंगे, और ऐसा उन्हें अपने हर परफॉरमेंस में करना होगा, सिर्फ़ इस प्रदर्शन में नहीं। मुझे बेहद आश्चर्य तब हुआ जब उन लोगों ने मेरी यह शर्त बहुत आसानी से मान ली। मेरी बात मानने के लिए उनके पास अत्यन्त कम समय था पर उन्होंने ऐसा कर दिखाया। नाटक शुरू होने से पहले उनके प्रबन्धक ने घोषणा की कि मुझसे किये गये वायदे के अनुसार उन्होंने वस्त्र-विन्यास में परिवर्तन कर लिया है और इसके लिए वह ईश्वर को धन्यवाद देते हैं कि वे अपना वायदा पूरा कर पा रहे हैं। बिहारी कलाकारों ने अपने नाटक की झूठी चमक खो कर क्या पाया था? मेरे विचार से 'गौरव'। खद्दर के इस्तेमाल से उन्होंने प्रतिष्ठा पायी थी और निःसन्देह स्वदेशी खद्दर का प्रयोग मैं सभी नाटक कम्पनियों के लिए आवश्यक मानता हूँ। दरअसल, भारत के लाखों लोगों के आर्थिक उत्थान के लिए, यह अत्यन्त कम है, पर आसानी से ऐसा परिवर्तन करके पेशेवर कम्पनियाँ देशभक्ति के प्रचार-प्रसार में अपना महत्त्वपूर्ण योगदान दे सकती हैं।

छोटानागपुर प्रवास के दौरान और भी कई दिलचस्प बातें हुईं जिनमें खद्दर पर एन.के. रॉय और उद्योग विभाग के एस.के. राव के साथ हुई चर्चा तो शामिल है ही ब्रह्मचर्य आश्रम (अब योगदा सत्संग आश्रम) का विजिट भी स्मरणीय है जिसकी स्थापना कासिमबाज़ार के महाराजा की देन है। मोटरगाड़ी से ही हम राँची से हज़ारीबाग़ गये जहाँ पहले से तयशुदा कार्यक्रमों के अलावा मुझे सन्त कोलम्बा मिशनरीज कॉलेज, जो बहुत पुराना शिक्षण संस्थान है, के छात्रों को भी सम्बोधित करने का आमन्त्रण मिला।

मैंने समाज सेवा पर छात्रों से बात की और कहा कि यह चरित्रवान बने बिना असम्भव है और यह भी कि भारत में बड़े स्तर पर ऐसी सेवा केवल गाँवों में रह कर ही की जा सकती है। इसके एवज़ में उन्हें न कोई शाबाशी मिलनी है और न ही उन्हें किसी प्रचार की आशा करनी चाहिए। मैंने छात्रों से कहा कि सबसे अधिक निराशाजनक परिस्थितियों में और अन्धविश्वास व अज्ञानता के नुकीले दाँतों के बीच रहकर उन्हें समाज सेवा कार्य को करना होगा। मैंने उन्हें यह बताने की कोशिश की कि चर्खे और खद्दर के द्वारा ही भारत में समाज सेवा श्रेष्ठतम ढंग से की जा सकती है क्योंकि इसी के माध्यम से नौजवानों का ग्रामीणों से घनिष्ठ सम्बन्ध स्थापित हो सकता है। यह उनको ग्रामीणों की जेबों में रोज़ कुछ पैसे देने की शक्ति देता है और इससे उनके बीच एक अटूट रिश्ता बनता है। इससे नौजवानों को उनके सृजनकर्ता के बारे में जानने में सहायता मिलती है क्योंकि ग़रीब की स्वार्थहीन सेवा ही ईश्वर की सेवा है।

(यंग इंडिया, 8 अक्टूबर 1925)

भूल सुधार :

आठ अक्टूबर के अपने बिहार नोट में मैंने कहा था, 'मुझे राँची से नज़दीक के एक छोटे से गाँव गोलकुण्डा ले जाया गया।' ऐसा मैंने भूलवश कह दिया। मेरी इस भौगोलिक बेवकूफ़ी और अज्ञानता पर हँसते हुए बिहारी दोस्तों ने मुझे बताया कि गोलकुण्डा राँची नहीं बल्कि पुरुलिया के पास है। इस ग़लती के लिए मैं पुरुलिया वालों से माफ़ी माँगता हूँ। हालाँकि जब आप एक ही दिन एक ही इलाक़े और शहर के गाँव व स्थानों में जाते हैं, तो सबके नाम याद रख पाना मुश्किल होता है और यह स्वाभाविक है कि आपसे ग़लती हो जाये। इसलिए, मैं आभारी रहूँगा यदि आप लोग मुझे एक-एक व्यक्तियों और स्थानों का विवरण देने से छूट देंगे, क्योंकि मेरा ध्यान मुख्य रूप से उन घटनाओं और मुद्दों पर केन्द्रित रहता है, जहाँ पर मैं मौजूद होता हूँ; और उस वक़्त चाहे वहाँ कोई सन्दर्भित व्यक्ति हों या फिर जगह, उनके नाम याद रख पाना मुश्किल होता है। इसलिए नामोल्लेख में अगर लोग या स्थानों के नाम छूट जाते हैं या फिर वर्णन में कोई भूल रह जाती है, तो उसे मेरा स्मृतिदोष माना जाना चाहिए, जानबूझ कर की गयी ग़लती नहीं।

(यंग इंडिया, 22 अक्टूबर 1925)

बुद्ध की विहारभूमि में

-विनोबा भावे

जिस दिन मैंने बिहार दुर्गावती : 14 सितम्बर 1952 में प्रवेश किया उस दिन से रोज़ 50 लाख एकड़ ज़मीन की माँग करने लगा। एक दिन एक भाई ने कहा कि आप छठा हिस्सा माँगते हैं तो बिहार का छठा हिस्सा 40 लाख आयेगा, 50 नहीं। दूसरे दिन से मैंने 40 लाख की रट लगाई। हमारे वैद्यनाथबाबू हिसाबी आदमी हैं। उन्होंने हिसाब बताकर 32 लाख पर राजी कर लिया। तब से मैं 32 लाख माँगने लगा। उस पुण्यपावन प्रदेश 'बिहार' में हमारी यह पैदल यात्रा सूर्यनारायण की नियमितता से और उसकी साक्षी में चल रही थी। यह बात अब बिहार की हवा में फैल गयी थी कि ज़मीन जल्दी ही बँटकर रहेगी। बाढ़-पीड़ित प्रदेश में हमारे ढाई महीने बीते। वहाँ ऐसे भी मौक़े आये कि हम लोगों के भोजन का कोई भी इन्तज़ाम नहीं था। साढ़े तीन साल में ऐसा मौक़ा कभी नहीं आया, लेकिन बाढ़-पीड़ित क्षेत्र होने के कारण ऐसा हुआ। बावजूद इसके हमारी सभा में एक जगह क़रीब दो सौ नौकाएँ आ पहुँची थीं। सैकड़ों स्त्री-पुरुष आये थे। गीली ज़मीन और ऊपर से बारिश, लेकिन सब उत्साहपूर्वक खड़े-खड़े शान्ति के साथ प्रार्थना में सम्मिलित हुए। एक जगह तो यहाँ तक हुआ कि एक आदमी ने छठा हिस्सा ज़मीन दान दी। उसमें कुछ ख़राब ज़मीन भी थी। हमने उसको कहा कि भाई, यह तो तोड़कर देनी होगी। तो उसने तत्काल मंजूर कर लिया। यह घटना कलियुग की है, सत्ययुग की नहीं। अपने प्रति इतने अधिक सद्भाव से अगर हम लाभ न उठा सकें, तो हतभागी ही कहलाएँगे।

आज तक मैं सिर्फ़ भूमि का दान लेता था, मैंने कहा कि अब मैं सम्पत्ति का भी दान लूँगा। सम्पत्तिदान का मुख्य विचार यह है कि जो सम्पत्ति के छोटे-बड़े मालिक होते हैं, वे अपने को सम्पत्ति का ट्रस्टी मानें। इस विचार का पहला क़दम है, खानगी

सम्पत्ति के छठे हिस्से का दान देना। मैंने आशा यह रखी है कि यह पहला कदम जो उठायेगा, वह धीरे-धीरे ट्रस्टीशिप के पूरे विचार को अमल में लायेगा। पैसा तो दाता के पास ही रहेगा। सम्पत्तिदान में दाता अपनी सम्पत्ति का छठा हिस्सा हर साल समाज को देता रहेगा। मैं सिर्फ़ वचनपत्र लूँगा। दाता अपनी आत्मा को साक्षी रखकर उसका विनियोग करेगा। यह मेरा अजीब ढंग है। अगर मैं फंड इकट्ठा करता तो मुझे हिसाब रखना पड़ता और उसी में मेरा सारा समय जाता। पर मुझे तो क्रान्ति करनी है। इसमें मेरी यह दृष्टि है कि मैं दान देने वालों से कहना चाहता हूँ कि हम आपका पैसा नहीं चाहते, बल्कि आपकी 'टेलेंट' और अक्ल चाहते हैं। मैं ख़ुद मुक्त रहना चाहता हूँ और आपको बाँधना चाहता हूँ। अब मैं भूमि और सम्पत्ति, दोनों का हिस्सा माँगूँगा। पटना : 23.10.1952

चांडिल में मैं सख्त बीमार हो गया दिसम्बर 1952। मलेरिया का बुख़ार आ गया। 1924 में ऐसी ही सख्त बीमारी हुई थी। बाद में अनुभव हुआ कि उस बीमारी से मेरा लाभ ही हुआ। अब मैं सोच रहा था कि या तो ईश्वर मुझे इस देह से मुक्त करना चाहता होगा या फिर मेरी देहशुद्धि कराके मुझे फिर से काम में लगाना चाहता होगा। ईश्वर यदि इस देह से मुक्त करना चाहता हो तो क्या दवा उसकी इच्छा के विरुद्ध काम करेगी? और अगर वह मुझे इस शरीर में रखना चाहता हो, तो उसकी इच्छा के विरुद्ध कोई बात कैसे होगी? इसलिए दवा की ज़रूरत नहीं है। मैंने दवा लेने से इनकार कर दिया। लेकिन मित्र और सुहृद चिन्तित हो गये। राजेन्द्र बाबू और पण्डित जवाहरलाल नेहरू के तार आये। श्रीबाबू श्रीकृष्ण सिंह, बिहार के मुख्यमन्त्री आये और बहुत आग्रह किया। मैं देख रहा था कि इन सबको बहुत क्लेश हो रहा है। तो मैंने दवा लेना मंजूर कर लिया। दवा लेने से बुख़ार उतर गया और सबकी चिन्ता दूर हुई।

लोगों के सामने यह पहेली हो गयी कि पहले बाबा ने दवा लेने से इनकार कर दिया और फिर दवा ले भी ली। बहुत-से लोगों ने अपनी भावना मुझे लिखकर भेजी। उनमें एक मत था कि दवा लेकर मैंने बहुत बड़ा पुण्यकार्य किया है, दूसरा मत था कि मुझसे महापाप हुआ है और ईश्वर पर की मेरी श्रद्धा ढह गयी है। तीसरा पक्ष भी था कि हुआ तो दोष ही है, पर लोकसेवा की भावना से हुआ इसलिए माफ़ किया जा सकता है। मुझे गीता का श्लोक याद आया–

अनिष्टमिष्टं मिश्रं च त्रिविधं कर्मण: फलम्
भवत्यत्यागिनां प्रेत्य न तु संन्यासिनां क्वचित्।।

अब यह त्रिविध कर्मफल मेरे सिर पर चढ़ने वाला है या नहीं, मैं नहीं जानता। और जानने की मुझे उत्सुकता भी नहीं। भगवान ने जो कुछ कराया वह हुआ, ऐसी इस विषय में मेरी भूमिका रही, इसलिए मैं निश्चिन्त रहा।

मैंने चांडिल में (7.3.1953) कहा था कि 'हमें स्वतन्त्र लोकशक्ति निर्माण करनी चाहिए। अर्थात् हिंसाशक्ति की विरोधी और दण्डशक्ति से भिन्न लोकशक्ति हमें प्रकट करनी चाहिए। हमारी देवता यह जनता-जनार्दन है।' मैं जो घूम रहा हूँ, उसके पीछे मेरी नहीं, उन तपस्वियों की ताक़त है, जो कारख़ानों, खेतों और खानों में काम करते हैं। आधा पेट रहकर भी काम करते हैं और मस्त रहते हैं। किसी को तकलीफ़ नहीं देते, बल्कि स्वयं सहन करते हैं। यही उनकी तपस्या है, जो मुझे जगाती है।

बिहार में तो मुझे भगवान का प्रसाद भी मिल गया। देवघर के वैद्यनाथधाम में हरिजनों को लेकर हम महादेवजी के दर्शन के लिए गये थे 19 सितम्बर, 1953। महादेवजी के दर्शन तो नहीं मिल सके, लेकिन प्रसाद रूप उनके भक्तों के हाथ की मार अवश्य मिली। जिन्होंने मारपीट की, उन्होंने अज्ञानवश वैसा किया। इसलिए मैंने नहीं चाहा कि उनको कोई सज़ा मिले। परन्तु मुझे इस बात से बहुत ही सन्तोष हुआ कि जो सैकड़ों भाई-बहन मेरे साथ गये थे, वे सभी शान्त रहे। इतना ही नहीं, मेरे साथियों ने, जिन पर बहुत ज़्यादा मार पड़ी थी, उन्होंने कहा कि उस समय हमारे मन में कोई ग़ुस्सा नहीं था। मुझे विश्वास है कि यह भेदासुर का अन्तकालीन आक्रोश ही सिद्ध होगा। ज़बरदस्ती से या केवल क़ानून के बल से मन्दिर में प्रवेश करने की मेरी इच्छा नहीं थी। उल्टे मैंने यह रिवाज़ रखा है कि जहाँ हरिजनों को प्रवेश नहीं मिलता उस मन्दिर में मैं जाता ही नहीं। पर यहाँ हमने जब पूछा तो कहा गया कि मन्दिर में हरिजन जा सकते हैं। इसीलिए हम लोग शाम की प्रार्थना के बाद श्रद्धापूर्वक दर्शन के लिए निकले। रास्ते में हम लोगों ने मौन रखा था। मैं तो मन ही मन महादेव की स्तुति के वैदिक सूक्त का चिन्तन करता जा रहा था। उस हालत में जब हमारे ऊपर अनपेक्षित मार पड़ी तो उससे मुझे तो एक विशेष उत्साह चढ़ा। साथियों ने मुझे घेर लिया था, इसलिए मारने वाले मुझ पर जो भी सीधा प्रहार करते, उसे साथी लोग झेल लेते, फिर भी यज्ञशेष के तौर पर कुछ मुझे भी चखने को मिला। जिनके चरणों का मैं दास कहलाता हूँ, उन पर गांधीजी भी इसी धाम में ऐसा ही प्रहार किया गया था, वह घटना मुझे याद आ गयी। वही भाग्य मुझे प्राप्त हुआ, कुछ धन्यता अनुभूत हुई।

14 सितम्बर 1952 से 31 दिसम्बर 1954 तक बिहार की यात्रा हुई। 23 लाख एकड़ भूमि प्राप्त हुई। भूदान-यज्ञ, सम्पत्ति-यज्ञ, श्रमदान-यज्ञ आदि कार्य चलते-

चलते आख़िर उनमें जीवन-दान निकल पड़ा। इस कार्यक्रम से मेरे हृदय को अपार आनन्द महसूस हुआ। परन्तु इससे बड़ी बात यह है कि मैं कह सकता हूँ कि बिहार में घूमते हुए ईश्वरीय प्रेम का साक्षात्कार हुआ। बिहार के लिए मेरे मन में एक स्वप्न था और है। मैं आशा करता हूँ कि 'भूदान-यज्ञमूलक ग्रामोद्योग प्रधान अहिंसक क्रान्ति' बिहार की भूमि में होकर ही रहेगी। मैं अपने को बहुत धन्य समझता हूँ कि वहाँ इतने दिन विचरने का सौभाग्य मुझे मिला। वहाँ के कण-कण में आँख भरके मैंने परमेश्वर का दर्शन पाया। वहाँ की जनता की सरलता, उदारता हृदय को छुए बिना नहीं रह सकती। हम जिसे प्रान्तीय भगवान कहते हैं, वह बिहार के लोगों में दूसरे प्रान्तों की तुलना में बहुत कम मालूम हुई। वहाँ के लोगों ने मुझे आत्मीय माना। बहुत आनन्द और अपार शान्ति का वहाँ अनुभव हुआ। मनुष्य की आत्मा में केवल आनन्द है। जितना व्यापक आकाश है, उतना ही व्यापक आनन्द है। बिहार की भूमि में वह आनन्द हमने बहुत लूटा। आकाश के समान विशाल हृदय का सर्वत्र स्पर्श हुआ। इसलिए हम इस यात्रा को आनन्दयात्रा कहते हैं।

नोट : झारखण्ड तब बिहार का हिस्सा था। 2000 में यह बिहार से अलग हुआ। यह यात्रा झारखण्ड की है।

सिंहभूम में हेमन्त के वे दिन

–विभूति भूषण वन्द्योपाध्याय

गत वर्ष दुर्गापूजा के समय षष्ठी के दिन हम कई दोस्तों के साथ सिंहभूम के पहाड़ी इलाक़ों के भ्रमण के लिए हावड़ा से रवाना हुए। सुबह नौ बजकर पन्द्रह मिनट पर हमारी ट्रेन रवाना हुई। काफ़ी समय तक कलकत्ता की क़ैद की ज़िन्दगी बिताने के बाद कुछ दिनों के लिए रमणीय प्रकृति के बीच किसी दिनचर्या के बिना आज़ाद ज़िन्दगी व्यतीत करने की उम्मीद में हम सभी काफ़ी ख़ुश थे। हमारी ख़ुशी का एक अतिरिक्त कारण यह भी था कि जिन लोगों के साथ हम भ्रमण पर निकले थे, वे सभी शिक्षित, विनोदप्रिय और प्रकृति के पुजारी थे। कई बार ऐसा भी होता है कि हम काफ़ी पैसे ख़र्च कर बहुत दूर का भ्रमण कर लेते हैं, लेकिन पसन्दीदा साथियों के अभाव में पूरी यात्रा ही बेकार हो जाती है। यह एक बहुत बड़ा दुर्भाग्य है।

ऐसा नहीं कि बीएनआर 'बंगाल-नागपुर' पर हमारी यह पहली यात्रा थी। हम इधर इससे पहले भी कई बार आ चुके थे। एक बार मैं 'बंगश्री' पत्रिका की ओर से पत्रिका के सहायक सम्पादक किरण बाबू और 'शनिवार की चिट्ठी' पत्रिका के सम्पादक परिमल बाबू के साथ सम्बलपुर ज़िला के गहन जंगल व पहाड़ियों के बीच क्रिमसोल नामक पहाड़ की एक गुफा में प्रागैतिहासिक युग के शिलालेख देखने गया हुआ था। उस समय हमारे साथ हमारे एक और मित्र थे–प्रमोद रंजन दासगुप्ता।

शरतकाल की सुनहरी धूप, हरे-भरे नारियल के पेड़ों का जंगल, कसेली के पेड़ों की क़तार, काई से भरे तालाब के घाट, धान की डेमनी 'विशाल टोकरियाँ', बीच-बीच में खुले मैदान, पोखर, खेतों में तैयार हेमन्ती धान, सामने दूर स्थित फूँस की छतवाली झोपड़ियों के गाँव और इन सबके ऊपर बादलों से मुक्त निर्मल घुमाव

पर एक बहुत ही ख़ूबसूरत अन्तरीप कितना सुन्दर लग रहा है। नारियल के आठ-दस पेड़ और हरी घासों से ढँका हुआ मैदान का एक छोटा टुकड़ा । लगता है वहाँ वह काफ़ी दूर तक नदी के अन्दर समा गया है। शरतकाल की दोपहर में कितना ख़ूबसूरत दृश्य था वह।

खड़गपुर का स्टेशन छोड़ते ही बंगाल के कछारी क्षेत्र का अन्त हो जाता है। चारों तरफ़ दिखती है लाल मिट्टी, कंकड़-पत्थरों से सनी ज़मीन, कहीं-कहीं मुलायम पत्थरों के बड़े-बड़े टुकड़े इधर-उधर बिखरे हुए। आम तथा जामुन की जगह शाल और केंदू के वृक्षों की भरमार। झाड़ियों के जंगल नहीं के बराबर, यदि हैं भी, तो वहाँ साल और केंदू के पौधों की बहुतायत है।

खड़गपुर के बाद ट्रेन रुकी झाड़ग्राम में। झाड़ग्राम मिदनापुर का एक अनुमण्डल है। चारों ओर सखुआ के जंगलों से घिरा यह छोटा-सा शहर है। जंगलों के बीच छोटे-छोटे सफ़ेद रंग के बँगले, लाल कंकड़ों के सूखे रास्ते। झाड़ग्राम के बाद अगला स्टेशन है गिधनी। स्टेशन के पास एक बहुत बड़ा तालाब है जिसके चारों ओर सफ़ेद बँगले हैं।

धलभूमगढ़ स्टेशन के छोड़ते ही दूर में पहाड़ देखे जा सकते हैं। घाटशिला पहुँचने के बाद रेल लाइन के दोनों ओर दूर-दूर पर पहाड़ दिखते हैं। घाटशिला एक लगातार बढ़ रहा शहर है। पिछले कुछ ही वर्षों के अन्दर बंगाल के विभिन्न इलाक़ों, विशेषकर कलकत्ता से अनेक भद्रजन घाटशिला गये और वहाँ ज़मीन मकान ख़रीद कर बसने लगे हैं।

घाटशिला के बाद है गालुडी। यह भी इन दिनों घाटशिला जैसी ही लगातार प्रगति करने वाली जगह है। गालुडी में अब ज़मीन आसानी से नहीं मिलती। गालुडी का प्राकृतिक नज़ारा घाटशिला से भी ज़्यादा ख़ूबसूरत है। स्वर्णरेखा नदी गालुडी स्टेशन के काफ़ी क़रीब है। यहाँ का बाज़ार घाटशिला से सस्ता है।

हमारे गालुडी पहुँचने के लगभग एक माह पहले से हमारे मित्र नीरद चौधरी के अग्रज श्री चारुचन्द्र चौधरी सपरिवार यहाँ आकर रह रहे थे। हमने स्टेशन मास्टर से कह दिया कि वे कृपया चारुबाबू के बँगले में यह सन्देश भिजवा दें कि हम आज राखा माइन जा रहे हैं। हम जब राखा माइन स्टेशन पर उतरे, उस समय अपराह्न के तीन बज रहे थे। हमने यहाँ आने की ख़बर पहले से ही दे रखी थी। जिस कारण हमारे सामान ढोने के लिए बैलगाड़ी और अन्य लोग भी उपस्थित थे। हमारा बंगला दो मील दूर था।

अपराह्न की धूप का अभी लाल रंग से रँगना शुरू ही हुआ था। स्टेशन से बाहर आते ही दक्षिण और पश्चिम दिशा के पहाड़ों के दृश्य से मैं मोहित हो गया। छोटी-सी

घुमावदार सड़क पहाड़ों की ओर ही जाती है, क्योंकि राखा माइन के सभी बँगले दो मील दूर उन्हीं पहाड़ियों की तलहटी में स्थित हैं। बीच में स्वर्णरेखा की एक छोटी शाखा नदी के बड़े-बड़े चट्टानों के बीच से झूमती हुई गुज़र रही है।

हमारे बँगले के पीछे, जो अपेक्षाकृत कम ऊँचे पहाड़ पूर्व दिशा के सिद्धेश्वर डुंगरी और पश्चिम के धनझारी पहाड़ों को जोड़ते हैं, ज़िला में उसका नाम है ताँबा पहाड़। केप कॉपर नामक कम्पनी कुछ वर्ष पहले एक पहाड़ से ताँबा निकाला करती थी। उसी कम्पनी ने राखा माइन शहर की स्थापना की थी। अफ़सोस की बात यह है कि निदेशकों 'कम्पनी' के बीच विवाद तथा विभिन्न कारणों के चलते यह कम्पनी बन्द हो गयी। वर्तमान समय में एक अंगरेज़, कम्पनी की सम्पत्ति तथा ज़मीन ख़रीद कर राखा माइन में रह रहे हैं। स्टेशन के पास लगभग एक सौ बीघा ज़मीन पर उनकी टमाटर-पपीता आदि की खेती है।

राखा माइन की छवि यदि आप लोग मन में उकेरना चाहते हों तो एक ऐसी समतल भूमि की कल्पना कीजिए, जो पूरब से पश्चिम तक लगातार फैली हुई पहाड़ों की शृंखला की तलहटी पर स्थित है। उस समतल भूमि में जहाँ-तहाँ ख़ूबसूरत बँगले, लाल मिट्टी की सीधी-सीधी सड़कें, क्लब रूम, अस्पताल और डाकखाना है। बीच-बीच में सखुआ और महुआ के पेड़ों के झुण्ड और सड़कों से दूर जंगली फूलों की झाड़ियाँ।

राखा माइन में खाने-पीने का कोई सामान नहीं मिलता, यह बात यहीं कह देनी अच्छी रहेगी, मैं स्वीकार करता हूँ कि राखा माइन में लोग-बाग़ नहीं हैं। खाने-पीने के सामान नहीं मिलते। जंगली जानवरों का डर बना रहता है। मैं यह भी मानता हूँ कि आजकल के लायक किसी भी तरह का आराम वहाँ उपलब्ध नहीं होगा। घाटशिला या गालुडी की तरह वहाँ चाय की दुकानें नहीं, भोजन की दुकानें नहीं, परचून की दुकानें नहीं, समय पर हो सकता है धोबी और नाई भी नहीं मिलें, लेकिन जो बात राखा माइन में है, वह बीएनआर लाइन पर टाटानगर के इधर और कहीं भी नहीं है। राखा माइन ने प्राकृतिक ख़ूबसूरती की प्रचुरता, विशालता व कमनीयता में गालुडी, गिधनी व घाटशिला–सभी जगहों को परास्त कर दिया है।

हम हेमन्त के अपराह्न का एक क्षण भी यहाँ व्यर्थ जाने देना नहीं चाह रहे थे। इसलिए हमने बँगले के अन्दर एक ही बार घुसकर देख लिया कि उसे ठीक तरह पोचाड़ा किया गया है या नहीं और पानी, लकड़ी आदि की व्यवस्था ठीक-ठाक है अथवा नहीं। इसके बाद ही हमने पहाड़ों पर चढ़ना शुरू कर दिया। बँगले से पहाड़ की तलहटी तक का रास्ता दो मिनट का है। पहाड़ पर जंगली तुलसी के पौधों की भरमार है। कुछ ऊपर चढ़कर हमने चारों ओर निहारा, अपराह्न की लाल धूप में

नीले आकाश के नीचे रेलवे लाइन, स्वर्णरेखा नदी, शाल व महुआ के जंगल, राखा माइन के बँगले, दूर स्थित गालुडी तथा महुलिया गाँव–सभी बहुत ही ख़ूबसूरत दिख रहे हैं। कलकत्ता से आते ही शुरू में ही यह सुन्दर दृश्य मन में जो आनन्द भर देता है, उसकी तुलना नहीं।

दोनों ओर सिर्फ़ पहाड़ों की दीवार, बीच से एक पतली सी सड़क, पहाड़ के ऊपर ही एक छोटा-मोटा खुला स्थान। पहाड़ के ऊपर अभ्रकवाले पत्थरों के बड़े-बड़े टुकड़े चमक रहे हैं। पतली सड़क के दोनों किनारे पहाड़ की ढलान पर जंगली तुलसी की झाड़ियाँ। कोई भी बड़ा पेड़ इतनी नज़दीक पर नहीं है। ताँबा पहाड़ पर बड़े पेड़ बहुत ज़्यादा नहीं हैं। सिर्फ़ उत्तर दिशा की निचली ओर कई गोलगोली फूलों के पेड़ मौजूद हैं।

सँकरी पहाड़ी सड़क से गुज़रते हुए हम एक ऐसी जगह पर आ खड़े हुए जहाँ से जिधर भी नज़रें घुमाता हूँ, उधर ही पहाड़ दिखते हैं। बायीं ओर इस क्षेत्र की सर्वोच्च चोटी सिद्धेश्वर डुंगरी, जो सिन्दूरी धूप से सुशोभित है, दाहिनी ओर है घने जंगलों से ढँका हुआ धंजरी। हमारे सामने नीचे दो पहाड़ों के बीच एक सुनसान घाटी।

पहाड़ की ढलान पर सँकरी सड़क के रास्ते जंगली तुलसी के घने जंगल के बीच से गुज़रते हुए हम नीचे घाटी पर उतरे। यह जगह इतनी अधिक निर्जन और इतने अधिक जंगलों से घिरी हुई है कि शाम को यहाँ आने में डर लगता है, क्योंकि यह सभी जानते हैं कि राखा में जंगली जानवरों की कमी नहीं है। थोड़ी दूर पर है कम्पनी का परित्यक्त मैंगजीन भवन, अर्थात इसी भवन में ताँबे के पहाड़ फोड़ने के लिए डायनामाइट रखे जाते थे। फ़िलहाल यह ख़ाली पड़ा हुआ है।

घाटी की पूर्वी ओर एक ख़ूबसूरत पहाड़ी नदी सामनेवाले पहाड़ के किसी कोने से कल-कल छल-छल करती हुई उतर रही है। नदी का पानी साथ में ताँबे के पत्थरों के साथ बह रहा है, इसलिए उसका रंग गाढ़ा नीला है। उस नीले झरने की अद्भुत ख़ूबसूरती को अपनी आँखों से नहीं देखने पर समझाया नहीं जा सकता। उसके एक ओर सिद्धेश्वर डुंगरी की ऊँची चोटी, पीछे ताँबा पहाड़ से काफ़ी ऊँचे पहाड़ों की श्रृंखला, पहाड़ों के ऊपर विशाल शाल के वृक्षों का जंगल, ऊपर आसमान पर सिन्दूरी रंग के बादलों का झुण्ड, हर पेड़ पर एक-दो पंछियों का चहकना और इस साँझ की वेला में सुनसान जंगल व पहाड़ की चोटी के बीच तेज़ धार से बहते नीले झरने की कल-कल आवाज़।

नीले झरने के रास्ते चट्टानों के टुकड़ों को लाँघते हुए हम पूरब की ओर चलने लगे, सड़क के किनारे नीम के कई बड़े-बड़े पेड़ों ने उस जगह को लगभग अन्धकार

कर रखा था, किसी अनजान जंगली फूल से खुशबू निकल रही है, शाम का अँधेरा छाने में अब देर नहीं है। आसमान पर शुक्ल पक्ष का चाँद लगातार उज्ज्वल होता जा रहा है। नीले झरने के रास्ते में बाहर आकर हम पूरब की दिशा में कुछ दूर तक जाने के बाद एक चौड़ी सड़क पर आ गये। इस सड़क के दोनों ओर जंगल और ऊँची-नीची चट्टानें हैं। थोड़ी दूर जाने के बाद ही हम मुसाबनी से टाटा जाने वाली बड़ी सड़क पर पहुँच गये। सड़क चौड़ी और अच्छी है। इस सड़क पर प्रायः ही मोटरगाड़ी आती-जाती देखने को मिल जाती है। रानी झरने के पत्थर की खदान में काम करने के बाद मज़दूरों का झुण्ड इसी रास्ते से नज़दीक के गाँवों में लौटता है। इसलिए इन रास्तों पर जंगली जानवरों का डर बहुत कम है।

राखा माइन की एकमात्र दुकान भी है इसी सड़क के किनारे। हमारे दुकान के सामने जाकर खड़े होते ही दुकानदार ने बहुत ही इज़्ज़त के साथ हमें बिठाया और पूछा कि हमें क्या चाहिए? दुकानदार ओडिशा के थे। हमने सुना कि उन्होंने बहुत दिनों से राखा माइन में दुकान खोल रखी है। उन्होंने हमें बारम्बार समझाया कि शाम के बाद यहाँ इस तरह बिना औजार के साथ बाहर निकलना, विशेषकर नीले झरने की घाटी में घूमने के उद्‌देश्य से जाना बिल्कुल ख़तरे से ख़ाली नहीं है। मैंने उनसे पूछा—आपकी दुकान में सिगरेट मिलती है? मुझे उम्मीद नहीं थी कि ऐसी जंगली जगह में सिगरेट मिलेगी? लेकिन हमने देखा कि दुकानदार ने कई एक क़िस्म की देसी सिगरेट की पॉकिट लाकर हमें दीं और पूछा कि हमें कौन-सी सिगरेट पसन्द है। पूछने पर यह भी पता चला कि उनकी दुकान में चाय, यहाँ तक कि साबुन भी मिलेंगे।

नज़दीक के सन्थाली गाँवों के नौजवानों को आजकल रानी झरना का पत्थर खदान के चलते नक़द पैसे के दर्शन हो रहे हैं—उनमें से अधिसंख्य नौजवान चाय के बिना नहीं रह सकते—हाटों में साबुन की भी काफ़ी बिक्री हो जाती है।

ख़ूबसूरत चाँदनीवाली रात है। हम किराना दुकान से विदा लेकर अपने बँगले में लौट आये। मुसाबनी-टाटानगर सड़क से बँगले लौटने पर नीले झरने के ऊपर एक पुल से होकर गुज़रना पड़ता है। नीले झरने की धाराएँ इसी ओर पहाड़ी घाटी से कुछ दूर तक आगे बढ़ने के बाद चरणदेवी के उस छोटे से नाले में जाकर मिलती हैं।

...देर रात के प्रकाश व अन्धकार के बीच ताँबा पहाड़ कैसा रहस्यमय दिख रहा है। ऐसी निर्जन जगह में जंगली जानवर रात को अपनी इच्छा के अनुसार घूमते-फिरते नज़र आयेंगे। इस पर आश्चर्य क्या?

सुबह उठ कर हमने तय किया कि चूँकि हमारे पास वक़्त कम है। इसीलिए कम समय के अन्दर ही हमें दर्शनीय स्थलों को देख लेना होगा। एक बैलगाड़ी पर मंगलवार दोपहर को हम रानी झरना देखने को निकल पड़े। राखा माइन से जो सड़क

मुसाबनी की ओर जाती है रानी झरना उसी सड़क के किनारे पर है। हमारी दाहिनी ओर पहाड़ों का सिलसिला था। पहले ताँबा पहाड़, उसके बाद सिद्धेश्वर व महादेव डुंगरी। अन्तिम दो पहाड़ हैं राखा माइन से मुसाबनी की ओर लगभग एक मील आने के बाद पहाड़ के ऊपर है शाल का जंगल। पिछली वर्षा के पानी से सिंचित होने के कारण जंगल घने हरे रंग के दिख रहे है–पहाड़ों के नीचे कहीं-कहीं सन्थालों के गाँव, धान व मकई के खेत। मिट्टी बहुत कम ही दिखायी पड़ती है–सभी ओर कंकड़ व वैसे सफ़ेद व पीले छोटे-छोटे पत्थर, जो स्टेशन के प्लेटफॉर्म पर देखने को मिलते हैं।

एक जगह पर मुसाबनी रोड मानो घूमकर पहाड़ों व जंगलों में घुस जाने की कोशिश करता है–इस जगह में चारों ओर छोटे-बड़े पहाड़ों व चट्टानों का सिलसिला है। सिद्धेश्वर डुगरी की ओर नज़र उठाकर देखता हूँ तो काफ़ी ऊँचाई में पहाड़ की ढाल पर कुछ हिस्सा ऐसा दिखा, जहाँ कोई पेड़-पौधा नहीं था–ऐसा लग रहा था मानो हरे पहाड़ के जिस्म पर किसी ने अस्त्र से चोट पहुँचाकर गहरा लाल ताज़ा घाव पैदा कर दिया है। वहीं एक रानी झरने की पत्थर खदान टाटा कम्पनी डाइनामाइट से पहाड़ काटकर उसी स्थान से पत्थर इकट्ठा करती है और उसे टाटानगर भेजती है। इस पत्थर की ज़रूरत ब्लास्ट फर्नेस की लाइनिंग के लिए होती है।

एक छोटे-से झरने की आवाज़ सुनकर हम गाड़ी से उतरे। हमने देखा कि पहाड़ के ऊपर से एक झरना शाल व केंदू के घने जंगलों के बीच से चोरी-छिपे, टेढ़ा-मेढ़ा घुमावदार रास्ता बनाता हुआ, लाल सफ़ेद पत्थर के टुकड़े से बनी राह पर धीरे-धीरे उतरकर थोड़ी दूर तक मुसाबनी रोड के समानान्तर चलने के बाद फिर जंगलों के बीच ओझल हो जाता है। यही है रानी झरना। ऐसी लोककथा है कि निकट ही उरांवगढ़ नामक जगह में काफ़ी समय पहले एक राजा हुआ करते थे–सम्भवत: वह उरांव जाति के थे। उनकी रानी हर दिन नौकरानियों के साथ यहाँ झरने के ठण्डे पानी में नहाने के लिए आया करती थीं–उसी से इस झरने का नाम रानी झरना पड़ा है।

रानी झरना के बग़ल से जो रास्ता ऊपर की ओर जाता है, हम उससे पहाड़ के ऊपर पहुँचे। ऊपर एक जगह खेर नामक इस इलाक़े की एक जाति रहती है। प्रमोद बाबू साथ में कैमरा ले गये थे। वह इनकी तस्वीरें लेने की कोशिश करने लगे। इस मौक़े पर हमने एक बार पहाड़ के ऊपर चारों ओर घूम-फिर कर देख लिया।

खेर जाति के निवास स्थान के चारों ओर ही ऊँचे-ऊँचे पहाड़ों के शिखर दिखते हैं। उत्तर की ओर है खड़ा काफ़ी ऊँचा सिद्धेश्वर डुगरी, एक ओर है रानी झरना। बड़े-बड़े जंगली पेड़ों की छाया के कारण यह जगह काफ़ी अन्धकारमय है, यहाँ तक कि हम इस जगह दोपहर के समय भी सूरज की रोशनी पहुँचती हो, ऐसी सम्भावना नहीं लगी।

जंगली जानवरों से भरपूर इन भयानक पहाड़ों के बीच से ही हमारा रास्ता है। बरसात के समय प्राय: ही इधर हाथियों का झुण्ड उतरकर नीचे आता है–आदमखोर शेर भी प्राय: निकल आते हैं। लोग यहाँ कैसे 'रह लेते' हैं। यह वे ही कह सकेंगे। पूछने पर ऐसा लगा कि वे जंगली जानवरों की परवाह ही नहीं करते। फिर भी यह कोई बड़ा गाँव है, ऐसी बात भी नहीं, इस कम आबादीवाले स्थान में मात्र दो-तीन परिवार ही बसते हैं।

जंगलों के बीच एक जगह एक छोटा-सा क़ब्रिस्तान भी है। ऐसा लगा कि हाल ही में वहाँ किसी को दफ़नाया गया होगा। क़ब्र से ऊपर एक कुदाल और बग़ल में मिट्टी के कुछ बर्तन-घड़ा आदि रखे हुए मिले। परलोक में मृत व्यक्ति को लकड़ी काटने व खाना पकाने में कोई असुविधा न हो, सम्भवत: इसी उद्देश्य से ये सामान वहाँ रखे गये थे।

जंगल में एक क़िस्म के पेड़ों पर बहुत ही ख़ूबसूरत फूल खिले हुए हैं। बीच-बीच में खिले हुए शेफाली वृक्ष के अलावे आँवला, कन्द व शाल भी हैं, लेकिन इतनी ऊँचाई पर कहीं महुआ के पेड़ नज़र नहीं आये।

यहाँ एक क़िस्म के पहाड़ी साँप का नाम शंखचूड़ है। विस्तार से पूछने पर लगा कि वह किंग कोबरा की प्रजाति का साँप होगा। बड़े अजगर भी पाये जाते हैं। रानी झरना से लगभग एक मील दूर पर एक और पत्थर खदान है। दोनों ओर खड़ा पहाड़ की दीवार और बड़े-बड़े चट्टानों के बीच से आता हुआ एक और पहाड़ी झरना डाइनामाइट से तोड़े गये पत्थरों के ढेर के बीच अपनी पतली धारा के साथ खो गया है। पहाड़ के रास्ते थोड़ा अन्दर जाने पर दोनों ओर जंगली पेड़ों से घिरे एक सुन्दर स्थान तक पहुँचा जा सकता है। इस स्थान की ख़ूबसूरती से मैं जितना मोहित हुआ, उसी तरह वहाँ के एकान्त के कारण मन में भय भी होने लगा। हमने विचार किया कि शाम ढल रही है, पत्थर खदान के कुलियों की छुट्टी हो चुकी है, ऐसी परिस्थिति में ऐसी जगह अधिक देर करना उचित नहीं।

उस दिन बँगले में लौटने में शाम बीत गयी। दोनों तरफ़ के जंगल और पहाड़ों की श्रृंखला चाँदनी में अनजान और मायावी प्रतीत हो रहे थे। हमारे पड़ोसी मिस्टर पटनायक ने इतनी देर से लौटने के कारण हमें ख़ूब कोसा और बार-बार हमें समझा दिया कि यह कलकत्ता शहर नहीं है।

उन्होंने कहा, 'आप लोग इतनी जगह तो घूम-फिर रहे हैं, क्या आपने गवर्नर्स पुल देखा है?' हमने पूछा–'वह क्या है?' पता चला कि हमारे बँगले के बहुत नज़दीक ही एक तालाब है, उसके चारों ओर पहाड़ है–वह स्थान जितना एकान्त है, उतना ही ख़ूबसूरत। बिहार व ओडिशा के लाटसाहब ने राखा माइन में भ्रमण के

उद्‌देश्य से आने के बाद उस तालाब और उसके आसपास की ख़ूबसूरती की प्रशंसा की थी–उसी समय से उसका नाम गवर्नर्स पुल हो गया।

सुबह उठकर हम गवर्नर्स पुल में स्नान करने गये। मुसाबनी रोड होते हुए दक्षिण की ओर सन्थालों के एक गाँव के अन्दर से कुछ दूर तक जाने पर वह तालाब मिला। स्वर्णरिखा की जिस शाखा का नाम पहले लिया गया है, उसी की धाराओं के पहाड़ों के बीच फँस जाने के कारण यह तालाब बना। तालाब के चारों ओर बड़े-बड़े काले पत्थर, पानी के किनारे जंगली लिली के फूल, कहीं भी ज़रा-सी कीचड़ का नाम नहीं–बरसात के समय भी इसका पानी बिल्कुल साफ़-सुथरा। नहाते हुए सामने नीले आसमान के नीचे दूर पर धनझार पहाड़ की ख़ूबसूरती, पानी का हल्कापन और शीतलता, स्थानीय जंगल का सौन्दर्य, खिले हुए लिली के फूलों का समावेश, चट्टानों के बीच से निकलती नदी की पतली लेकिन तेज़ धारा की कल-कल आवाज़ से मन मोहित हो गया। ऐसा नहीं लगा कि तालाब की ख़ूबसूरती के बारे में बिहार तथा ओडिशा के लाट साहब ने कोई अतिशयोक्ति की थी।

अपराह्न में ताँबा पहाड़ के उस पार जंगल के रास्ते पर हम टहलने के लिए निकले। लगभग आधे मील तक जाने के बाद मैंने समझा कि मैंने जितनी कल्पना की थी, सड़क और दो पहाड़ों के बीच घाटी के जंगल का दृश्य उससे कहीं अधिक ख़ूबसूरत है। इतना घना जंगल तो रानी झरना में भी नहीं है। जंगल में फूलों से लदे कितनी तरह के पेड़, कितनी क़िस्म की वल्लरियाँ, एक जगह अमरूद के पेड़ों का जंगल, बीच-बीच में छोटे-छोटे झरने की धाराएँ कंकड़-पत्थरों से भरी राहों के बीच से जंगल के अन्दर घुसकर कहाँ खो गयी हैं। जंगली हाथियों को भगाने के लिए फ़सल की खेत के किनारे ऊँचे मचान, रास्ता कभी पहाड़ी झरने की पतली धार के उस पार क्रमशः ऊँचाई की ओर जाता है, कभी जंगल के निकट पहुँचकर रास्ते को दबोच लेता है, तो कभी उससे अलग होकर दूर हट जाता है। ऐसे निर्जन जंगल के रास्तों में दिन के ढलते समय अकेले अधिक दूर नहीं जाना चाहिए। ऐसा सोचकर मैं अपने बँगले में वापस आ गया। इच्छा थी कि हम सभी एक साथ किसी एक दिन उस रास्ते जायेंगे। लेकिन समय के अभाव के कारण वैसा नहीं हो सका। किसी कार्यवश कोजागरी पूर्णिमा से एक दिन पहले कलकत्ता लौटना पड़ा।

छोटानागपुर : उराँव और मुण्डा, हो और सन्थाल-क्योंझर

-मार्गुराइट मिलवर्ड

मैंने कलकत्ते से थोड़ी दूरी पर छोटानागपुर के राँची शहर को अपना मुख्यालय बनाया। कोलेरियन जनजातियों से यह मेरा पहला परिचय था, यह नाम उन्हें प्रारम्भिक आर्य आक्रमणकारियों ने दिया था। कोल जिसका अर्थ होता है काला।

उराँव को छोड़कर छोटानागपुर की सभी जनजातियाँ मुण्डा भाषा बोलती हैं जो बहुत प्राचीन मूल की प्रतीत होती हैं। मुण्डा महत्त्वपूर्ण और रहस्यमय लोग हैं, इसमें कोई सन्देह नहीं है कि वे भारत-गंगा क्षेत्र के प्राचीन स्वामी थे। उराँव जनजाति भी बहुत प्राचीन है, जो द्रविड़ भाषा बोलती है और मूल रूप से दक्षिण की है। चूँकि वे छोटानागपुर में बाद में आये, इसलिए वे मुण्डाओं को 'बड़ा' मानते हैं।

जिस होटल में मुझे ठहरने की सिफ़ारिश की गयी थी वह विशाल मैदानों के साथ काम करने के लिए काफ़ी सुखद स्थान साबित हुआ। मेरी योजना यहाँ उराँवों का अध्ययन करने की थी, क्योंकि यह उनका सबसे अच्छा इलाक़ा कहा जाता है। लेकिन मुझे जल्द ही पता चला कि मेरी योजनाएँ पर्याप्त सावधानी से नहीं बनायी गयी थीं, क्योंकि मैं उराँव और मुण्डा के बीच अन्तर नहीं कर पा रही थी। मैंने तुरन्त बाज़ार में सड़क पर चलते समय सम्भावित सिरों की तलाश शुरू कर दी। अथक दृढ़ता के साथ मैंने संग्रहालय से, मिशनरियों से, बल्कि उन सभी से, जिनसे मैं मिल सकी, मदद लेने की भरपूर कोशिश की। लेकिन हर जगह से ख़ाली हाथ मिलने के बाद, पूरी तरह से निराश और इस निराशा में मैंने खोज लगभग छोड़ ही दी, पर एक चमत्कार ही हुआ। आख़िरकार पिस्का चाय बाग़ान के प्रबन्धक, जिनसे मैं होटल में मिली थी, ने अपने ठिकाने पर काम करने का सुझाव दिया।

चाय बाग़ान में काम करने वाले लड़कों के कई समूह मेरे काम के लिए तैयार हुए। यहाँ मेरे सामने बिल्कुल अलग-अलग प्रकार के लड़कों की परेड करायी गयी और जो मेरे फ़ायदे के लिए उपयुक्त थे। वे बुने हुए लाल बैंड और बाब्स के साथ लम्बे टुकड़े पहनते थे। प्रत्येक तरफ़ पीछे के दो सिरों पर एक लूप होता था। मुझे बताया गया कि यह पोशाक का एक पुराना रूप है। यह मूल रूप से एक ढाल रही होगी। उन्होंने अपने सिरों को एक ही प्रकार के कपड़े में बाँध लिया, उसे एक पगड़ी में गोल घुमाया, जिसमें सामने लाल ट्रिमिंग और बाब्स दिखाई दे रहे थे। पुरुषों को महिलाओं की तरह गुच्छों और मोतियों की माला से सजा हुआ देखना मनोरंजक था। उनमें से प्रत्येक ने एक चौकोर कंघी खोंसी, कभी-कभी दो, सामने एक आँख पर शानदार ढंग से लटकती हुई, या पीछे की ओर ढीली-ढाली फँसी हुई। बालों को लड़कियों के जूड़े की तरह बनाया जाता था। मान्यता के अनुसार सभी उराँव पुरुषों को युवा होने पर उनकी बाँहों पर गर्म छड़ी से दागा जाता है।

इन समूहों में मुण्डा और उराँव दोनों थे। चूँकि वे एक जैसे आभूषण पहने हुए दिखाई दे रहे थे, इसलिए उन्हें अलग करना मुश्किल था और यहाँ तक कि प्रबन्धक भी मदद नहीं कर सका। जहाँ तक मैंने अनुमान लगाया, उराँव के चेहरे लम्बे और अधिक विशिष्ट थे, छोटी अच्छी आकार की नाक के साथ बारीक विशेषताएँ थीं, और माथा पीछे की ओर झुके हुए थे। मुण्डा लोग भारी और मोटे शरीर वाले, चौकोर चेहरे, मोटे होंठ और चौड़ी नाक वाले होते हैं। विशेष रूप से नन्हे उराँव की टोलियाँ आकर्षक थीं। लड़कियाँ चाय की पत्तियाँ तोड़ रही हैं। वे दिन की गर्मी में काम कर रही हैं। उन्होंने अपने ऊपर का कपड़ा उतार दिया था और मेरे सामने नंगे बदन खड़ी थीं। उन सभी ने अपने बालों में लगाने के लिए बोकेन के फूल इकट्ठे किये थे, क्योंकि इस तरह की सजावट जनजाति के बीच एक पसन्दीदा फ़ैशन है और मौसम में किसी भी फूल का उपयोग किया जा सकता है। उराँव महिलाओं का चेहरा अंडाकार, सुन्दर और छोटा होता है। वे अपने कानों के किनारे पर छह छल्ले बाँधती हैं और फैले हुए कान के लोब में दागदार लाल बाँस का एक रोल डालती हैं। गले में एक विस्तृत कुत्ते का कालर कसकर पहना जाता है और बीच में एक रुपये के साथ चार-चार आने का हार पहना जाता है। एक इंच से अधिक चौड़ी छह विशाल चूड़ियाँ पहनी जाती हैं और उनकी भुजाओं और छाती पर विस्तृत रूप से टैटू गुदवाया जाता है। भौंहों के बीच माथे के बीच में एक टैटू का निशान भी लगाया जाता है। उनके कपड़े, सभी घरेलू बुने हुए, दो टुकड़ों में होते हैं, जिनमें लाल किनारी होती है और किनारों पर एक बॉबी फ्रिंज होता है, ऊपर का कपड़ा आमतौर

पर छाती के थोड़ा ऊपर लपेटा जाता है और पीछे आधे धनुष में बँधा होता है।

जब मैं लोगों से परिचित हुई तो मुझे एहसास हुआ कि सुन्दर मुण्डा महिलाएँ उराँव से कितनी भिन्न थीं। मुण्डाओं के चेहरे बड़े और ऊबड़-खाबड़ माथा, दबी हुई नाक और मोटी नासिकाएं होती हैं। उनके बाल एक तरफ़ एक बड़ी गाँठ में व्यवस्थित होते हैं। वे लाल रंग के पाट वाला केवल एक कपड़ा पहनते हैं। एक विशिष्ट चिह्न कान की बाली में साल का पत्ता लपेटा हुआ था। साल का पेड़ मुण्डाओं के लिए पवित्र है। मैंने समय रहते लाल बाँस या साल के पत्ते की कान की सजावट से मुण्डा महिलाओं को उराँव से अलग पहचानना शुरू कर दिया।

आख़िरकार कई तस्वीरों और बहुत विचार-विमर्श के बाद मैंने अपने मॉडल के लिए एक उराँव आदमी को चुना (जैसा कि मैंने सोचा था)। वह हमारी दादी-नानी के पुराने फीते जैसा मोतियों का कालर पहना था और शायद ही कोई अन्य कपड़ा पहना हो। हमने बग़ीचे की चिलचिलाती गर्मी और तेज़ गर्म हवा के झोंके में काम किया। इसे जारी रखना असम्भव था इसलिए मैंने मॉडल और क्ले हेड दोनों को एक कार में वापस राँची होटल ले जाने का फ़ैसला किया, ताकि किसी ठण्डी जगह पर काम ख़त्म किया जा सके। उस शाम एक दुभाषिये ने कुली की वंशावली जानने में मेरी मदद की और मुझे पता चला कि वह मुण्डा था, उराँव नहीं।

उसी समय एक बड़ा अधिकारी होटल में आया। मैंने उसे अपना मॉडल दिखाया और अपनी सारी परेशानियाँ बतायीं। उन्होंने लड़के को सबसे उत्तम प्रकार का मुण्डा बताया, जो मुझे कहीं भी मिल सकता था। फिर उसने मेरे मिट्टी की प्रतिमा को देखा और हँसने लगा, क्योंकि भूरे रंग की मिट्टी ने इन लोगों की विशेषता वाले भारी ढेलेदार रूप को बढ़ा-चढ़ाकर पेश किया था। 'ठीक है, वह सभी मुण्डाओं से अधिक मुण्डा है' उन्होंने कहा। यह सचमुच सान्त्वना देने वाला था। मुझे याद आया कि बर्डेल ने एक बार कहा था : 'एक मूर्तिकला शेर में सभी शेर होने चाहिए, और वह किसी भी एक शेर से बड़ा होना चाहिए।'

इस अनुभव के बाद मैं मुण्डाओं के अधिकार में कान्ति में रहने चला गया, जिन्होंने मुझ पर दया की और अपनी विशेषज्ञ सहायता की पेशकश की। यह ग्रामीण जीवन के बीच एक अच्छा केन्द्र था। जिस शाम मैं पहुँची, उस शाम एक शानदार तोमाटिया चल रही थी। एक गाँव में पूरी रात और पूरे दिन ढोल बजते रहे और हमारे लिए सोना असम्भव हो गया। उत्सव का उद्देश्य साल वृक्ष की पूजा करना था। ढोल बज रहे थे। मैं वहाँ चल रहे नृत्य को देखने गयी। घरों के बीच की जगह बहुत छोटी थी और नृत्य के प्रभाव में खो गयी थी। इसके अलावा ढोल बहुत बड़े

थे और उनके शोर ने सब कुछ डुबा दिया। यह एक ख़राब नृत्य था क्योंकि सभी पुरुष नशे में थे, और लड़कियाँ केवल पंक्तियों में बिना कोई विशेष क़दम उठाये चल रही थीं। ये मुण्डा लड़कियाँ भारी होने के बावजूद सुन्दर दिखती थीं और वे एक बड़े काँटे वाली सजावटी कंघी लगाई थीं।

कैमरे और स्केच बुक के साथ मैंने इलाक़े के कई गाँवों का दौरा किया। मेरा मेज़बान एक विशेषज्ञ फ़ोटोग्राफर था और उतना ही उत्सुक भी था और मुझे विशेष रूप से एक मुण्डा गाँव याद है जिसने हमें सुन्दर विषय प्रदान किये। लनतारा से घिरे कई छोटे मैदानों से होकर गुज़रना बहुत कठिन था। मुझे आश्चर्य हुआ कि कुछ घरों में सेमी-लुना टाइलें लगी हुई थीं, जबकि अन्य में बीज जैसी तीर वाली घास लगी हुई थी। विशिष्ट झोपड़ियाँ काफ़ी बड़ी होती थीं जिनमें अन्दर दीवारें होती थीं और आधी मवेशियों के लिए छोड़ दी जाती थीं। पीछे की ओर अनाज को भूसे की बड़ी-बड़ी टोकरियों में एक साथ बाँधकर रखा जाता था। महिलाओं का एक समूह छोटे से आँगन में धान बीन रहा था और एक लड़की धूप में धान पसार रही थी जबकि दूसरी बरामदे में दाल छान रही थी। एक अच्छा दिखने वाला लड़का, पीछे और सामने लाल रंग से बुना हुआ लम्बा लँगोटी पहने हुए और धनुष-बाण लिए हुए, अपने कन्धों पर जुआ और हल लेकर अन्दर आया। वह एक राजकुमार की तरह लग रहा था और शानदार ढंग से खड़ा था। कहते हैं यहाँ की ज़मीन के मूल मालिक मुण्डा हैं।

जिन पवित्र उपवनों या तीर्थस्थलों के बारे में मैंने पढ़ा था, उनके बारे में बहुत कम देखा जा सकता था। आख़िरकार मुझे जो मिला वह मैदान के बीच में एक अकेला पुराना साल का पेड़ था। गाँव के जिस पवित्र उपवन का हमने अध्ययन किया वह पाँच साल वृक्षों का एक समूह था, जो एक साथ खड़े थे। मन्दिर (यहाँ कोई प्रतिमा नहीं होती है, खुला होता है और साल का वृक्ष होता है, जिसे सरना स्थल कहते हैं।) नयी पवित्र ज़मीन पर होना चाहिए और इसे सरना स्थल कहा जाता है। जंगल की अच्छी आत्मा वहाँ रहती है और साल में एक बार मुण्डा इस स्थान पर आकर पूजा करते हैं और एक मुर्गे की बलि देते हैं। एक फैले हुए आम के पेड़ के नीचे एक विशाल मुण्डा क़ब्रिस्तान सबसे दिलचस्प था। थोड़ी ऊँची स्थिति में रखे गये लगभग एक सौ या अधिक मोनोलिथ पत्थर, गाँव के भूमि मालिकों के स्मारक हैं। पत्थर लगाना महँगा है, क्योंकि पड़ोसियों को बुलाना पड़ता है। उन्हें ले जाने में मदद करें और बाद में उन्हें दावत देनी होती है।

मेरे द्वारा देखे गये सबसे अच्छे उराँव गाँवों में से एक को कालामाटी कहा जाता है। यह दुर्गम, पहाड़ी और सुरम्य था। सभी घर टाइलों से बने थे और ठोस

मिट्टी की ईंटों से बने थे, जो कँटीली लकड़ियों से घिरे साफ़-सुथरे छोटे आँगनों के चारों ओर बने थे। उराँव लोग धान और तिलहन की खेती करते थे, जिसे रायगेट कहा जाता था।

जब एक उराँव सम्पन्न होता है तो दूल्हा दुल्हन को लाने के लिए एक पार्टी में जाता है, जिसकी क़ीमत हाल ही में तीस रुपये तक बढ़ गयी है। प्रत्येक पुरुष केवल एक पत्नी से विवाह कर सकता है, लेकिन विवाह विघटित हो सकते हैं। परिवार का मुखिया विवाह समारोह आयोजित करता है और कोई पुजारी नहीं होता है। उराँव ने मुण्डाओं से बड़े स्मारक पत्थरों का विचार उधार लिया है और उनके पास सिर के पत्थरों और सपाट पत्थरों के साथ एक ही तरह के क़ब्रिस्तान हैं। वे अपने मृतकों को वहीं दफ़नाते हैं। बाद में वे हड्डियाँ खोदकर निकालते हैं, उनका दाह-संस्कार करते हैं और उन्हें उस गाँव में ले जाते हैं, जहाँ मृतक का जन्म हुआ था।

कालामाटी में, मैं लम्बे बालों, दो सजावटी कंघियों और रेड इंडियन की तरह सुडौल सिर वाले एक शानदार उराँव को ढूँढ़ने में कामयाब रही, जो मुझे बहुत पसन्द आया। मैंने परकार से उसका माप लिया और उसकी विशेषताओं की एक छोटी योजना बनायी, और फिर अगले दिन समय बचाने के लिए अपने मित्र के माध्यम से उससे बहुत सारे प्रश्न पूछे। बहुत देर बाद मुझे एहसास हुआ कि मैंने कितनी ग़लती की है। सुबह हमने पीछे के बरामदे में एक स्टूडियो की व्यवस्था की, मेरे पास काम के लिए मिट्टी पूरी तरह से तैयार थी और माप से सिर का निर्माण किया। पुलिस उस मॉडल को मेरे पास लेकर आयी और मैं उत्साह से भर गयी क्योंकि वह अपने पूरे पारम्परिक लिबास में शानदार लग रहा था। लेकिन, अफ़सोस, भय ने उस पर कब्ज़ा कर लिया। जैसे ही मैं सिर उठाने ही वाला था, उसने गार्ड से कहा कि उसे प्रकृति का बुलावा आया है, वह एक पेड़ के पीछे फिसल गया और हमेशा के लिए ग़ायब हो गया। पुलिस ने उसका पीछा किया, लेकिन हमने उसे फिर कभी नहीं देखा।

2

मुझे सुझाव दिया गया कि टाटा फैक्ट्री मुझे हो और सन्थाल से मिलवायेगी और चुने गये मॉडलों पर प्रबन्धन की कुछ पकड़ होगी। अपने पिछले अनुभव से यह एहसास हुआ कि यह एक अच्छा आइडिया है। इसलिए एक सुबह मैंने जमशेदपुर के लिए बस पकड़ ली। एक ब्रिटिश अधिकारी से मैं कम्पनी का परिचय प्राप्त करने में कामयाब रही, जिसने बदले में कारख़ाने में श्रम प्रबन्धक को एक पत्र लिखा। जब मैं चिलचिलाती धूप में एक पहाड़ी पर चढ़ गयी, अपना परिचय भेजा और

प्रबन्धक के साथ योजनाएँ बनायीं, तो मैं पहले से कहीं अधिक थकान का अनुभव कर रही थी। जमशेदपुर में एक अच्छा होटल था लेकिन मुझे डर था कि वहाँ थोड़ी गोपनीयता होगी, इसलिए मैंने ख़ुद को सबसे ख़राब डाकबँगले में स्थापित किया और इसका पछतावा भी हुआ।

टाटा कम्पनी का लौह और इस्पात उत्पादन में कोई मुक़ाबला नहीं है। उस समय उसका उत्पादन प्रति माह 24,000 टन तैयार स्टील और 90,000 टन लोहे का था। भट्ठियाँ पिघली हुई धातु उगल रही थीं और पूरे दिन और पूरी रात भयंकर चकाचौंध और धुआँ, कोयले की धूल और सायरन बजते रहते हैं। यह नारकीय क्षेत्रों की तरह था और उस भारत से बिल्कुल अलग था जिसे मैं प्यार करती थी। यह सब भयावह और भयानक था। मैं क्यों आयी थी, मैंने ख़ुद से पूछा, मेरी पूरी आत्मा जमशेदपुर से नाराज़ थी।

लेकिन जब मैं प्रबन्धक के साथ सूर्यास्त के समय काम के सिलसिले में मिलने गयी, तो मुझे यह स्वीकार करने के लिए बाध्य होना पड़ा कि इसमें एक निश्चित सुन्दरता थी। कोक ओवन को धकेलना रोमांचकारी था। आग का एक बड़ा केक ऊँचे, संकीर्ण ओवन से गिरते ही टुकड़ों में टूट गया–मैं लौ के स्तम्भ को घण्टों तक देख सकती थी।

डाकबँगला दिन-ब-दिन गन्दा, गर्म और ख़राब होता गया। मुझे हर मिनट होटल पर अफ़सोस होता था और पंखे, पानी या बर्फ़ के बारे में सोचने की हिम्मत नहीं होती थी। दृढ़ता और दृढ़ता से, मैंने एक मूर्तिकार के रूप में अपने लक्ष्य और हो और सन्थालों की सुन्दरता के बारे में सोचा। मेरा काम लेबर मैनेजर और उनकी पत्नी की दया और सहानुभूति से ही सम्भव हो सका।

हो जनजाति मुझसे बहुत अन्तरंग हो गयी। वे आपके चेहरे पर स्पष्टता से देखते हैं, कोई शर्म या नीची नज़र नहीं, रूठे हुए मुण्डाओं से इतना सुखद बदलाव। महिलाएँ सबसे आकर्षक थीं, लेकिन पुरुष विविध और वर्णनातीत थे। मैंने उनमें से सैकड़ों को उनके मुख्यालय चाईबासा की सड़क पर देखा, लेकिन मैंने उन्हें जमशेदपुर में मॉडल के रूप में अस्वीकार कर दिया क्योंकि वे सभी अपने बाल कटवा चुके थे।

उनका सिर भौंहों से ऊपर की ओर काफ़ी ऊँचा होता है और वे अपने बालों को कंघी करते हैं, जिससे सिर और भी ऊँचा दिखता है। हो महिलाओं का माथा बहुत नीचा होता है और दाहिनी ओर एक रोल में अलग-अलग बाल मूल तरीक़े से व्यवस्थित होते हैं। उनके नुकीले सोने के झुमके और चेन की क़ीमत

चालीस रुपये है, और वे गले में सोने की नाक की बालियाँ और सोने के सिक्के पहनती हैं। चाँदी की चूड़ियाँ और पायल, उनके हाथ और पैर और शंख से बनी एक विशेष चूड़ी हो का एक विशिष्ट चिह्न है। इसमें कोई सन्देह नहीं है, कौड़ी के सभी सीपों की तरह, इसे उर्वरता और सौभाग्य लाने के लिए पहना जाता था। पहले एक कन्धे को खुला छोड़कर साड़ी पहनी जाती थी लेकिन अब छोटी चोली का फ़ैशन बनता जा रहा है।

मैंने जिस ख़ूबसूरत लड़की को चुना, वह यथासम्भव स्वतन्त्र थी, इस तथ्य के बावजूद कि वह एक कारख़ाने में काम करती थी। वह जब चाहे दूर रहती थी और मुझे बहुत चिन्ता होती थी, लेकिन उसका दिमाग़ इतना अच्छा था कि मुझे धैर्य रखना पड़ता था। इन लोगों के बीच बहुत स्पष्टता और मधुरता थी, सुन्दर शिष्टाचार और हँसी-मज़ाक़ था, कोई उदास भाव नहीं था।

हो घर आसानी से पहचाने जा सकते हैं, क्योंकि वे सभी एक ही आकार के होते हैं, आकार में आयताकार होते हैं और कभी भी रेखाओं में नहीं बने होते हैं। कई को मिट्टी या लाल मिट्टी से रंगा जाता है। वे अपनी दीवारों को धारियों और ज्यामितीय डिजाइनों और कभी-कभी लाल, पीले और काले रंग की विचित्र आकृतियों से सजाते हैं। घर साफ़-सुथरे छप्पर वाले हैं और कुछ ने फूल-बर्तन वाली टाइलें उधार ली हैं। कभी-कभी एक समृद्ध व्यक्ति बाकियों से बड़ा घर बना लेता है। हो गाँव दुनिया से छुपे नहीं हैं, बल्कि सड़क के किनारे होते हैं। एक परिवार एक आँगन में रहता है जिसके चारों ओर तीन झोपड़ियाँ बनी हुई हैं, मिट्टी की दीवारें और लकड़ी की बाड़ है। सीटों के रूप में उपयोग की जाने वाली मिट्टी की सीढ़ियाँ और कगारें सभी बेदाग साफ़ हैं। मैंने जिस गाँव के सभी निवासियों को देखा, उससे मुझे ऐसा लगा कि वे बहुत सम्पन्न हैं और मुझे जल्द ही पता चला कि विवेक, उद्योग और मितव्ययिता उनकी सम्पत्ति के लिए ज़िम्मेदार थे।

एक बूढ़े आदमी से, जिनसे हमने बात की, उसने कहा कि उसके पास चालीस मन चावल है। भण्डार विशाल टोकरियों से भरे हुए थे। छत से रस्सी के सहारे लटके मक्के के भुट्टे अगले मौसम के लिए बीज प्रदान करेंगे। महिलाएँ साल के पत्तों को बण्डलों में बाँधकर छत पर सूखने के लिए डाल रही थीं। भीड़ मेरे पीछे-पीछे आँगन में पहुँच गयी, जहाँ मैं एक सँकरी कगार पर बैठ गयी और महसूस करने लगी कि मैं पहले कभी इतनी गर्मी नहीं झेली थी। ऐसा लग रहा था जैसे बहुत सारे बच्चे हों। मैंने हो कारीगरी की सबसे कलात्मक कुल्हाड़ी बनायी, जिसके किनारे पर एक ज्यामितीय पैटर्न के साथ उत्कृष्ट रूप से घुमावदार था।

हो जनजाति आमतौर पर तालाब के पास के मैदानी इलाक़ों में रहती है, पहाड़ियों पर नहीं, और इसलिए आजकल एक पूर्णत: शुद्ध गाँव ढूँढ़ना मुश्किल है। उनका धर्म, हमेशा की तरह, हिन्दू धर्म के साथ मिश्रित है, और वे महादेव का प्रतिनिधित्व करने वाले, सिन्दूर से पुते हुए एक खुरदुरे पत्थर की पूजा करते हैं। उन्हें आसमान से भी ऊपर एक सर्वोच्च सत्ता में दृढ़ विश्वास है। ग़रीब परिवार अपने मृतकों को दफ़नाते हैं, सम्पन्न लोग उनका दाह-संस्कार करते हैं। रिश्तेदार शव के लिए कपड़ा, तेल और हल्दी लाते हैं। हड्डियों को इकट्ठा किया जाता है और एक नये मिट्टी के बर्तन में नये कपड़े से ढँककर गाँव के क़ब्रिस्तान में दफ़ना दिया जाता है। स्थान को चिह्नित करने के लिए एक सपाट, बिना तराशा हुआ पत्थर, जिस पर कभी-कभी ख़ुदा हुआ होता है, सीधा खड़ा किया जाता है।

हो में कई बहिर्विवाही सेप्ट हैं। मुझे बताया गया कि शादी आमतौर पर 'अपहरण' द्वारा तय की जाती है। दोनों परिवारों के पिता और चाचा योजना बनाते हैं। विवाह और वधू-मूल्य पर चर्चा करते हैं, जो हैसियत के अनुसार दस रुपये से लेकर सौ रुपये तक होता है। जब इसे सन्तोषजनक ढंग से निपटा लिया जाता है, तो लड़का और लड़की जंगल छोड़ देते हैं। इसके बाद वैवाहिक अनुष्ठान आदि सम्पन्न किये जाते हैं और दूल्हा और दुल्हन दोनों को एक साथ सफ़ेद मुर्गे की बलि देते हैं।

हो सात महत्त्वपूर्ण त्योहार मनाते हैं, जिसे वे पोरोब कहते हैं। गाँव में माघे उत्सव मनाया जाता है। यह उनके नव वर्ष का पहला बड़ा त्योहार है। यह फ़सल कटने और खेत खलिहान के काम ख़त्म होने के बाद माघ महीने की पूर्णिमा को मनाया जाता है। बा: यानी बाहा पर्व। यह दूसरा बड़ा पर्व है। बा: का अर्थ है फूल। यानी यह फूलों का पर्व है। बा: प्रकृति को सम्मान देने के लिए मनाया जाता है। इस समय पुराने पत्ते झड़ जाते हैं और नये पत्ते निकल आते हैं। इसे बसन्त का पर्व भी कह सकते हैं। पर्व में नृत्य सभी हो उत्सवों का एक प्रमुख हिस्सा बनते हैं। एक शाम चाँदनी रात में मेरे देखने के लिए विशेष रूप से एक नृत्य की व्यवस्था की गयी थी। वहाँ छह या आठ बड़े ड्रम और एक झाँझ थे, नर्तक ढोल वादकों के बाहर एक विस्तृत घेरे में घूम रहे थे। सबसे पहले, बहुत शर्म से, लड़कियों की एक पंक्ति बारी-बारी से एक-दूसरे के पीछे हाथ जोड़कर ढोल की थाप के साथ एक घेरे में चली गयी। फिर और भी महिलाएँ शामिल हुईं और यह एक सर्पिल, दोहरी और तिगुनी रेखा बन गयी जो एक ही दिशा में घूम रही थी। प्रत्येक चरण की अपनी विशेष ढोल की थाप थी और सभी ने समय का ध्यान रखा और एक सुर में आगे बढ़े।

मैनेजर और उनकी पत्नी और मैं देशी खाट पर यथासम्भव आराम से बैठे थे। जब नर्तक आगे की ओर चक्कर लगा रहे थे, तो हमने मशालें पकड़ लीं और उन पर चमकने लगीं। लड़कियों ने अपने बालों को सजाने के लिए जूड़े में फूल लगा रखे थे। लड़के उनके चारों ओर घूमते रहे और जब उन्हें अपनी सबसे अच्छी लड़की मिल गयी (कम से कम, जैसा मैंने सोचा था) तो वे घेरे में चले गये और अपनी बाँहें उनकी पीठ पर रख दीं और सभी ने एक-दूसरे का हाथ पकड़ लिया। हो जनजाति में लड़कों का लड़कियों की नृत्य पंक्ति में जाना अजीब बात थी। जब वे हमारे पास से गुज़रे तो वे स्वप्निल लग रहे थे और ढोल की थाप से मन्त्रमुग्ध थे।

पहला नृत्य एक साधारण ग्रामीण नृत्य, माघे सन था। अगला बा सन या वसन्त नृत्य था, और यह मस्ती से भरा था और बहुत जोश के साथ नृत्य किया गया था। दो विवाह नृत्यों में एंडीसन नामक बहुत ही विशेष गतिविधियाँ शामिल थीं। इसमें बहुत तेज़ी से उछलने-कूदने, एक पैर पर छलाँग लगाने और पूरी तरह से सन्तुलित और लयबद्ध तरीक़े से रुकना था। समय बहुत अनुकूल था और पूरा प्रदर्शन शानदार और दिलचस्प था। ये अब तक मेरे द्वारा देखे गये सबसे अच्छे आदिवासी नृत्य थे।

लेबर मैनेजर की मदद से मुझे एक सन्थाल लड़की मिली, जो बड़ी-बड़ी आँखों, पतले गालों और घुँघराले मुँह वाली असली रोमन सुन्दरी थी। वे हो से बहुत अलग थी, उसका शरीर बहुत सुन्दर था और चेहरा इतना भारी या चौड़ा नहीं था। हालाँकि, उसका पति इतना सुस्त दिखता था कि मैंने अधिक सुविधाजनक मौसम तक पुरुष सन्थाल का काम करना बन्द कर दिया।

3

मेरे सामने अभी भी बड़ी कठिनाइयाँ आनी बाक़ी थीं। इस विश्वास के साथ कि क्योंझर राज्य एक गेस्टहाउस और कुछ दुर्लभ जंगली जनजातियों के साथ शान्त और पहाड़ी होगा, मैंने एक परिचय के लिए मछली पकड़ी थी और मुझे छोटी राजधानी, क्योंझर में जाने और रहने के लिए बहुत गर्मजोशी से आमन्त्रित किया गया था। जमशेदपुर से वहाँ पहुँचने के लिए मुझे बस की दो लम्बी यात्राओं का सामना करना पड़ा, क्योंकि और कोई सुविधा नहीं थी।

दोपहर के समय, जब मैं दूसरी बस में चढ़ी थी और सोच रही थी कि एक नश्वर व्यक्ति और कितना कुछ सहन कर सकता है। एक आदमी एक नोट लेकर मेरी ओर दौड़ा। उनकी अंगरेज़ी बहुत तंग थी, लेकिन उन्होंने मुझे उतरने के आदेश दिये। फिर उन्होंने मुझे समझाने की कोशिश की कि उस दिन क्योंझर जाना मेरे

लिए सुविधाजनक नहीं था, और मुझे फ़िलहाल रास्ते से थोड़ा दूर चम्पुआ नामक स्टेशन पर रुकना होगा। बहुत चिन्तित और आश्चर्यचकित, मेरे पास आज्ञा मानने के अलावा कोई विकल्प नहीं था। मुझे आज तक ठीक से नहीं पता कि क्या हुआ था, सिवाय इसके कि महाराजा को किसी अस्पष्ट अन्धविश्वासी कारण से अपने लिए गेस्टहाउस की आवश्यकता थी।

मुझे ऐसा लग रहा था, एक सुनसान मैदान के बीच में, एक सफ़ेद निरीक्षण बँगले में मुझे क़ैद कर दिया गया था। यह एक लम्बी सीधी सड़क के अन्त पर था जहाँ रात-दिन तेज़ गर्म हवा चल रही थी। गर्मी सहन करना कठिन था और मुझे हर चीज़ और हर किसी से चिढ़ महसूस हो रही थी। इसके अलावा समय मेरे लिए बहुत क़ीमती था और मानसून में हर दिन मायने रखता था।

ज़िले के तहसीलदार मुझसे मिलने आये। वह काफ़ी असहाय थे लेकिन बहुत दयालु थे और उन्होंने मेरे शिविर की व्यवस्था करने का वादा किया। एक मजिस्ट्रेट बुलाने के लिए लम्बी सफ़ेद सड़क पर आया। उसकी चौड़ी मोटी मुस्कान और लम्बी दाढ़ी थी और उसने मुझे कुछ भुइयाँ को भेजने का वादा किया, जो उन जनजातियों में से एक थी जिन्हें मैं तलाश रही थी। हिम्मत जुटाते हुए, मैंने मिट्टी को खोलना और तैयार करना शुरू किया, तभी पाया कि असमंजस की स्थिति में एक सबसे महत्त्वपूर्ण पार्सल बस की छत पर छोड़ आयी थी।

मजिस्ट्रेट के वादे के अनुरूप, एक भुइया समूह आया लेकिन वे निराशा से भरे लग रहे थे। शायद विज्ञान के लिए दिलचस्प लेकिन कला के लिए डरावना। मुझे यक़ीन था कि वे पैथोलाजिकल विषय थे। उनके मुँह पूरे खुले हुए थे, उनके माथे कनपटियों के बीच असम्भव रूप से संकीर्ण थे, जबकि चेहरे का निचला हिस्सा सकारात्मक रूप से उभरा हुआ था। एक पहाड़ी गाँव का एक बूढ़ा व्यक्ति मनोरंजक था। उसके लम्बे उलझे हुए बाल थे जिन्हें उसने अपनी दाहिनी आँख के ऊपर लटकते हुए कोबरा के सिर का आकार दे दिया था। मानवविज्ञान के प्रति एक कर्तव्य के रूप में, लेकिन मेरे बेहतर निर्णय के विपरीत, मैंने उसके सिर से काम शुरू किया, लेकिन मैं आभारी था कि जब वह ऊब गया तो भाग गया।

मैं अभी भी अध्ययन में लगी हूँ और एक खोये हुए अवसर को पुनः प्राप्त करने की कोशिश कर रही हूँ, मैं अच्छे लोगों को खोजने की उम्मीद में, जलते हुए मैदानों से होकर गोधूली गाँव तक तीन मील पैदल चला। वहाँ मेरे ध्येय तक पहुँचने से पहले झोपड़ियों के बाहर दो समूह थे, जो एक पवित्र नदी के पास एक बड़ा गाँव था। सचमुच, यह एक थका देने वाला व्यवसाय था।

मुझे यहाँ मैदानी इलाक़े के भुइयाँ के अच्छे नमूने मिले, लेकिन वे बहुत जंगली और शर्मीले थे। महिलाएँ मुझसे बहुत डरती थीं और उनका फ़ोटो खींचना भी मुश्किल था। उनमें से कुछ के पास हेयरड्रेसिंग का एक मूल और आकर्षक तरीक़ा था, जो चीनी शैली में एक सपाट गोल गाय के पैच में किया जाता था जिसमें एक पिन फँसी होती थी और शीर्ष पर फूल होते थे, एक ऐसी शैली जो मेरे लिए बिल्कुल नयी थी। उनके चेहरे भावहीन और बहुत सपाट और चौड़े थे। उन्होंने लाल काँच और चाँदी की चूड़ियाँ, नाक में नथ और पायल पहनी हुई थीं। मैंने देखा कि बायें हाथ पर टैटू था, साथ ही एक हार का पैटर्न और माथे पर एक निशान था।

झोपड़ियों के चारों ओर मैदान था और तस्वीरें खींचना मुश्किल था क्योंकि मैं बहुत पीछे खड़ा नहीं हो सकती थी। झोपड़ियाँ स्वयं बहुत मोटे तौर पर बनायी गयी थीं, जिन पर मिट्टी के लेप भी लगे थे। वे असमान दिखती थीं। अपने मार्गदर्शकों व विस्तृत प्रश्नों के माध्यम से, मैं भुइयाँ के बारे में कुछ तथ्य जानने में कामयाब रही। वे लगभग सभी हिन्दू हैं, वे उड़िया समझते और बोलते हैं लेकिन मुझे लगता है कि उनकी अपनी एक बोली है। उनकी शादी की दावत हिन्दू पद्धति की तरह आठ दिनों तक चलती है, और वे अपनी दुल्हनों के लिए वस्तु और धन के रूप में भुगतान करते हैं। लड़कों के लिए और लड़कियों के लिए भी बड़े शयनगृह थे, बाद वाले कम सामान्य थे क्योंकि लड़कियाँ अक्सर विधवाओं की झोपड़ियों में सोती थीं। छोटानागपुर की अन्य जनजातियों की तरह, वे अपने मृतकों को तब दफ़नाते हैं जब वे उनका दाह-संस्कार करने में सक्षम नहीं होते हैं। मैं महिलाओं और उनके असामान्य बालों से काफ़ी आकर्षित था, लेकिन मेरा गाइड किसी को बँगले में ले आकर मेरे लिए बैठाने में सक्षम नहीं था। यह एक निराशाजनक संघर्ष था। मैंने अनुभव किया, क्योंझर में सब कुछ काफ़ी अलग होगा।

चम्पुआ में पहली रात मैं हवा की तलाश में अपना बिस्तर बरामदे में ले आयी। तारों की छाँव में मौसम सुहाना लग रहा था हल्की-सी हवा चली और मैं सो गयी। ज़ोर की खाँसी और थूक ने मुझे चौंका दिया। मैं अपना टॉर्च लेकर उठी और देखने चली गयी। मुझे यह देखकर हैरानी हुई कि मेरे अलावा अन्य लोग भी बरामदे में ही सो रहे थे।

मेरे बायीं ओर बिल्कुल नग्न आकृतियाँ सो रही थीं और दायीं ओर आधा दर्जन लोग सो रहे थे। कुछ बात कर रहे थे और कुछ धूम्रपान कर रहे थे, सभी खाँस रहे थे और सभी थोड़ा नशे में थे। मैंने उनसे दृढ़ता से कहा कि यह मेमसाहब का बँगला है, और उन्हें चले जाना चाहिए। चूँकि कुछ नहीं हुआ तो मैंने खानसामा को

चिल्लाकर जगाया। वह सबसे अधिक चिन्तित था, उसने अपने दिल पर हाथ रखा और मुझे आश्वासन दिया कि मुझे डरने की कोई बात नहीं है। मैंने उसे समझाने की कोशिश की कि मुझे बिल्कुल भी डर नहीं लगता, बल्कि मैं अकेले सोना पसन्द करती हूँ। अन्ततः उसने उनमें से अधिकांश को हटा दिया और वे लड़खड़ाते हुए पास के पेड़ों पर जा गिरे। उन्होंने मुझे बताया, वे पहाड़ी लोग थे जिनका यहाँ कोई घर नहीं था, जो उस दिन जंगल में काम के लिए अपनी मज़दूरी लेने के लिए आये थे। मुझे लगा कि मैं एक जानवर हो गयी हूँ।

मेरा एकमात्र भोजन ख़राब करी, बेहद गर्म पानी, चपाती और अंडे थे। मैंने आहार पर ध्यान न देने की कोशिश की लेकिन बर्फ़, ब्रेड, जैम और फल खाने की इच्छा हुई। दयालु तहसीलदार ने मुझे कुछ यूरोपीय भोजन दिलाने की पेशकश की, लेकिन, जैसा कि उन्होंने कहा–'इस ज़िले में कभी भी कोई रहने नहीं आता है।' वह बहुत कठिनाई से दूर के बाज़ार से मेरे लिए सोडा पानी, जैम और मक्खन लेकर लाया। मक्खन काला था और एक टिन में फफूंद लगा हुआ था, जहाँ वह वर्षों से पड़ा हुआ था। जब मैंने उसे बताया कि यह ख़राब है तो वह आश्चर्यचकित हो गया और उदास होकर बोला : 'तुम इसे नहीं खाओगी?' चार दिनों के बाद और बिस्तर पर और मुक्ति की कोई सम्भावना न देखकर, मेरी हिम्मत और ताक़त टूट गयी और मैं झटकते हुए भाग गयी। मेरे पैरों से क्योंझर की धूल सनी थी।

मार्गुराइट मिलवर्ड (1873-10 फ़रवरी 1953) ब्रिटिश मूर्तिकार थीं। यह यात्रावृत्तान्त 'आर्टिस्ट इन अननोन इंडिया' से लिया गया है, जिसका प्रकाशन 1948 में लन्दन से हुआ था। उन्होंने भारत आकर यहाँ की जनजातियों की प्रतिमाएँ गढ़ीं। उनकी रुचि आदिवासियों के बारे में जानना था। वे मानवविज्ञानी की तरह नहीं, एक कलाकार की तरह आदिवासियों को देखने की कोशिश कर रही थीं। इस पुस्तक में उन राज्यों का विस्तार से वर्णन है, जहाँ-जहाँ वे घूमीं, अपने काम के सिलसिले में। उन्होंने पहली बार भारत की यात्रा 1926 में की थी। पहली यात्रा में वे शान्ति निकेतन गयीं और गुरुदेव रवीन्द्रनाथ टैगारे के साथ भी समय व्यतीत किया और उनकी एक प्रतिमा भी बनायी। 80 साल की उम्र में उनका निधन हुआ। पुस्तक की प्रस्तावना प्रोफ़ेसर एच. जे. फ्लेयर, एम.ए., डी.एससी., एफ.आर.एस. ने लिखी है।

रामगढ़ से राँची

–प्रबोध कुमार सान्याल

हमारी मोटर वायुमण्डल को विदीर्ण करती हुई चल रही थी। सड़क के दोनों ओर, सुदूर जंगल में, नये वसन्त ने अपना जादू फैला दिया है। एक के बाद एक तस्वीरें यहाँ-वहाँ से सामने आ रही हैं। एक से बढ़कर एक प्राकृतिक दृश्य दिखाई दे रहा है। गति की तरंग में मन झूम रहा है, हमारी कल्पना झूल रही है। मैं बहुत देर तक उस पगडंडी की तलाश करता रहा जो शाल वन के बीच से ग़ायब हो गयी थी। समय और दूरी मन के विकार हैं, हम इनके अस्तित्व को केवल अभ्यस्त मन से ही स्वीकार करते हैं। समय अनादि है, यह केवल हमारे मन की पलक का इतिहास है। रास्ता खो गया है, क्योंकि जो आँख से आँख मिलाता है वह आसानी से हार जाता है। काल और विस्तार केवल मन या भावनाएँ हैं।

कंकड़-पत्थरों से भरे खेत, कल्पना अपनी लहरदार छवि पर तैरती है। आगे-पीछे भटकता है मन। दूर पहाड़ी की चोटी के ऊपर का आकाश नीला है, उसके ऊपर दोपहर के सूरज की ताँबे जैसी किरणें वातावरण को चीर रही हैं। हमारी मोटर बेदम चल रही है। ट्रेन या मोटरसाइकिल से सीमा पार करना एक फ़ायदेमन्द अनुभव हो सकता है, लेकिन यात्रा तभी सार्थक है जब इसकी गति धीमी हो। फिर हम बस देखते हैं और रास्ते पर चलते हैं, कुछ पाना चाहते हैं, हमारा मन संग्रह से भर जाता है। यदि यात्रा इत्मीनान से, कर्तव्य और उत्तरदायित्व से मुक्त, निश्चिन्त और उन्मुक्त न हो तो उसकी स्मृति से रस नहीं निकाला जा सकता। इसलिए रियायती टिकटों में हवाई परिवर्तन शामिल है, लेकिन यात्रा नहीं।

लहरदार पथ भले ही छवि व्यक्त न कर सके, आगे की दुनिया का पथ तरंग दर तरंग के साथ हमारी मोटर से आगे बढ़ता हुआ प्रतीत होता है। कार के गद्दे के गर्भ में लहरें ऐसी हैं मानो शराब का सपना कुँआरी की जीवनधारा जैसा उत्साहवर्धक

हो। मैं जानता हूँ कि यह कल्पना तो आलसी है, परन्तु मन अनन्त भोग-विलास में आसक्त है। दूर-दूर तक कोई गाँव नहीं है, आसपास का पहाड़ी जंगल बिल्कुल सुनसान है।

सुदूर शून्य से कभी-कभी उड़ते किसी खानाबदोश पक्षी की आवाज़, मानव सृष्टि की प्रारम्भिक अवस्था में जो आदिम जंगलीपन था, वह बदला हुआ नहीं लगता। हमारी मोटर रंग पलाश की बंजर भूमि के पार चली जा रही है। यह वसन्त का समय है। बसन्ती रंगों की अनगिनत धाराएँ छोटी-छोटी पहाड़ियों के माथे से बहती हैं, जंगल सर्दियों के रास्ते पर अपना रहस्य प्रकट करते हैं, इसके साथ ही चैत की बयार में पत्तों के गिरने की आवाज़ के साथ हवा चलती है। जंगल में पलाश के लाल क्षितिज में आग लग गयी है। उस दिन यह दयनीय जंगल ख़ाली था, मैंने बीहड़ जंगल की शाखाओं में नंगी निर्जीवता देखी है, आज ऋतुओं की प्रचुरता में इसकी सैकड़ों भुजाएँ फैली हुई हैं। बसन्त में रंग आया है, सावन में रस आयेगा।

इस ऋतु का विकास साहित्य सृजन में देखा जा सकता है। जो लोग समुद्र की गर्जना सुन सकते थे, उनका मन रेगिस्तान की रेत से स्तब्ध हो गया। न जुताई, न खेती, खाद की कमी, न बुआई, नयी फ़सल का अकाल। पुराना धान जो पिसाई किया गया है, उपयोग में लाया जाता है। नया साहित्य अब बसन्त और सावन से परे है। सर्दी का मौसम आ गया है। इसका कारण अस्पष्ट है। युग की आपाधापी में मानव मन में कोई स्थिरता, कोई स्थायित्व नहीं है। आज तक जो सामाजिक-चेतना चली आ रही थी, वह मन उखड़ गया है। सामाजिक व्यवस्था टूटी-फूटी गाड़ियों की तरह ही हास्यास्पद हो गयी है। सामूहिक-जीवन बिखर गया है, व्यक्तिगत स्वतन्त्रता की कल्पना उग्र है। मानव समूह में, अर्थात तथाकथित समाज में, पहले कोई सिद्धान्त और व्यवस्था थी–और उसका एक निश्चित आकार होने के कारण रस साहित्य के लिए उसके विरुद्ध संघर्ष की घोषणा करना आसान रहा होगा। साहित्य में इसके विरुद्ध कुठाराघात करना अप्रासंगिक न होगा क्योंकि साम्प्रदायिक जीवन पहले से ही व्यवस्थित था।

सड़क पर दौड़ती मोटर के अन्दर क्षितिज पर किसी विशालकाय सरीसृप की चिकनी सतह की तरह बैठे चैत्र की गर्म हवा आँखों में डूब रही है। मैं साहित्य के बारे में सोच रहा था? क्या हाल की निष्क्रियता को आलस्य कहा जा सकता है? फाल्गुंडी की सतह पर कोई लहरें नहीं हैं, वह रेत से ढका हुआ है, लेकिन उसका हृदय अनुभव के पथ पर लगातार आश्चर्य से बढ़ रहा है। साहित्य का हर युग अँधेरे

में संघर्ष करना, कभी-कभी रोशनी से भटक जाना। स्पष्ट शान्ति के माध्यम से संचय और संग्रहण अनवरत चलता रहता है, सृजन कभी स्थिर नहीं रहता। आज हम जिसे रेगिस्तान समझने की भूल कर रहे हैं, वह कल आवास के भूवैज्ञानिक नियमों के अनुसार रस-भरने वाला समुद्र बन जायेगा।

सन्देह में, अविश्वास में, अनादर में, दुनिया का चेहरा उदासी में धूसर है। वहाँ कोई नया सृजन नहीं है, बल्कि प्रवृत्तियों के विरुद्ध क्रान्तियाँ और व्यवधान हैं। लेकिन जो भी हो, अगर हम इस नव गंगा के तट पर आशा का सपना देखें तो क्या यह इतना बड़ा उपहास होगा? मुझे परपीड़न के भीतर महामृत्यु की छाया दिखाई देती है, उसकी क्षय होती निराशा को देखता हूँ तो मुझे डर लगता है कि क्रान्ति विश्वासघात के समान है,–सृजन वहाँ बंजर है। यदि आप जीने का साधन खोज लेते हैं, यदि यह कल्पना को जीवन्त और समृद्ध बना देता है, तो क्या आशावाद बुरा है? गतिशीलता निराशा की साथी है, नवीन दृढ़ता सहायक है। साहित्य के तल पर एक क्रान्ति है लेकिन वह कालबैसाखी की आँधी की तरह है, फिर नये आषाढ़ की बारिश आयेगी।

इसमें कोई सन्देह नहीं कि बोलचाल के साहित्य में शैली और अभिव्यक्ति में भिन्नता रही है, लेकिन कहानी वही है। मानो नये पकवान में बासी चावल खाना। बाहर तो शोर है, लेकिन अन्दर कोई जानवर जैसा भाव नहीं है। ऐसा क्यों है? ऐसा इसलिए है क्योंकि मैं जिस जीवन को जानता हूँ वह बारम्बार की नज़र में दोहराया जाता है, आज हमारे समाज में एक व्यक्ति दूसरे की नक़ल करता है। प्रगतिशील साहित्य को लेकर इतना शोर इसलिए है क्योंकि साहित्य की गति बाधित हो रही है। लेखकों को एक बार अपने पैरों में ज़ंजीरों के मज़बूत बन्धन का एहसास हुआ, हमने उन ज़ंजीरों के टूटने की आवाज़ पर तालियाँ बजाईं। लेकिन फिर देखने में आता है कि पैरों की ज़ंजीरें काटने के बाद भी सामने वाले दरवाज़े पर सरकारी मुहर लगी हुई है। अन्दर सामाजिक विद्रोह, बाहर आज़ादी का आन्दोलन। आज लेखकों का मन विरोधाभासों से ग्रस्त है। कोई आँसू बहा रहा है, कोई बार-बार सिर पीट रहा है, कोई ज़ोर-ज़ोर से अपनी आजादी का बखान कर रहा है, तो किसी की आँखों में आंसू हैं। जब विश्वभ्रमण की भूख जगी, जब शक्ति पर अधिकार हो गया, तब सारे रास्ते बन्द हो गये। जीवन की विविधता उन्हें बाहर से बुला रही है लेकिन बाहर निकलने का कोई रास्ता नहीं है।

ऊँचे पठार को पार करते हुए हमारी मोटर जंगल के पार उतरती है। बायीं ओर ऊँचा जंगली पहाड़ी इलाक़ा है और दक्षिण में सैकड़ों हाथ नीचे एक बड़ी समतल

घाटी। छोटे जलाशयों, छोटे गाँवों और जंगलों में रंगों को पूरी धालभूम पेंटिंग की तरह चित्रित किया जाता है। मोटर क्रैंक कर रही है। अचानक हल्की बारिश हुई, मानो श्रावण के दुखद दिनों का गहरा अर्थ यहाँ बता रही हो। फिर पतझड़ आया, आकाश प्रकाश और छाया की तरंग से लहरा उठा। चेहरे पर नरम हवा महसूस होती है।

दुनिया ख़ूबसूरत है, लोग और भी ख़ूबसूरत हो सकते हैं, लेकिन जो लोग सादा सुखी जीवन नहीं जी सके वे आज कैसे दिखते हैं? जार्ज की बांग्लादेश की तस्वीर आज राज्य की मूर्खता और मूर्ख नेतृत्व के कारण और भी भयानक है। अगर प्रगतिशील बंगाली युवाओं को आधुनिक गद्य में आत्म-अभिव्यक्ति का रास्ता नहीं मिला तो उनके साथ कितनी दुखद विकृतियाँ हो सकती हैं, इसका प्रमाण मैं देखता हूँ। उनमें न गद्य है, न काव्य, वाचालता की झागदार निरर्थकता है। उन्हें पैसे की ज़रूरत नहीं है, कुछ बुरा होने पर वे ख़ुश होते हैं। उच्च शिक्षा और प्रतिभा में कितने अन्तर हैं, यह सच्चाई उनकी जानकारी में नहीं है; इसीलिए वे सत्ता की कमज़ोरी को शब्द-विद्वत्ता की आड़ में छिपाना चाहते हैं। उनका कोई अपराध नहीं है, क्योंकि वे बंगाली हैं।

जीवन के मूल में बेरोज़गारों का असन्तोष है। जब वह गद्य काव्य लिखता है तो बेरोज़गार ग़रीब बेरोज़गारों को काम का मार्गदर्शन करना आसान हो जाता है; लेकिन यह तभी होता है जब सम्पन्न अमीर बेरोज़गार या बेरोज़गार विद्वान अर्थहीन शब्दों का बुलबुला फोड़ता है जिससे सन्देह पैदा होता है। वे पाठक को नहीं भूलते, स्वयं को भूल जाते हैं। बहुत से लोग उनकी प्रशंसा करते हैं क्योंकि वे पूर्ण पागलों की तरह व्यवहार करते हैं, उन्हें लगता है कि यह प्रतिभा की नक़द विदाई है। मैं यह नहीं कहता कि गद्य कविता निन्दनीय है, मैं उसे कविता ही कहूँगा चाहे वह किसी भी रूप में आये। लेकिन अचेतन के असंगत प्रलाप में, आधुनिक गद्य कविता पागलों को याद करती है।

एक एकान्त पहाड़ी दर्रा, उस पथ की शाखाएँ छोटानागपुर की विभिन्न दिशाओं में फैली हुई हैं। कभी-कभी उनकी पगडंडियाँ जंगलों की शिराओं की भाँति शाल-पलाश के मोड़ों में खो जाती हैं, मानो जीवन उसके पीछे लक्ष्यहीन लक्ष्य लेकर चल रहा हो। जैसे ही दिन का सूरज ढला, हमारी मोटर फिर पूर्व की ओर मुड़ गयी। छोटानागपुर का आसमान और वादियाँ रंगीन हो गयीं। उसका क्षयकारी जाल पूर्ण हो गया है।

छिपने से पहले शुक्लपक्ष का चन्द्रमा प्रकट हुआ। शुक्ल एकादशी की ज्योत्स्ना डूबते सूरज की चमक से मेल खाती है जो सभी क्षितिजों को भर देती है। हमारी मोटर तेज़ी से चल रही है। हम लोग रामगढ़ से वापस राँची की ओर जा रहे हैं।

शब्द-दर-शब्द मैं फिर साहित्य की प्रगति पर उतर आया। भविष्य के साहित्य में कितना यथार्थवाद रहेगा, क्या रूमानी मिज़ाज दफ़न हो जायेगा, जीवन को अधिक कठोर और सच्चे प्रकाश में स्थापित किया जाना चाहिए, इसकी व्याख्या और विश्लेषण में पूरी तरह से निर्णय लेने की आवश्यकता है,–यह बात मेरे मन में उठ रही थी। मैंने सोचा कि जीवन की सर्वव्यापी महानता की वास्तविकता को व्यक्त करना महत्त्वपूर्ण है, नहीं, प्रगतिशील साहित्य का अन्तिम लक्ष्य भविष्य के जीवन को तर्क और यथार्थवाद के आधार पर फिर से बनाना है?

लेकिन इससे पहले कि बात सुलझती दोस्तों ने तुरन्त मोटर बन्द कर दी। मैं लगभग बीस मील आ गया हूँ। मुझे लगा कि सारी दिशाएँ मौन हैं, आकाश में एकादशी के प्रारम्भ के ज्योतिषी की बाढ़ आ गयी है। लेकिन वह नहीं, चारों ओर झिल्ली की गुंजन। चाँद की ओर देखते हुए, निगाहें ऊपर, आकाश की ओर चली गयीं।

एक बार ऐसा लगा कि महान युग अपने प्रचण्ड पंखों के झोंकों में, युग-युग में तूफ़ान मचाता हुआ गुज़र रहा है, इसका कोई अन्त नहीं है, इसका कोई अन्त नहीं है। निरन्तर परिवर्तन और विकास के माध्यम से, उस समय-भय का शासन बड़े उत्पीड़न में चलता रहता है। हम बच्चे हैं, हम उसकी राह देखते हैं, और अपने दिलों में उसके पंखों की फड़फड़ाहट सुनते हैं। साँस लेने के बाद मोटर फिर चालू हो गयी। मैं रात 8 बजे राँची शहर पहुँचा।

आभार

1. घुमक्कड़ की डायरी–कामता प्रसाद सिंह 'काम', प्रकाशक पारिजात प्रकाशन, डाक बंगला रोड, पटना-1, परिमार्जित संस्करण, 1986
2. उन्नीसवीं सदी का आंखों देखा चुटियानागपुर-1845-1895 तक, मूल जर्मन अनुवाद–दोमिनिक बड़ा, प्रकाशक विकास मैत्री, पुरुलिया रोड झारखण्ड एवं चर्च कमीशन ऑन मिशन हिस्ट्री, जीइएल चर्च, राँची, झारखण्ड, 2010
3. अहिंसा की तलाश–संकलन-संपादन : कालिन्दी, प्रकाशक परमधाम प्रकाशन, पवनार, वर्धा, संस्करण 2008
4. भारतेन्दु समग्र, प्रकाशक हिन्दी प्रचारक संस्थान, पिशाचमोशन, वाराणसी।
5. कालेलकर ग्रन्थावली, सम्पादक विष्णु प्रभाकर, भाग-1
6. सुकान्त समग्र–सारस्वत लाइब्रेरी, 206, विधान सरणी, कोलकाता।
7. पलामू–संजीब चट्टोपाध्याय, सम्पादक संजय कृष्ण, प्रकाशक विकल्प प्रकाशन, दिल्ली।
8. कुछ अटके, कुछ भटके–मृदुला गर्ग, पेंगुइन।
9. प्रभात खबर, 15 नवम्बर, 2002 का विशेषांक।
10. बिहार की अस्मिता–सूर्य नारायण चौधरी, साहित्य केन्द्र प्रकाशन, लक्ष्मी नगर, दिल्ली।
11. आर्टिस्ट इन अननोन इंडिया–मार्गराइट मिलवर्ड, टी वर्नर लाउरिए लिं लन्दन, 1948
12. परिव्राजक की डायरी, वाणी प्रकाशन, 1997

पत्रिका

आदिवासी : सम्पादक राधाकृष्ण।

□□